中华人民共和国地方志

福建省志

人事志（1998—2005）

福建省地方志编纂委员会 编
社会科学文献出版社

图书在版编目(CIP)数据

福建省志. 人事志：1998～2005/福建省地方志编纂委员会编. —北京：社会科学文献出版社，2014.5
 ISBN 978-7-5097-4544-1

Ⅰ.①福… Ⅱ.①福… Ⅲ.①福建省-地方志 ②人事管理-概况-福建省-1998～2005 Ⅳ.①K295.7

中国版本图书馆CIP数据核字（2013）第080375号

福建省志·人事志（1998—2005）

编　　者 / 福建省地方志编纂委员会

出 版 人 / 谢寿光
出 版 者 / 社会科学文献出版社
地　　址 / 北京市西城区北三环中路甲29号院3号楼华龙大厦
邮政编码 / 100029

责任部门 / 皮书出版分社（010）59367127　　　责任编辑 / 姚冬梅
电子信箱 / pishubu@ssap.cn　　　　　　　　　责任校对 / 王伟涛
项目统筹 / 王　菲　陈　颖　　　　　　　　　 责任印制 / 岳　阳
经　　销 / 社会科学文献出版社市场营销中心（010）59367081　59367089
读者服务 / 读者服务中心（010）59367028

印　　装 / 北京盛通印刷股份有限公司
开　　本 / 889mm×1194mm　1/16　　　　　　印　张 / 16
版　　次 / 2014年5月第1版　　　　　　　　　 字　数 / 325千字
印　　次 / 2014年5月第1次印刷
书　　号 / ISBN 978-7-5097-4544-1
定　　价 / 185.00元

本书如有破损、缺页、装订错误，请与本社读者服务中心联系更换
版权所有　翻印必究

福建省地方志编纂委员会

主　　任：罗　健（专职）

副 主 任：陈祥健　陈书侨　李　强　陈　澍　江荣全（专职）
　　　　　方　清（专职）

委　　员：危廷芳　张宗云　翁　卡　杨丽卿　巩玉闽　林　真
　　　　　林双先　石建平　胡渡南　王永礼　陈志强　蒋达德
　　　　　黎　昕　晏露蓉

《福建省志·人事志（1998—2005）》编纂委员会

2011 年前：

顾　　问：林国清

主　　任：陆志华

副 主 任：丛远东　汤昭平　吴钦霖　董建洲　杨雁雄　吴小颖

委　　员：（以姓氏笔画为序）
　　　　　于仲佳　卞谦忠　王耕田　王志敏　王锁林　卢征宇
　　　　　毛文心　叶金山　陈鼎杰　陈和来　陈柳云　邹国辉
　　　　　吴明辉　张　平　邱富钦　林传德　郑亨钰　郑子龙
　　　　　赵建榕　黄正凤

2011年后：

顾　　问：林国清　陆志华

主　　任：丛远东

副 主 任：汤昭平　董建洲　杨雁雄　吴小颖　黄正风

委　　员：（以姓氏笔画为序）

　　　　　于仲佳　王志敏　王耕田　毛文心　卢征宇　叶金山
　　　　　刘新生　陈　强　陈立滨　陈国銮　陈柳云　陈善武
　　　　　邹国辉　吴明辉　邱富钦　林传德　林月英　郑亨钰
　　　　　郑子龙　杨朝晖　赵建榕　洪长春　郝　军　康文杰
　　　　　童长峰

《福建省志·人事志（1998—2005）》
总编室

主　　编：郑亨钰

副 主 编：许小华

编　　辑：（以姓氏笔画为序）

　　　　　王静波　李　梅　杨　锦　吴洪秀　吴明斌　吴羽炫
　　　　　张　弦　陈　栗　陈国华　林伟华　林兆贵　林荣鑫
　　　　　罗增桂　周黎明　郑朝晖　郑禧鸿　范　荣　孟宪涛
　　　　　胡振宇　郭矩良　涂勇贵　黄仲熙　黄珍珍　曾　铭
　　　　　詹永忠　赖向芳

特邀编辑：何明才　李升宝

责任编辑：黄珍珍

《福建省志·人事志（1998—2005）》审稿人员

江荣全　黄正风　吕秋心　卢绍武　郑　羽

《福建省志·人事志（1998—2005）》验收小组

罗　健　方　清　俞　杰

序

人才是经济社会发展的第一资源，是科学发展、跨越发展的重要推动力，是建设海峡西岸经济区、实现全面建设小康社会目标的关键所在。适应经济社会发展需要，不断深化人事制度改革，努力培养、引进、集聚和使用人才，是全省人事部门的首要任务。

省委、省政府历来重视人事人才工作，改革开放以来，先后制定实施以智取胜、科教兴省、人才强省战略，更好地服务区域经济社会发展。各级人事部门牢固树立和认真落实科学发展观和科学人才观，努力创新人才培养、引进、集聚和使用机制，不断提高人事人才工作科学化水平。

1998—2005年，省委、省政府出台了有关人事人才工作的一系列政策，不断深化人事制度改革，激发人事人才工作活力，使各类人才创业有机会、发展有空间，八闽大地已成为"广纳群贤、干事创业"的热土。

为认真总结本省人事人才工作的探索实践，全面反映全省人事人才工作的历史与现状，继首部《福建省志·人事志》编纂出版之后，本部人事志即将问世。本部志书重点记述了1998—2005年福建省人事人才工作的主要成就和历史经验，着重记述"九五"、"十五"期间全省人事部门在推进公务员和专业技术人才队伍建设，深化包括事业单位人事制度、高校毕业生就业制度、军转干部安置制度改革，加强人事法制建设，培育和发展人才市场，创造良好用人环境，培养、引进、集聚高层次人才等方面的主要做法。这对于加强人事人才工作的前瞻性研究和谋划很有借鉴价值。

本部志书对记述时限内的涉及建立和完善体制机制、制定重大政策、实施重大工程、加强基础建设等方面的内容作了全面、系统记述，有助于进一步探索人事人才工作的区域特色,打造人才资源开发的特色品牌。对人事工作的传承与借鉴、教育与资政有着重要的现实意义和深远的历史意义。志书的出版是近年来全省人事系统文化建设的一项突出成果,可喜可贺!

当前,海西建设和福建发展面临难得的历史机遇,我们必须以史为鉴,进一步增强责任感、使命感,积极应对国际和区域间日趋激烈的人才竞争,解放思想,先行先试,着力推进人事人才工作的理论和实践创新,不断开创人才辈出、人尽其才的新局面。

是为序。

丛远东

2013年3月

《福建省志》凡例

本志按国务院颁布的《地方志工作条例》和中国地方志指导小组制定的《地方志书质量规定》要求进行编纂。

一、以马克思列宁主义、毛泽东思想、邓小平理论和"三个代表"重要思想为指导，贯彻科学发展观，坚持辩证唯物主义和历史唯物主义的立场、观点和方法。

二、以福建省现行行政区划（未含金门、马祖）为记述的区域范围。

三、使用规范的现代语体文记述，行文除引文外，用第三人称记述。

四、1949年10月1日以前的纪年，标示朝代、年号、年份，括注公元纪年；1949年10月1日起，用公元纪年。

五、各个时期的政权机构、职务、党派、地名，均以当时名称或通用之简称记述。古地名均括注今地名，乡（镇）、村地名前冠以市、县（市、区）名。

六、除引文外的人名，直书姓名，不在姓名后加身份词；必须说明身份的，在其姓名前说明。

七、各种机构、会议、文件等专有名称使用全称，如多次出现需用简称的，在第一次出现时括注简称。

八、凡外国的国名、地名、人名、党派、政府机构、报刊等译名，均以新华社译名为准。新华社没有译名的，首次使用译名时括注外文全称，全书保持中文译名一致。

九、数字、量和单位、标点符号的使用，执行国家有关部门颁布的标准规定。书中同一名称、事实、数据、时间、度量衡、术语的表述，前后一致。

十、图、照、表突出存史价值，样式统一。

十一、采用国家统计部门公布的统计数据和业务主管部门的统计数据；如使用其他数据，则说明其来源。

十二、采用资料一般不注明出处；引文、辅文和需要注释的专用名词、特定事物加页末注释，注释形式全书统一。

编辑说明

一、2000年，社会保险工作划转省劳动和社会保障厅管理，离休干部工作移交省委组织部管理。就此，本志从2000年起，不再记述上述工作。

二、为弥补上届《福建省志·人事志》资料之不足，正文中部分内容的时间上限有所延伸。

三、本志中，福建省人民代表大会简称省人大、福建省人民代表大会常务委员会简称省人大常委会、中国人民政治协商会议福建省委员会简称省政协、中共福建省委简称省委、福建省人民政府简称省政府、中国共产党福建省纪律检查委员会简称省纪委（省以下各级上述机构冠地名类推）。

四、本志中，党群机关指党委所属各部门和工会、妇联、文联等群众团体。

目 录

概 述 ··· 1

第一章 党群机关工作人员和国家公务员管理 ·· 7
第一节 考试录用 ·· 7
第二节 竞争上岗 ··· 14
第三节 培训 ·· 15
第四节 考核、奖惩与辞职辞退 ·· 19
第五节 职务任免 ··· 23
第六节 非领导职务设置 ··· 24
第七节 职位分类 ··· 26

第二章 专业技术队伍建设 ·· 27
第一节 专业技术职务评聘 ·· 27
第二节 继续教育 ··· 36
第三节 人员招聘 ··· 38
第四节 人才培养、交流、合作与服务 ··· 41
第五节 工勤人员考核与评聘 ··· 62

第三章 毕业生就业制度与服务 ··· 65
第一节 就业制度 ··· 65
第二节 就业服务 ··· 71
第三节 选调选拔 ··· 76
第四节 实施志愿服务计划 ·· 78

第四章 军队转业干部安置 ·· 80
第一节 接收安置 ··· 80
第二节 随调随迁家属安置 ·· 84
第三节 军转干部培训 ··· 85
第四节 自主择业 ··· 87

第五章 工资福利 社会保险 离退休人员管理 …… 91
第一节 工资 …… 91
第二节 福利 …… 103
第三节 社会保险 …… 106
第四节 退（离）休人员管理工作 …… 107

第六章 法制建设 …… 113
第一节 立法 …… 113
第二节 普法 …… 114
第三节 执法 …… 118
第四节 人事争议仲裁 …… 120

第七章 规划与科研 …… 122
第一节 规划 …… 122
第二节 科研 …… 137

第八章 机构与人事基础工作 …… 145
第一节 机构 …… 145
第二节 人事基础工作 …… 152

附 录 …… 159
一、大事年表 …… 159
二、重要文献选录 …… 171
三、课题报告选录 …… 192

编后记 …… 239

Contents

Overview / 1

Chapter 1　State Civil Servants Administration / 7

    Section 1　Recruiting through Examinations / 7

    Section 2　Competition for Posts / 14

    Section 3　Training / 15

    Section 4　Accessing, Rewarding and Punishment, Resignation and Dismission / 19

    Section 5　Appointment and Dismission of Administrative Leadership / 23

    Section 6　Non-leadership Positions Configuration / 24

    Section 7　Postion Classification / 26

Chapter 2　Team Construction of Professional Technical Talents / 27

    Section 1　Evaluation and Employment of Professional Technique Posts / 27

    Section 2　Continuing Education / 36

    Section 3　Recruiting / 38

    Section 4　Talents Training, Communication, Cooperation and Services / 41

    Section 5　Accessing, Evaluation and Employment of Service Workers / 62

Chapter 3　Employment System and Employment Service for College Graduates / 65

    Section 1　Employment System / 65

    Section 2　Employment Service / 71

    Section 3　Selections System / 76

    Section 4　Volunteer services programs / 78

Chapter 4　Allocation of Military Demobilized Officers / 80

    Section 1　Receipt and Resettlement / 80

    Section 2　Resettlement of Demobilized officers' families / 84

    Section 3　Training of Military Demobilized Officers / 85

    Section 4　Independent Choice of Careers / 87

Chapter 5　Wages and Welfare, Social Insurance, and Retiree Administration / 91

    Section 1　Wages / 91

Section 2　Welfare / 103

Section 3　Social Insurance / 106

Section 4　Retiree Administration / 107

Chapter 6　Legal System Construction / 113

Section 1　Legislation / 113

Section 2　Law Popularization / 114

Section 3　Law Enforcement / 118

Section 4　Arbitration of Personnel Disputes / 120

Chapter 7　Planning and Scientific Research / 122

Section 1　Planning / 122

Section 2　Scientific Research / 137

Chapter 8　Organizations and Basic Personnel Work / 145

Section 1　Organizations / 145

Section 2　Basic Personnel Work / 152

Appendices / 159

Appendix 1　Chronology / 159

Appendix 2　Important Documents Extract / 171

Appendix 3　Research Topics Extract / 192

Afterword / 239

概 述

一

1998—2005年，福建省继续推进公务员考试录用综合改革，一批具有博士、硕士学位的高学历人才通过考试进入公务员队伍。省人事厅在完善公务员年度考核制度的同时，开展做"人民满意的公务员"活动，表彰一批"人民满意的公务员"和"人民满意的公务员集体"。

2001—2005年的《国民经济和社会发展第十个五年规划纲要》实施期间（以下简称"十五"期间），福建省实施"新世纪百千万人才工程"，培养高层次人才：造就上百名45岁左右能进入世界科技前沿、在世界科技界享有盛誉的学术和技术带头人；造就上千名45岁以下具有国内先进水平、保持学科优势的学术和技术带头人；培养出上万名30～45岁在各学科领域里有较高学术造诣、成绩显著、起骨干或核心作用的学术和技术带头人后备人选。与此同步，鼓励、支持高等院校和科研机构扩大招收博士生和博士后规模，或与企事业单位联合培养博士后，在有条件的地方建立博士后科研基地。支持企业与高等院校定向联合培养硕士、博士研究生，鼓励企业经营管理者攻读工商管理硕士学位。鼓励和支持机关、企事业单位管理骨干在职攻读博士、硕士学位。创建高层次人才培养、引进、评价、选拔机制，建立与闽籍院士、专家经常性联系制度，选送年轻优秀专业技术人才到省外闽籍院士、专家身边深造。一个由院士、国家有突出贡献专家、"百千万人才工程"人选、省优秀专家、享受国务院特殊津贴专家和博士组成的高层次人才群体已经形成，并建有一批博士后站点、国家级重点实验室，学科覆盖理、工、农、医、社会科学等国家级重点学科。为培养造就高层次人才队伍，省人事厅每年选派人员出国留学，选派信息、石化、机械等主导产业学术技术带头人到发达国家研修，选派高级经营人员到国内重点高校攻读MBA（工商管理硕士）、EMBA（高层管理人员工商管理硕士），培训专业技术人才。同时，实施高校高层次人才培养与引进工程，聘任闽江学者，选派访问学者。在实施引进高层次创业创新人才计划中，组团赴海外开展人才招聘活动，建立"引才联络站"，聘请引才工作顾问，并通过政策支持、项目资助等方式，帮助园区、企业技术中心等集聚人才、激活人才，推动企业发展。

"十五"期间，各级政府、企业和民间团体加大海内外高层次人才的引进力度，依托重点项目、重大工程、重点学科、工程研究中心等平台，引进海外留学人员、省外中高层次人才，引进的人才按"双向选择"的原则，自愿选择适合自己的单位，允许其可以通过调动、兼职、讲学、从事科研和技术合作、技术入股、投资办企业、担任顾问或咨询专家等形式，来福建长期工作或短期服务。对各类人才尤其是在闽院士、全国杰出专业技术人才、国家有突出贡献专家和"百千万人才工程"一、二层次者，省政府每月发给生活津贴费。引进到国有企、事业单位和政府部门的两院院士可享受副省级领导干部的医疗保健待遇。对来闽工作的留学人员实行身份认定和统一派遣制度，办好留学人员创业园，吸引境外留学人员来闽创业。对留学人员来闽创办高科技企业的，简化审批手续，并在项目扶持、实验设备、土地使用、税收减免等方面提供优惠条件。凡涉及高新技术、支柱产业、新兴产业和符合福建省产业调整方向的各类人才，全部放开引进。对引进的人才在职称评聘、城市户口、配偶随调随迁、子女入学等方面予以优惠。财政拨款的事业单位引进高层次人才，不受单位编制、增人指标和工资总额的限制。具有硕士（含硕士）以上学位的专业人才可通过特殊考试办法录用为国家公务员或党群机关工作人员。期间，还争取到一批国家外国专家局批准立项资助引进专家项目和国家资助专项经费。

为引领和带动经济社会发展，各地选派多学科互补的专家服务团人员分别担任科技副市长、副县（区）长、市直部门副职、医院副院长等职，把人才、技术、项目、资金等各种资源嫁接到最需要人才和技术的山区、欠发达地区，帮助组织科技攻关、引进新技术新品种、培训人才等。与此同时，抓住人才工作服务"三农"的切入点，选聘村级农民技术员、国土资源和规划建设协管员、计划生育协管员、文化协管员、乡村医生、治安调解员农村"六大员"。为配合2002年8月1日正式施行的《福建省人才市场管理条例》，省人事厅相继制定并施行《福建省人才中介机构服务许可证管理办法》等一批配套的规章，以规划人才市场发展，开展人才中介机构年检，营造公开平等的竞争环境，维护用人单位和各类人才的合法权益，促进各类人才的有序流动和合理配置。

至2005年，全省初步形成以中国海峡人才市场为龙头，各级人事部门人才服务机构和行业人才中介机构共同开发的毕业生就业市场、海外人才市场、企业经营管理人才市场、农村人才市场等相互补充，具有福建区域特色的多层次人才市场体系。

二

1998年，对普通大中专院校毕业生实行"优生优配"政策，全省毕业生就业率达80%。1999年，引导毕业生到经济建设第一线和非国有单位、农村基层就业，省内除保留少量优秀毕业生计划就业外，其余毕业生全部进入就业市场。各类企、事业单位接收非师范类普通大中专毕业生均通过双向选择或公开考试、考核的方式确定接收对象。非国有单位接收毕业生实行登记制度，放宽非师范类普通大中专毕业生到非国有单位的学历、生源等方面限制。当年，非师范类普通大中专毕业生就业不再沿用"派遣报到证"，毕业时落实就业单位的发给"就业通知书"，未落实就业单位的发给"待就业证"。持"待就业证"的毕业生凭证直接到人才市场继续参加双向选择。各地亦不再向毕业生收取城市增容费、上岗押金、教育补偿费、落户费、改派费等费用。全年，毕业生有3/5落实就业单位。2000年起，全国普通高等学校毕业生就业派遣报到证和全国毕业研究生就业派遣报到证停止使用。2002年，对毕业生的就业确立市场导向，省会及省会以下城市取消进人指标、户口指标等限制，允许高校毕业生跨省、跨地就业。2003年，为鼓励高校毕业生自主创业和灵活就业，对毕业生从事个体经营或自主创业的，工商、税务、金融、社会保障等部门给予相关优惠政策。同时，在选调生的选拔范围、管理任用和组织领导等方面，省人事厅也作出了具体规定。2005年，到乡（镇）机关和单位驻地在乡（镇）的事业单位工作的高校毕业生直接执行转正定级工资。

1998—2000年，军队转业干部安置仍实行指令性计划分配办法，并以师团职干部安置作为重点。2001—2005年，军队转业干部由原来单一的计划分配安置方式改为计划分配和自主择业相结合的方式安置，一批军队转业干部选择了自主择业安置方式，一定程度缓解了计划分配给地方安置带来的压力。对选择计划分配的军转干部，逐步推广和完善"公开职位、竞争上岗"和"双向选择、推荐选用"相结合的安置办法。为鼓励军转干部选择自主择业安置，各地先后出台优惠政策，或是提高补贴标准，或是一次性给予补助金。在随调随迁家属安置方面，各地根据当地情况采取灵活措施进行安置，或由地方组织、人事部门对应安排，或实行货币安置。对到地方工作的军转干部均进行适应性和专业性培训，使之能尽快适应地方工作。

三

1998—2005年，对新聘或续聘专业技术人员实行聘约管理，聘任严格按照专业技术职务聘任制度的要求和规定的专业技术职务结构比例执行。推行专业技术职务评聘分开，专业技术人员实行竞争上岗和聘约管理。对有突出贡献的专业技术人员，晋升专业技术职务不受学历、资历限制。对在农村从事农、牧、副、渔、水土保持、农机、农村能源、经营管理等方面生产与管理，有一定技术专长，并取得"绿色证书"的农民，给予考核、评定职称。

这一时期，全省事业单位开始探索新进人员实行公开招聘的路子，首先在省新闻出版局进行试点。之后，省属事业单位在编制内补充管理人员、专业技术人员、工勤人员等，原则上通过考试考核进行公开招聘，坚持"公开、平等、竞争、择优"原则，制定招聘方案，发布招考信息，公布资格审查、笔试、面试、体检、考核等结果。在卫生、农业、经济等系列高级职务评审中，增加业务面试、专业答辩、论文鉴定等环节，在经济、会计、统计、审计、计算机软件、卫生、质量等专业中、初级资格评价中，实行以考代评的方式。同时，进行"评委库"建设，推行评委库遴选专家办法，要求有条件的系列（专业）职改部门应组建评委库。对申报评审专业技术职务任职资格人员实行单位公示制度，对非公经济组织专业技术职务的评审依托工商联、人才中介机构开展。期间，各地单位引导技术人员走出科研设计单位、大专院校，以辞职、借聘、兼聘、停薪留职、咨询讲学、技术承包、调往工作等形式，为中小企业、乡镇、农村等基层单位提供技术服务，领办、兴办各种所有制企业。随着聘用制度改革的推进，事业单位内部收入分配制度也相应作出调整。各地根据事业单位工作性质和经费来源，经同级政府人事、财政部门审核批准，实行多种分配制度。各单位制定依据知识、技术、管理、技能等生产要素和贡献大小等参与分配的方法，实行按岗定酬、按业绩定酬的分配方式。对有条件的单位试行按项目分配，在科技成果创新取得的收益中提取一定比例，用于奖励项目完成人员。有的单位试行工资总额包干、工效挂钩等分配形式，允许兼职兼薪，多劳多得。对有重大科技发明、贡献突出的杰出人才实行重奖。按照"脱钩、分类、放权、搞活"的基本思路，扩大事业单位内部收入分配自主权，逐步建立起国家宏观指导、单位自主分配，与区位特点和经济社会发展水平相适应的工资分配制度。

四

1998—2005年，为加强和规范公务员培训工作，提高公务员的政治和业务素质，建设廉洁、勤政、务实、高效的公务员队伍，福建省结合实际，全面启动公务员的初任培训、任职培训、专门业务培训和更新知识培训。培训经费列入各级财政部门预算。培训坚持突出重点，根据社会经济发展、政府管理职能转变以及不同层次公务员职业发展的要求，强调"干什么，学什么；缺什么，补什么"。各地各部门执行《福建省国家公务员培训"十五"规划》。在开展上述四类培训工作的同时，开展东西部公务员对口培训、人才战略研讨、WTO（世界贸易组织）专题研究等多种培训活动。宁德市在全省率先开办"优秀公务员培训班"。为提高公务员学法用法和依法行政的自觉性与能力，2002—2005年，省人事厅会同省委宣传部、司法厅成立全省公务员学法用法活动和依法行政培训领导小组，在全省各级公务员中开展依法行政的培训，将全省应训人员轮训了一遍，培训内容包括通用法律知识和专门法律知识。"十五"期间，省委组织部、人事厅还对选派到农村基层工作的高校毕业生进行专项岗前培训。

"十五"期间，省人事厅根据全省公务员队伍文化学历层次和专业结构现状，按照学用一致的原则，有计划地开展公务员学历教育工作。到2005年，全省各级国家行政机关45岁以下公务员基本上达到大专以上文化程度，省级国家行政机关公务员大专以上文化程度达到95%，市级国家行政机关公务员大专以上文化程度达到80%，县、乡国家行政机关公务员大专以上文化程度达到60%以上。

这一时期，省人事厅还组织举办专业技术人员高中级研修班，部署开展创造力开发、计算机应用能力、世界贸易组织与知识产权知识、现代科技知识和构建社会主义和谐社会等继续教育公共科目培训，实施福建省专业技术人才知识更新工程，加强业务指导与管理，整合基地资源，指导各地建立起一批市、县级继续教育基地，形成以省级继续教育基地为主体的施教机构网络，每年培训人数达3万人左右。专业技术人员每年接受继续教育达85%以上，其中教育和卫生系统达95%以上。2003年起，各行业均把专业技术人员每年继续教育学时作为聘任、续补或晋升专业技术职务和已取得职业资格再次注册的必要条件。继续教育内容分为专业知识和公共必修课，专业内容由各专业业务主管部门确定，公共必修课内容由省及各设区市人事部门统一安排。

五

1998—2005年，为了强化人事宏观管理，推进人事立法，本省制定出台《福建省人才市场管理条例》《福建省国家公务员培训规定》《福建省事业单位人事争议处理规定》等一批法规。期间，开展新形势下的人事法制宣传教育工作，举办首期全省人事系统"四五"普法骨干培训班，全省各设区市、县（市、区）人事局、省直厅局人事处负责人以及从事法制宣传教育工作的业务骨干近百名参加了普法培训。根据人事制度改革和人事工作的需要，全省开展人事、编制执法检查，形成《福建省人事厅关于人事执法检查情况的报告》上报人事部，并将全省人事执法检查情况通报各设区市人事局。为强化人事执法监督，省人事厅建立特邀人事监督员制度，聘请特邀人事监督员，建立机关效能建设监督员制度，聘请机关效能建设监督员。各地人事部门也相继建立特邀人事监督员、效能建设监督员制度，将人事人才工作置于社会监督之下。

第一章 党群机关工作人员和国家公务员管理

第一节 考试录用

一、招考

1998年,福建省各级人事部门坚持"公开、平等、竞争、择优"和"凡进必考"的原则,实行考试录用的报名、笔试、面试、体检、考核、监督等各项制度。全省招考1471人,报名8150人。其中,博士生49人,硕士研究生77人,本科生1411人,大专生3246人。应届毕业生5088人,工人599人,农民158人,居民591人。面试由省直主管部门和地方组织、人事部门自行命题,面试考官实行持证上岗,采取入围全封闭管理,全过程均有各级人大常委会、政协、纪委、监察等部门派出的人员参加现场监督。

1999年9月24日,省委组织部、省人事厅下发《关于从优秀村主干中录用乡镇机关工作人员和公务员考试考务工作的通知》《关于福建省1999年录用党群机关工作人员和国家公务员以及选拔高校毕业生到农村基层工作考试考务问题的通知》,为乡镇机关,基层一线公、检、法、司等系统补充部分工作人员、公务员。全省计划录用政府部门国家公务员1016名,其中,省级行政机关3名,省直属系统815名,各地政府部门及乡镇机关198名。招考对象:全部招考省内生源、国家任务招收的1999年大、中专院校毕业生和往届尚未就业的大、中专院校毕业生。优秀村主干报考人员填写《福建省从优秀村主干中录用机关工作人员和公务员考试报名登记表》。考试范围为"综合知识试卷"和"农村有关政策法规",分A、B两种试卷:报考大专以上文化程度任职岗位和选拔到农村基层工作的高校毕业生统一考A卷;报考中专文化程度任职岗位的考B卷。"综合知识试卷"的客观题部分和"行政职业能力试卷"采用机读答题卡。全省统一定于11月6日考试,整个考录工作于12月底结束。

2000年,全省计划录用国家公务员和党群机关工作人员2032名,其中,国家公务员1187名,党群机关工作人员845名,主要用于补充新增编和缺编较多的政法、经济监督部门。7月23日举行全省统一考试。报考总人数32442人,其中,大专以上学历18798人,中专学历12723人。上合格线10890人。

2001年，公开招考国家公务员。报考范围主要是新增编制的公安、安全、监狱、劳教等系统；省直机关机构改革后，尚有空缺编制且急需补充公务员的部分单位；市、县（区）2001年进行机构改革，原则上不招考。根据各地机构改革人员分流和个别专业性较强的审计、会计、计算机、法律、文秘等岗位缺员现状，招考计划经过设区市编制办审核、市长审签后上报。

5月27日，省人事厅根据《国家公务员录用暂行规定》和《关于党群机关和人大、政协机关工作人员考试录用有关问题的意见》，举行省直机关及直属系统工作人员和国家公务员考试。计划录用2642名，其中，党群部门434名、政府部门2208名。考试科目为《公共基础知识》《行政职业能力测验》，笔试试卷分为一类和二类。报考具有大专以上学历要求职位的考生考一类试卷，报考具有中专学历要求职位的考生考二类试卷。考试范围：考试内容为人事部公务员管理司规划审定的国家公务员录用考试全国指定用书《公共基础知识》和《行政职业能力测验》。对特殊职位或人员采取简化考试程序或相应测评方法，具有博士学位人员年龄可放宽至40岁。公安机关录用人民警察体检、体能测评的项目和标准按规定执行。

2002年始，公务员招考实行"分类考试，突出能力，定时定期，方便考生"的做法，每年分为春季和夏季两场考试。当年，福建省公务员招考推进网络报名、审核、交费、打印准考证等"一条龙"服务，系国内首个提供此类服务的省份。

1月，省委组织部、省人事厅在《福建日报》发布《福建省2002年录用党群机关工作人员和国家公务员考试公告》，2月2日举行录用党群机关工作人员和国家公务员公共科目笔试，全省计划录用797名，其中，党群部门37名，政府部门760名。招考范围：主要面向有新增编制或缺编较多且工作急需补充人员的系统和部门。市、县、乡正处于机构改革阶段，原则上不开考。报名办法：报考国家公务员采取网络报名或现场报名，报考者可任选一种。试卷类别：公共科目笔试分为A类职位（综合管理类职位）试卷和B类职位（执行性职位）试卷。报考A类职位的考生，公共科目考《行政职业能力测验》（A）和《申论》；报考B类职位的考生，公共科目考《行政职业能力测验》（B）。考试内容：不指定考试复习用书，公共科目考试范围参照《2002年中央国家机关录用考试公共科目考试大纲》。少数民族考生报考民族自治乡（镇）或各级民族事务行政机关，其笔试成绩总分加10分。这是福建省继1988年、1990年、1991年三次专项计划招收少数民族干部112人之后又一于全国率先对少数民族照顾的举措，受到国家民委等部门的肯定。此外，根据中组部、人事部等部门有关文件精神，当年继续考试录用应届优秀毕业生到基层工作，此项工作全省计划录用250名。

6月19日，省委组织部、省人事厅在《福建日报》发布《福建省2002年秋季录用党群机关工作人员和国家公务员考试公告》。8月17日，举行录用党群机关工作人员和国家公务员公共科目考试。全省计划录用2248名，其中，党群部门185名，政府部门2063名。报名办法、试卷类别和考试内容与春季招考相同。

当年，面试和体检有新的规定。宁德市采取考生抽签确定出场顺序、面试考官临时抽签分组上场和主考官使用规范用语等措施，规范面试工作。对考生体检实行由专人带队检查、血样采取双编号等措施，减少外界对体检工作的干扰。泉州市在公务员招考过程中，严把资格审查关、面试关、推荐关、体检关，通过对考生体检采取异地体检、由专人对血液进行秘密编号、拍摄体检过程等措施，防止考生体检过程中可能出现的舞弊行为。厦门市首次由考生抽签决定面试考官，首次在生化检验项目时使用暗码标签，体现公务员招考工作的公开、公正和透明。莆田市于1998年开始，采取"面试双曲线"技术监督法，即"面试考官评分曲线"和"考生平均得分曲线"对照，较好地避免了考官评分的随意性。厦门市自主开发"面试电脑计分，预警系统"，对考官打分进行计分、监控，敦促考官公正评分。漳州市率先实行面试考官和考生双入围、双抽签，临时确定考官人选与组别、考生序号，且每半天更换一次考官，避免考生找考官说情与考官打人情分。同时采取临时指定易地市区医院体检方法。由省交警总队先秘密采点几家体检医院，在体检人员集合出发前临时确定医院，避免体检中弄虚作假。福州市实行本市面试考官+省直机关抽调面试考官，增强评判公信度。省直招考单位面试考官由省人事厅统一于临考前从考官库中随机抽调，用人单位考官限为9名评委的其中2～3名，减少人情关系对面试的干扰。

2003年1月22日，举行春季录用党群机关工作人员和国家公务员公共科目考试，全省计划录用2320人，其中，党群部门193人，政府部门2127人。报考省直党群机关工作人员和国家公务员采取网络报名，报考各设区市及以下人员报名方式由各设区市决定。8月23—24日，举行秋季录用党群机关工作人员和国家公务员公共科目笔试。全省计划录用2389人，其中，党群部门248人，政府部门2141人。招考范围主要面向有新增编制的公安（1054人）、司法（208人）或缺编系统和部门。对监狱、劳教系统录用担任主任科员以下非领导职务的人民警察，也实行统一考试录用。当年，省财政厅、省政府办、建设厅、环保厅、省委办等单位按照特殊考试录用规定，首次招考高学历人员，共考试录用公务员11人，执行公布职位、公开报名、采用人机考试，缩短考试周期，1个月内办理审批手续。

2004年1月13—14日，举行春季录用党群机关工作人员和国家公务员公共科目笔试。全省计划录用1960名（泉州、漳州市党群机关和泉州市国家行政机关不招考，不含省垂直管理的单位），其中，党群部门171名，政府部门1789名。具体招考职位在福建人事人才网站和福建省录用国家公务员考试网站公布。

7月14日，省委组织部、省人事厅在《福建日报》发布《关于2004年秋季录用党群机关工作人员和国家公务员考试公告》。9月4—5日，举行秋季录用党群机关工作人员和国家公务员考试。全省计划录用1639名，其中，党群部门336名，政府部门1303名，具体招考职位在福建人事人才网站和福建省录用国家公务员考试网站公布。少数民族考生报考少数民族乡（镇）或各级民族事务行政机关的可予加分，加分办法为在笔试原分值的基础上，按照《行政职业能力测验》设置总分×10%加分。

12月21日，省委组织部、省人事厅在《福建日报》发布《关于2005年春季录用党群机关工作人员和国家公务员考试公告》。2005年1月29—30日，举行录用考试。全省计划录用2004名，其中，党群部门311名，政府部门1693名。报考范围为新增编制或缺编系统和部门。报名采取网络报名与现场报名相结合的方式，由省和设区市考试录用主管部门决定。实行网络报名的，不再实行1∶3的开考比例限制。7月15日，省委组织部、省人事厅在《福建日报》发布《关于2005年秋季录用党群机关工作人员和国家公务员考试公告》。全省计划录用1900名，其中党群部门501名，政府部门1399名。9月3—4日笔试。城镇考生凭家庭所在地县级以上民政部门发放的享受最低生活保障证明、农村考生凭家庭所在地县（市、区）扶贫办开具的特困证明及特困家庭基本档案卡，可免收报名费。

表1-1　　1998—2005年党群机关工作人员和国家公务员录用情况表

单位：人

录用年份	合计	党群部门	政府部门	其中省级行政机关		
^	^	^	^	省级小计	省级政府部门	省直属系统
1998	1697	446	1251	558	22	536
1999	1616	469	1147	621	200	421
2000	1655	765	890	270	21	249
2001	2642	434	2208	734	156	578
2002春季	797	37	760	601	107	494
2002秋季	2248	185	2063	1002	59	943
2003春季	2320	193	2127	931	105	826
2003秋季	2389	248	2141	813	53	760
2004春季	1960	171	1789	612	103	509
2004秋季	1639	336	1303	582	41	541
2005春季	2004	311	1693	578	82	496
2005秋季	1900	501	1399	362	65	297

二、转制考录

1998年2月20日,省人事厅下达司法行政系统专项增干指标,并负责组织录用增编国家公务员。招考对象是法律专业毕业(中专以上学历)的人员和1993年9月30日前在乡镇(街道)司法助理员岗位上工作,且具有高中毕业以上学历的现仍在编在岗工人。这次司法行政部门增编录用的国家公务员一律安排在乡镇(街道)司法岗位。12月16日,省人事厅下达企业事业单位公安机构体制改革中专项增干指标500名,考试于1999年3月21日考公共科目和公安业务知识两个科目,录用工作于5月底完成。

2000年2月1日,省人事厅下发《关于做好福建省从工商行政管理所工人中录用国家公务员工作的通知》,确定招考对象是1998年7月16日前在工商所岗位上工作,实施国家公务员制度后仍在公务员岗位上工作的全民所有制工人(含全民合同制工人)。4月8日举行笔试,考试科目为公共科目和工商专业知识。全省有1264人参加考试,考试合格者共862人,均录用为国家公务员。

2001年4月,根据省委组织部、编办、人事厅、财政厅、计生委、计生协联合下发的《关于进一步做好省委、省政府有关计划生育工作若干问题规定的落实工作的通知》和《关于从乡镇(街道)计生办聘用制干部和"以工代干"计生办主任中考试录用公务员的通知》,从乡镇(街道)计生办聘用制干部和"以工代干"计生办主任中考试录用公务员。全省计划录用747名,有540人报名,537人参加考试。考试成绩合格的有530人,均录用为国家公务员。11月15日,为妥善解决省属煤炭企业公安机构体制改革人员转制录用的遗留问题,经省政府同意,省人事厅下发《关于组织省属煤炭企业公安机构体制改革人员录用考试的通知》,对原已通过审查并符合考试条件的省煤炭工业(集团)有限公司8个矿务公安分局的122名民警进行录用考试。录用工作按照《关于在我省企业事业单位公安机构体制改革中录用人民警察的通知》和《关于调整使用企业事业单位公安机构体制改革中专项增干指标的通知》的规定执行。考试于11月25日在福州举行。整个工作于2001年年底结束。

2002年4月30日,省人事厅根据《国务院批转〈国家药品监督管理局药品监督管理体制改革方案〉的通知》《福建省药品监督管理体制改革实施意见》和《国家公务员录用暂行规定》等有关规定,组织全省从事药政、药检、医药行业管理工作的非行政编制干部(含地市党委组织部、政府人事局审批的正式聘用制干部)考试,录用一批国家公务员。全省计划录用239名,245人报名,232人参加考试。考试成绩及格228人,均录用为国家公务员。

2003年6月9日，省人事厅根据中编办《关于实施质量技术监督管理体制改革方案有关机构编制和人员管理问题的通知》《福建省人民政府批转省技术监督局关于福建省质量技术监督管理体制改革实施方案的通知》和《国家公务员录用暂行规定》等有关文件精神，组织在全省（不含单列市厦门）质量技术监督稽查队等机构的非行政编制人员考试，录用165人为国家公务员。

2005年3月16日，根据国家税务总局等五部委《关于做好车辆购置税费改革人员财产业务划转移交工作的通知》，为做好车辆购置税费改革人员划转分流工作，省人事厅批复，同意对改革人员中的24名国家公务员和录用的65名国家公务员均划转省国税系统接收。10月9日，省人事厅根据省编办《关于全省森林公安派出所转制有关问题的批复》等文件精神，与省林业厅组成调查组到泉州、漳州、龙岩、三明、南平5个设区市林业部门和森林公安机关、7个县市森林公安分局、9个森林派出所进行实地调研，共召开各类型座谈会17场次，参加人数343人次（其中22个县市森林公安分局、21个森林派出所代表参加）。通过调研，理顺森林公安机关的管理体制，明确执法地位和公务员身份。经请示省政府领导同意，制定过渡公务员工作方案。11月15日，省人事厅下发《关于印发〈福建省森林公安系统人民警察过渡公务员工作实施方案〉的通知》，并组织实施全省森林公安系统人民警察过渡公务员工作。过渡的对象是：经省森林公安局确认警籍并经国家林业局森林公安局和公安部授予人民警察警衔，对尚未过渡为公务员的2004年10月19日前编内在岗的人民警察，包括县（市、区）森林公安机关部分未过渡为公务员的人民警察，2005年12月24日举行全省森林公安过渡公务员考试。符合条件的在职在编的1244名民警全部过渡为公务员，统一纳入政法专项编制序列。12月14日，省人事厅下发《关于民航福州长乐机场公安局人民警察过渡为公务员实施方案的批复》，并组织实施民航福州长乐机场公安局人民警察过渡为公务员。过渡对象为民航福州长乐机场公安局已授衔、编内在岗的人民警察。参加过渡的人员应参加省人事厅组织的过渡考试考核，考试考核合格者，由省公安厅报省人事厅审批。此次有61名符合条件的在职在编民警过渡为公务员。

三、考官资格授予与培训

2001年3月14日，省人事厅下发《福建省国家公务员面试考官管理暂行办法》，对面试考官应具备的资格与条件、义务与权利、管理与培训，以及资格证书颁发等方面作出规定。4月11日，省人事厅下发《关于颁发国家公务员面试考官资格证书有关问题的通知》，要求各级人事部门做好国家公务员面试考官资格的审核等有关工作，严格把关，确保质量。省人事厅在原有培训面试考官的基础上，加大考官培训力度，由省级、市级、省直主管部门负责办班,授课教师由省人事厅统一指派具有厚实的理论功底、丰富的测评实践经验、熟悉掌握测评方法与技巧的人员担任。参加培训的人员一般是单位人事部门、业务部门骨干、单位领导。培训班毕业后,由申报人填写《面试考官资格评审表》,按程序逐级报省人事厅审批,以省人事厅名义授予国家公务员面试考官资格,并颁发资格证书。

当年,省人事厅授予国家公务员面试考官资格2010人,其中,一级考官1人,二级考官110人,三级考官1899人。

2002年,省人事厅授予国家公务员面试考官资格658人,其中,二级考官7人,三级考官651人。2003年,省人事厅授予国家公务员三级考官资格1213人。

2004年10月1日,省人事厅印发《福建省录用国家公务员面试规定(试行)》,对面试考官基本资格条件、义务和权利、考官管理、纪律和监督等方面作出具体规定。当年,省人事厅授予国家公务员三级面试考官资格501人。

至2005年,省人事厅授予国家公务员面试考官资格并颁发资格证书4841人,其中一级考官1人、二级考官117人、三级考官4723人,并举办公务员面试考官培训班30多期,参加培训5000多人次。培训结业后,由申报人填写《面试考官资格评审表》,按程序逐级报省人事厅审批,以福建省人事厅名义授予福建省国家公务员面试考官资格,并颁发资格证书。

表1-2 2001—2005年福建省人事厅授予省国家公务员录用面试考官资格情况表

单位:人

省直单位和设区市	考官资格		
	一级考官数	二级考官数	三级考官数
省直机关	1	36	699
福州市	—	3	278
厦门市	—	9	300
漳州市	—	27	478
泉州市	—	—	395
三明市	—	12	582
莆田市	—	6	494
南平市	—	5	480
龙岩市	—	15	432
宁德市	—	4	585

第二节 竞争上岗

1998—2000年,厦门市有95个机关开展竞争上岗试点,公开竞争领导职位,参加竞争人数1198人。通过竞争上岗,任命正处级领导干部8人、副处级77人、科级676人。

2000年5月25日,省委组织部、省人事厅在福州召开全省党政机关推行竞争上岗工作会议。省人事厅决定,省内各级行政机关凡因机构调整、新增职位、职位空缺或人员超过职数限额需进行调整或晋升职务的,内设机构领导职位和非领导职位人选的确定都应执行省委组织部、省人事厅《贯彻中组部、人事部〈关于党政机关推行竞争上岗的意见〉的通知》,通过竞争上岗方式选配人员。对某些专业性较强,机关内又无合适人选的职位,可向本系统或有关部门公开选拔,竞争上岗。并决定,省直行政机关在机构改革中拿出20%的处级领导职位通过竞争上岗方式确定人选。有条件的部门,竞争上岗范围扩大到非领导职位。当年,省直行政机关有36个部门内设机构的203个处级领导职位实行竞争上岗工作方案,各单位按照"公布职位、公开报名、资格审查、书面测试、演讲答辩、民主评议、组织考察、党组决定、任前公示、公布任命"等程序进行。

2001年,省人事厅批准省卫生厅、民族与宗教事务厅、旅游局、药品监督管理局4个部门15个内设机构、直属单位15个处级领导职位实行竞争上岗。

2002年,省人事厅批准省经济贸易委员会、民族与宗教事务厅、新闻出版局3个部门12个内设机构12个处级领导职位实行竞争上岗。当年,厦门市有31个单位推出102个职位进行竞争上岗。

2003年,省人事厅批准省统计局对城调队、企调队等10个队所的10个处级领导职位实行竞争上岗工作。8月19日,省人事厅、公安厅根据人事部、公安部《关于印发〈公安刑事、技术侦察部门专业技术职位竞聘上岗工作实施方案〉的通知》,制定《福建省公安刑事、技术侦察部门专业技术职位竞聘上岗工作实施意见》。该系统专业技术职位的名称序列设置分为法医、鉴定、行动技术;专业技术职位的等级序列从高到低分7级设置,即1~7级法医官、鉴定官、行动技术官。专业技术职位的职数比例:法医职位、鉴定职位数量为刑事侦查部门所属刑事技术处(科、股)编制数的85%;行动技术职位数量为技术侦察队(总队、支队)编制数的85%。首次竞聘专业技术职位控制不得超出职位总数的70%。

2004年,省人事厅批准省体育局、统计局2个部门5个内设机构、直属单位共5个处级领导职位实行竞争上岗。

2005年，省人事厅批准省国资委3个内设机构3个处级领导职位实行竞争上岗。2005年10月，厦门市委组织部、市人事局印发《厦门市事业单位人员竞争上岗暂行规定》。

第三节 培 训

1998年，全面启动以公务员任职、初任培训为重点的四类规范化培训。至当年底，举办19期晋升领导干部培训班，培训新晋升的地厅、县处、科局级公务员3456人。举办5期地厅、县处级领导干部"公务员制度研修班"和"区域经济与产业结构"专题研讨班，参加学习的领导干部179人。全省人事、计委、工商、国有资产管理等系统围绕专项工作和专业知识，举办多期各类专门业务培训班。当年，省人事厅还协同省委组织部组织全省中青年公务员参加计算机、英语等更新知识培训，达52853人次。各级、各部门公务员培训还根据具体情况，采取灵活多样的方式进行培训。晋江市委、市政府每月举行两次有关市场经济知识讲座，邀请厦门大学教授结合晋江经济发展的特点进行授课，形成制度。长泰县则通过创办青年干部读书社的形式，开展"五个一"（一天一小时、一周一心得、一月一交流、一季一本书、一年一文集）的读书活动，提高公务员素质。当年5月28日，省司法厅、省人事厅联合印发《福建省监狱劳教人民警察培训实施意见》，对监狱劳教人民警察培训的指导思想、培训范围和对象、培训分类、施教机构、培训管理和措施等作了具体规定。

1999年，公务员"四类培训"深入开展，初任培训已成常态化。省行政学院举办1期新录用公务员初任培训班，52人参加，地（市）级举办的培训班，学习人数达800多人。各地干校举办的科级干部任职培训班，学习人数达2330人。省行政学院举办3期95人参加的任职培训班，其参训人员分别是县、市、区党政领导干部，省直机关正副处长和各地（市）机关正副局长以及1996年以来新任命的副市长（副专员）。专门业务培训和更新知识培训初步形成规模。省人事厅下发《关于开展全省人事系统公务员专门业务培训的通知》，举办1期由各地、市、县、区人事局长和科长参加的专门业务培训班，有78人参加学习。公务员培训网络框架基本形成。厦门、福州市成立行政学院，泉州、三明、莆田、龙岩、南平等地（市）干校增挂"福建行政学院分院"牌子。

1月21日，省委组织部、人事厅、财政厅、教育委员会、学位委员会联合下发《关于加强干部在职学历教育和研究生课程进修班学习管理的若干规定》，对建立干部入学申报审批制度、严格执行收费标准和报销规定、规范干部学历填写等作了明确规定。

2000年4月6日，省政府办公厅转发省人事厅、省教育厅《关于省政府机关分流人员学习和培训工作意见的通知》，对政府机关分流人员学习和培训的指导思想、基本原则、培训对象、培训形式、培训分工、培训政策等作了明确规定，提出力争用2—3年全面完成分流人员的学习和培训任务的目标。4月25日，省委保密委员会、组织部、宣传部、人事厅联合印发《福建省各级党校、行政院校和其他培训机构保密教育教学安排意见》，对教学工作指导思想、教学内容、教学要求和组织办法等作了明确规定。同时，省纪委、组织部、监察厅、人事厅联合下发《关于加强全省纪检监察系统干部专门业务培训和更新知识培训的通知》，对培训目的、培训对象、基本要求、培训证书的发放和培训工作的组织管理等作了明确规定。7月7日，省委组织部、人事厅、财政厅联合下发《关于党政机关分流人员定向专业培训及出国（境）学习实施方案》的通知，对专业设置、学习形式、培训期限、施教机构和课程设置及名额、公派公费出国（境）学习人员的条件和实施步骤等作出明确规定。当年，福建行政学院举办3期任职培训班，分别是地厅级、县处级任职培训班以及地厅级干部金融知识研修班。根据国家人事部关于西部人才资源开发计划，省人事厅举办首期闽宁（夏）经济骨干公务员对口培训班。福州市举办9期因特网培训班，700多人参加培训。泉州市开展"创造力开发"培训教育活动，有近万人参加。

2002年4月4日，省人事厅下发《关于在全省国家公务员中开展世界贸易组织知识培训的通知》。6月12日，省人事厅转发国家人事部办公厅《全国公务员学法用法和依法行政培训考试大纲》的通知，要求做好有关培训和考试准备工作。7月1日起，施行《福建省国家公务员培训暂行规定》。该规定确定了公务员培训的职务分工、培训原则、种类、内容及应达到的目标。举办全省人事局长（处长）人才战略研讨班、处级干部WTO专题骨干研修班等专题培训班。

6月18日，省人事厅下发《关于开展在职公务员远程学历教育的通知》，决定从是年起，依托福建师范大学开展在职公务员的远程学历教育。24日，省人事厅下发《关于加强人事系统干部教育培训工作的意见》。7月30日，省委办公厅、政府办公厅、组织部、人事厅、教育厅、学位委员会联合下发《关于进一步加强和规范干部学历、学位管理的若干规定》，要求各级组织人事部门、干部教育培训领导小组、教育行政部门以及办学机构要执行该规定，做好干部学历、学位管理的有关工作，保证干部学历、学位管理走上科学化、法制化和规范化轨道。7月31日，省委组织部、人事厅、经济贸易委员会、数字福建建设领导小组办公室联合下发《关于加强信息化培训工作的通知》，对在全省对各级各类干部开展信息化与电子政务培训作出明确规定。

9月3日，省政府办公厅转发省人事厅《福建省国家公务员"十五"培训规划纲要》，《纲要》规定，"十五"期间，福建省国家公务员培训的总体目标是：全面贯彻落实《福建省国家公务员培训规定》，按照职位要求和职业发展需要，有计划地分级分类开展公务员培训，提高全省公务员政治、业务素质，优化公务员队伍知识结构、专业结构和能力结构，力争在2005年前，基本建立一个"法规配套、模式多样、机制健全、保障有力、管理规范"的国家公务员培训制度。11月14日，省人事厅印发《福建省国家公务员培训施教机构资格认可管理办法》，对全省国家公务员培训施教机构的管理作出明确规定。

2003年11月26日，省人事厅下发《关于做好大规模培训人事干部工作的实施意见》，要求各级人事部门认真落实中央、省关于加强干部教育培训工作的要求，做好大规模培训人事干部工作。27日，省人事厅下发《关于确认全省国家公务员培训施教机构的通知》，对全省140多个申报单位进行逐一评估，确认133个单位为福建省国家公务员培训施教机构。28日，省人事厅下发《关于加强国家公务员培训证书管理的通知》，就加强国家公务员培训证书管理作出明确规定。12月4日，省人事厅转发人事部《关于进一步加强国家公务员培训质量评估工作意见的通知》，要求各公务员培训施教机构每年向同级政府人事部门提交总结材料时，须附所承担的公务员培训质量评估情况。省人事厅每3年对全省公务员培训施教机构进行综合质量评估，把质量评估结果作为重新确认公务员培训施教机构的重要依据。

是年，宁德市在全省首先开办优秀公务员培训班试点班，培训对象为连续3年考核被评为优秀的公务员。培训内容以闽东区域经济、经济管理、依法行政基础知识为主，结合公务员廉政建设、网络知识等进行授课。省人事厅会同省委宣传部、司法厅成立依法行政领导小组，在全省公务员中开展普法用法活动，进行依法行政培训。全省计划在三年内对应训人员轮训一遍。上半年组织首次依法行政运用法律知识统一考试，全省有4.7万名公务员参加。同时制定《福建省国家公务员培训施教机构资格认可管理办法》，实施公务员施教机构资格认可。组织推荐805名公务员报考公共管理专业硕士，依托福建师大开展在职公务员远程学历教育。

2004年5月，省人事厅确认19个单位为第二批福建省国家公务员培训施教机构。全省培训公务员26万多人次。7月15日，省人事厅下发《关于开展机关及企事业单位工作人员"开放教育试点"工作的通知》，对省人事厅与国家人事部中国高级公务员培训中心、中央广播电视大学和福建广播电视大学联合开展机关及企事业单位工作人员开放教育试点工作作出部署。8月13日，省人事厅下发《关于省人事干部学校加挂省公务员培训中心牌子的通知》，规定，福建省公务员培训中心除与国家人事部中国高级公务员培训中心对应，开展相关的业务联系与合作外，将根据大规模培训干部工作的要求，主要承担省直单位处级以下公务员培训工作。8月24日，省人事厅对省直机关新任科级公务员任职培训作出部署。

2005年，福建行政学院完成公务员"四类培训"。全省有11.8万名公务员参加行政许可法培训考试，组织开展依法行政第三、第四次全省统一考试。与省委组织部开展全省公务员 MPA 专业硕士学位教育，有 232 人参加厦门大学入学考试；依托福建师范大学开展在职公务员远程学历教育，开设公共管理、法律、经济管理等专业；依托省公务员培训中心作为中国高级公务员培训中心和中央电大行政管理专业开放教育试点单位，招收在职本科、专科学员。

"十五"期间，全省公务员培训人数达 50 多万人次。

附一：第一批福建省国家公务员培训施教机构（2003 年）

福建行政学院、福建公安高等专科学校、福建省财会管理干部学院、福建金融管理干部学院、福建省计划生育干部学校、福建省技术监督干部学校、福建省水利电力学校、集美大学社科部、省政府办公厅干部培训中心、福建省纪检监察干部培训中心、福建省工商行政管理干部学校、福建省水利水电干部学校、福建省警官学校、福建省供销干部学校、福建省民政干部学校、福建省粮食干部学校、福建省政法管理干部学院、福建省地方税务培训中心、福建省侨务干部学校、福建省物价干部培训中心、福建广播电视大学继续教育学院、福建省水产干部学校、福州大学公共管理学院、福建省总工会干部学校、福建省卫生干部培训中心、福建省林业干部学校、福建省农业干部学校、漳州师范学院成教院、福建省冠豸山干部培训休养中心、福建交通职业技术学院、福建省安全厅干部培训中心、福建省人事干部学校、福建省外经外贸干部培训中心、厦门大学公共管理教育中心、福建省农林大学经济与管理学院、福建省审计干部培训中心、福建省建设干部培训中心、福建师大网络教育学院、福建省继续教育中心、福州市行政学院、福州市人民警察培训学校、福州工业学校培训中心、福州市干部培训中心、福州财会干部学校、闽江学院成人教育学院、福州职业技术学院继续教育中心、福清市行政学校、福清市人才服务中心、福州市晋安区教师进修学校、福州市台江区教师进修学校、福州经济技术开发区就业训练中心、永泰县教师进修学校、长乐市委党校、连江县委党校、厦门市行政学院、厦门市人民警察培训学校、泉州市委党校、福建行政学院泉州分院、泉州市人民警察培训学校、泉州市财贸学校、泉州市商贸学校、福建电大泉州分校、泉州师范学院继续教育学院、泉州市人才培训中心、泉州市建委培训中心、丰泽区委党校、永春县人才交流中心、安溪县委党校、晋江市电大工作站、南安市人才交流服务中心、惠安县人才交流服务中心、石狮市人才交流服务中心、福建行政学院漳州分院、华安县委党校、漳浦县委党校、云霄县干部培训中心、龙海师范学校、南靖县委党校、平和县委党校、长泰县委党校、漳州市人民警察培训学校、福建行政学院莆田分院、仙游干部培训中心、荔城区干部学校、秀屿区干部学校、城厢区委党校、涵江区干部学校、福建行政学院三明分院、三明市农科教培训中心、三明市经济管理干部学校、三明市人民警察培训学校、三明市干部培训中心、梅列区委党校、三元区委党校、大田县委党校、尤溪县委党校、宁化县委党校、泰宁县委党校、永安市干部培训中心、沙县行政干部培训中心、清流县干部培训中心、明溪县干部教育培训中心、将乐县干部培训中心、建宁县干部培训中心、福建行政学院南平分院、南平市人民警察培训学校、南平市教师进修学校、邵武市教师进修学校、建瓯市公务员培训辅导站、建阳市委党校、武夷山市委党校、顺昌县机关干部学校、浦城县委党校、光泽县教师进修学院、松溪县委党校、政和县委党校、福建行政学院龙岩分院、闽西大学、龙岩市人才服务中心、新罗区干部培训中心、新罗区人才服务中心、漳平市人才交流服务中心、永定县人才服务中心、上杭县干部培训中心、上杭县人才服务中心、武平县人才服务中心、武平县行政干部培训中心、长汀县人才智力交流服务中心、福建行政学院宁德分院、福安市委党校、宁德市财贸干部学校、霞浦县委党校。

附二：福建省第二批国家公务员培训施教机构（2004年）

省劳动干部学校、省药品监督局培训中心、省审计干部培训中心、省工商局厦门培训基地、福州市工商局干训班、泉州市工商局干训班、漳州市工商局干训班、莆田市工商局干训班、三明市工商局干训班、南平市工商局干训班、龙岩市工商局干训班、宁德市工商局干训班、三明市梅列区干部培训中心、尤溪县干部教育培训中心、福鼎市委党校、古田县委党校、屏南县委党校、福安市电大工作站、福安市教师进修学校。

第四节　考核、奖惩与辞职辞退

一、考　核

1998—2005年，继续执行党群机关工作人员和国家公务员晋升和年终考核制度。凡提拔、晋升的都必须经过人事部门全面考核，了解被考核人的"德、能、勤、绩"和年度考评情况，召开各种座谈会，听取不同意见，并进行公示。

考核采取定性考核与定量考核相结合，平时表现与年度考评相结合的方式。考核中，根据干部"德、能、勤、绩"表现情况，确定"优秀"和"称职"档次比例。在测评的基础上，确定考核等次。省地矿局、工商局、民政厅等单位改进考核手段，由手工操作过渡到计算机测评操作。三明、龙岩等市年度考核中设置"考核卡"，做到"一人一卡，卡随人转"。云霄县考核采取每季小评、半年初评、年终总评。省委组织部、省人事厅推广沙县做法,将"优秀"等次比例划分为15%、12%和10%三个档次,与各单位年度任期目标责任制、计划生育和社会治安综合治理执行度以及工作人员的奖惩情况挂钩。

1998年,省人事厅对全省600多个初定为"不称职"的人员进行逐个核查,对确定不当的,予以纠正。南平市人事局规定,没有依照法规对"不称职"人员采取处理的部门或单位,下年度的年度考核不予审核备案,不予办理晋升工资。邵武市公安局对考核"不称职"的人员处理后,专门为他们举办培训班,进行教育,限期改正。各地各部门重视对考核结果的兑现,从实际出发,依据考核结果开展奖励、职务晋升或转岗、培训等工作。对连续三年被确定为"优秀"档次的人员,若其德才表现和工作实绩特别突出,适当放宽晋升职务的资格条件或破格提拔。福州、宁德等地(市)把"优秀"人员名单报组织部门备案。省测绘局、泉州市在评选表彰活动中,规定评选先进工作者原则上从考核优秀的人员中产生。是年,全省党群机关和国家公务员参加年终考核人员被确定为"优秀"等次的有78646人,占考核总人数的12.24%;"不称职(不合格)"的有785人,占考核总人数的0.12%。

2000年,年终考核实行分类量化考核,并在原有三个考核等级的基础上,增设"基本称职"等次,扩展考核触角。同时,重视了解8小时之内的工作以及8小时之外的社交、生活等情况,把考核工作与机关效能建设相结合,兑现考核结果。

2001年底,根据国家人事部有关规定,在考核的基础上,发放年终一次性奖金,同时把考核结果作为职务升降、辞退、培训的依据。是年考核全省平均"优秀"比例稳定在13%左右。厦门市颁布实施《厦门市国家公务员考核暂行办法》,将公务员平时考核、年度考核和群众测评有机结合。做好《平时考核手册》和《年度考核等次手册》的登记、检查,将考核结果同奖惩、工资、职务升降、辞退等相挂钩。专门设计一套电脑量化考核软件,在全市推广。

2002年,实行年度考核与机关效能建设相结合的制度。

2004年,省直党群机关和公务员参加年终考核的有7656人,评为"优秀"等次的1059人,占考核总人数的13.8%;"称职"6391人;"基本称职"5人;"不称职"4人;"未定级"197人。

2005年,龙岩市建立公务员服务对象评议公务员服务制度。对公务员在履行职责、依法行政、服务态度、办事效率、廉政自律五个方面进行评议,把评议结果作为公务员年度考核量化测量的重要组成部分。是年,省直机关参加考核的公务员5982人,评为"优秀"等次的832人,占考核总人数的14.41%;"称职"5094人;"不称职"2人;"未定级"54人。

二、奖　惩

（一）奖　励

在全省行政机关开展"做人民满意的公务员"活动中，1997年，周宁县委副书记蓝秀珍被国家人事部授予"人民满意的公务员"称号。1998年，南安市地方税务局和漳州市巡警大队长李铁军分别被国家人事部授予"人民满意的公务员集体"称号和记一等功。省委、省政府作出决定，在全省范围内开展向"人民满意的公务员集体"南安市地方税务局学习活动。1999年，晋江市市长龚清概被国家人事部记一等功；在中华人民共和国成立50周年之际，省委、省政府召开全省"人民满意的公务员"表彰大会，表彰21位全省"人民满意的公务员"和10个"人民满意的公务员集体"。

1998—2000年，全省共报请国家人事部和省政府给予国家公务员记一等功18人次，记二等功181人次，记三等功1664人次，嘉奖9206人次。并提请省政府分别给予援外专家林占禧和勇斗歹徒的基干民兵郑成记一等功，给予4位援藏干部记二等功。对在各种国际、国内比赛中取得优异成绩的优秀运动员和为培养优秀运动员做出突出贡献的教练员，由省人事厅给予记大功37人次、记功31人次。福建省推荐上报，并由国家人事部和有关部委联合表彰82个部级系统先进集体。164名先进工作者和劳动模范；由省人事厅和省有关厅局联合表彰省系统先进集体1594个、先进工作者3075名，省级部门单项工作先进集体407个、先进个人2134人。2000年，福州、南平、莆田市分别召开表彰大会，表彰福建省在全国农村优秀人才表彰会上记一等功的蓝帝明、王云、邱瑞荣；为福建省参加第二十七届奥运会和市十一届残奥会上获得金牌的运动员和为培养运动员作出贡献的教练员给予记大功奖励的6人、记功奖励的2人；表彰在2000年全国劳模和先进工作者推荐评选以及全省劳模和先进工作者评选中的先进人物，其中，全国和全省先进工作者分别为27名和133名；在系统表彰中，获全国12个系统先进集体22个、先进个人45人；获全省10个系统先进集体348个、先进个人584人；获全省8个系统单项先进集体128个、先进个人340人；为43人奖励晋升职务工资。

2001年，全省国家公务员受奖励的有4017人，其中，嘉奖3274人，记三等功656人，记二等功72人，记一等功15人。表彰人员属厅局级干部8人，其中，嘉奖1人，记三等功2人，记二等功4人，记一等功1人；属县处级干部142人，其中，嘉奖93人，记三等功38人，记二等功8人，记一等功3人；属乡（科）级干部1042人，其中，嘉奖828人，记三等功181人，记二等功28人，记一等功5人；属科员、办事员3218人，其中，嘉奖828人，记三等功2352人，记二等功32人，记一等功6人。

2005年，评为全国系统先进工作者37人，评为全省先进工作者597人。

（二）惩　戒

1998—2000年，各级人事部门对党群机关工作人员和国家公务员出现违法违纪行为进行调查处理。根据错误性质、情况轻重和危害大小以及本人对错误的认识，分别给予处分。3年间，全省共审理1245人次政纪处分案件，其中，给予国家公务员警告477人次，记过208人次，记大过133人次，降级88人次，撤职212人，开除127人。

2001年，全省国家公务员被惩戒495人，其中，警告178人，记过78人，记大过64人，降级1人，撤职90人，开除84人。属厅局级干部惩戒3人，开除3人；县处级干部惩戒39人，其中，警告8人，记过5人，记大过1人，降级6人，撤职5人，开除14人；科级干部惩戒209人，其中，警告73人，记过22人，记大过27人，降级11人，撤职43人，开除33人；科员、办事员及其他人员惩戒305人，其中，警告97人，记过51人，记大过36人，降级45人，撤职42人，开除34人。

2002—2005年，根据国家人事部《关于国家公务员纪律惩戒有关问题的通知》，结合本省实际，对公务员纪律惩戒作了规定。对撤职处分的国家公务员在撤销其原职务的同时降低级别工资一级、职务工资一档；无级别可降的，则降低职务工资二档（职务工作在最低档的，按最低档与上一档档差降低二档）。撤职后按降低一级以上职务另行确定职务，并以降低后的级别、职务工资高于新任职务对应的最高工资标准的，则改按新任职务对应的级别和职务工资档次执行。国家公务员被公安机关收容教育期间，由所在单位按月发给基本工资（职务、级别、基础、工龄工资）60％的生活费。物价等补贴照发，岗位津贴、奖金不发。收容教育期满，免予行政处分或只给予记大过以下处分的，恢复其原职务工资、级别工资；给予行政降级及其以上处分的，分别按降级以上处分的有关规定执行。同时对解除行政处分也作出明确规定。这期间，全省各级人事部门根据惩戒工作有关规定，惩戒了一批国家公务员。2003年，龙岩市62名国家公务员和工作人员受行政处分。2004—2005年，宁德市开除公务员和工作人员12人。

三、辞职辞退

1998—2005年，福建省继续按照1993年国务院颁布的《国家公务员暂行条例》和1996年福建省制定的《福建省国家公务员辞职辞退实施办法》对国家公务员辞职辞退申请及时予以审批，并办理手续。至2004年底，全省共辞退公务员1095人，批准辞职1165人。

2005年，全省国家公务员无辞职辞退。

第五节 职务任免

一、办理任免手续

1998年1月14日和2003年1月14日分别为省政府领导成员两届任职届满之时，省人事厅对依法换届选举产生新的一届省政府领导成员、省政府秘书长和省政府组成部门的厅长、委员会主任的任命，根据省委推荐提名，及时办理提请议案、任命议案。换届时，未重新任命的，其原任职务自行终止。届中，对省政府秘书长和省政府组成部门的厅长、委员会主任的任职或免职，亦根据省委推荐提名，依照有关法律规定的程序，及时办理任免议案，报省政府审定后，由提名人或者其委托人书面向省人大常委会提出任免案，并到会听取意见。

1998年9月22日，省人事厅根据《国家公务员职务任免暂行规定》，决定在全省范围内颁发"国家公务员任命书"。"国家公务员任命书"由省人事厅统一印制，并下发《关于颁发福建省国家公务员任命书的通知》，对颁发范围与对象、任命书的管理等事项作出具体规定。

1998—2005年，省人事厅根据《福建省人民政府关于重新修定国家机关行政工作人员任免范围的通知》，依照法律有关规定的程序，严格履行行政职务任免手续。凡列入省政府任免范围的工作人员的职务任免，均由省人事厅根据省委推荐及时拟出任免人员的通知，并附有关任免材料报省政府任免。

二、编印《任命录》

根据《中华人民共和国地方各级人民代表大会和地方各级人民政府组织法》的规定和政府人事部门的职责要求，省人事厅（局）于1989年1月编印《任命录》（1980—1988年）第一册。条目182条，共收录2039人次，其中，省直702人次，市（地）、县（市、区）1337人次。1994年9月编印《任命录》（1989.1—1994.4）第二册。条目227条，共收录2250人次，其中，省直800人次，市（地）、县（市、区）1450人次。

2000年12月19日，省人事厅向各设区的市、县（区）人事局征集1994年5月1日至2000年12月31日政府组成人员任免资料，拟续编《任命录》第三册。

2001年12月28日，省人事厅发出关于核对《任命录》稿和补充征集2001年市、县（区）人大选举及其常委会任免的政府领导成员名录的通知。

由于任免变化大，2004年3月17日，省人事厅又下发《关于补充征集市县区政府领导成员名录的通知》，将《任命录》第三册辑录时间延续至2004年3月31日止。补充征集的起止时间：自2002年1月1日至2004年3月31日止。

2004年3月，省人事厅续编《任命录》（1994.5—2004.3）第三册。条目308条，共收录对象3721人次，其中，省直1376人次，市、县（区）2345人次。收录的对象为：经福建省地方各级人民代表大会选举产生（含人大常委会任免）的省长、副省长、市长、副市长、县长、副县长、区长、副区长；经省人大常委会任免的省政府组成人员；经省政府任免的副秘书长、副主任、副厅长、副局长；经省政府任免的非政府组成部门的正副职、副厅级机构的正职、厅级非领导职务；经省政府任免的高等院校、科研机构等正厅级事业单位的正副职和副厅级事业单位的正职；经省政府任免、委派或推荐任用的省属企业列入省管的领导人员；经设区的市委任免的县（市、区）政府的非领导职务。在《任命录》第三册编辑、发放的同时，对《任命录》（1980—1988）第一册、《任命录》（1989.1—1994.4）第二册进行修订，再版印刷发行，以便于各单位查阅和存档。

第六节　非领导职务设置

1998年，继续执行省人事厅于1996年9月下发的《关于我省地（市）、县（区）国家公务员非领导职务设置实施工作若干问题的通知》。非领导职务名称按国家规定，称为调研员、助理调研员、主任科员、副主任科员、科员、办事员。地（市）直机关的调研员、助理调研员职数不超过处级领导职数的1/3。其中，调研员不超过30%；主任科员、副主任科员职数不超过科级领导职数的50%。首次配备调研员、助理调研员职数不超过处级领导职数的20%。其中调研员不超过30%；主任科员、副主任科员职数不超过科级领导职数的35%，其中主任科员不超过50%。县（区）直机关的主任科员、副主任科员职数不超过科级领导职数的50%，其中主任科员不超过50%。同年4—5月，全省举办两期职位分类骨干培训班，对省直20多个单位进行职位分类知识的专题培训。各地、各部门也相继对县以上从事职位分类工作人员进行培训。遵循职位分类的基本要求，以机关"三定"方案确定的机构规格、职数和编制为依据进行职能分解，合理设置职位，制定职位说明书，确定职务和级别。结合制定相关文件，规范各级非领导职务的配置比例和审批手续。省委组织部和省人事厅联合下发《关于加强省级国家行政机关非领导职务综合管理工作的通知》，对非领导职务设置、名称、职数、审批程序等作了统一规定。同时下发《关于地

（市）、县（区）国家公务员非领导职务设置实施工作若干问题的通知》。经检查验收，省级各工作部门处级非领导职务首次配备，都能严格控制在处级领导职数35%以内。为巩固职位分类工作成果，各市县（市、区）从实际出发，拟定管理方法。南平市委组织部、市人事局、市编办联合制定《加强科级职务综合管理工作实施细则》，在职位设置、职务晋升等六个方面作出规定。三明市规定，行政机关科级非领导职数的核定数控制在科级领导职数的50%以内，领导职数与非领导职数之和不超过行政编制数的90%；首次使用的科级非领导职数控制在核定数的70%以内，领导职数与非领导职数之和不超过实际在编行政人员数的90%，保证对职位分类的有效管理。在机构改革"三定"的基础上，全省各级机关初步建立起领导职务和非领导职务系列，制定出各个职位的说明书，形式规范，明确各职位的职责任务和任职条件，基本达到"因事设职"的要求。首次配备的人数绝大多数低于核准配备的人数，完成全省各地市的非领导职务设置实施方案的审批。同时，制定《福建省国家公务员非领导职务设置办法》。按照此规定比例，开展公务员非领导职数的核定。

2000年8月24日，省人事厅向省直单位发出《关于在新一轮机构改革中做好省级政府机关公务员职位分类工作若干问题的通知》，要求各部门在新一轮机构改革"三定"方案批准后，应及时切入职位分类工作，重新制定和修订职位说明书，并对省级政府机关非领导职务设置提出具体要求。省级政府机关调研员和助理调研员职数，不得超过处级领导职数的50%；科级非领导职务职数，以处以下国家公务员数为基础，暂按70%的比例确定。调研员应具备大学专科（或相当）以上文化程度，任副处级职务4年以上；助理调研员应具备大学专科（或相当）以上文化程度，任正科级职务4年以上；主任科员应具备中专、高中（或相当）以上文化程度，任副科级职务3年以上；副主任科员应具备中专、高中（或相当）以上文化程度，任科员3年以上；科员应具备中专、高中（或相当）以上文化程度，任办事员3年以上；办事员应具有高中（或相当）以上文化程度。职位分类工作若干问题和省级政府机关非领导职务设置的运作，一直按此规定执行，至施行《公务员法》止。

2002年，龙岩市制定《龙岩市国家公务员非领导职数设置实施意见》。文中规定，市直机关非领导职务的任职使用，严格经市委组织部、市人事局审批，其中，科级非领导职务的任职由市人事局审批。市级行政机关科级非领导职数核定192名，批准使用183名；市公安局科级非领导职数核定110名，批准使用94名，没有突破比例。对科员、办事员的任职按照任职资格条件，认真把关。福建省制定的国家公务员非领导职数设置办法，到2005年仍继续沿用。

第七节 职位分类

2003年，根据人事部、公安部《关于印发〈公安刑事、技术侦察部门专业技术职位竞聘上岗工作实施方案〉的通知》，公安机关率先开展职位分类试点工作。

2004年，根据人事部、公安部《关于在全国公安机关刑事科学技术、技术侦察队伍试行专业技术职位任职制度的通知》和人事部、国家安全部《关于在国家安全机关技术侦察部门试行专业技术职位任职制度的通知》，福建省在公安、安全等系统试行专业技术职位任职制度，开展专业技术职务评定，按照评聘分开、只评不聘的原则，对公务员分类管理工作进行了探索。

2005年7月26日，根据人事部、国家质检总局《关于在质监机构开展行政执法类公务员管理试点工作的通知》，省人事厅、质量技术监督局制定《福建省质量技术监督系统行政执法类公务员管理试点工作实施方案》。职位名称：质量技术监督官。甲类职位分为：1级、2级、3级官；乙类职位分为：4级、5级、6级、7级官。试点范围：在全省质监系统行政机构业务部门执法职位上工作的公务员，即从事法规、标准化、计量、质量管理、质量监督、特种设备安全监察、合格评定、执法稽查等业务岗位上工作的公务员。是年11月开始了全省质量技术监督系统行政执法类公务员管理试点工作。

第二章　专业技术队伍建设

第一节　专业技术职务评聘

一、资格评聘

1998年，全省继续实行专业技术职务评聘，晋升高级职务6260人，中级技术职务24505人。省人事厅、省职称改革领导小组发出《关于职称改革若干问题的通知》，对外语、论文、继续教育等方面进行规范和调整。省人事厅、农业厅下发《福建省农民技术人员职称评定和晋升实施细则》，对在农村从事农、牧、副、渔、水土保持、农机、农村能源、经营管理等方面生产与管理，有一定技术专长，并取得"绿色证书"的农民，给予考核、评定职称。全省评审乡镇企业专业技术人员高级职称140人，中级职称1436人，评审农民技术员2770人。省人事厅下发《关于强化专业技术职务聘约管理的通知》，决定对新聘或续聘专业技术人员实行聘约管理，聘任严格按照专业技术职务聘任制度的要求和规定的专业技术职务结构比例执行。专业技术人员的聘期一般为1～3年，未经批准不得超过国家规定的离退休时间。4月，省人事厅、省乡镇企业局下发《关于在乡镇企业开展考核确认中、高级专业技术职务任职资格工作有关问题的补充通知》，对原有的有关规定作适当调整。对于具有本科以上学历的乡镇企业专业技术人员中已取得中级专业技术职务（资格），或在乡镇企业从事专业技术工作6年以上的，对荣誉称号的要求不作必备条件。乡镇企业专业技术人员凡获两次地（市）、厅（局）级表彰的，可视同一次省级荣誉称号。鼓励乡镇企业专业技术人员参加多渠道、多层次、多形式的专业培训，累计时间不少于半年。

1999年，职称外语考试试行全省、全国统考实现顺利过渡。省人事部门聘请45人担任专业技术人员资格考试监督巡视员。按照国家统一部署，在高级审计师职务任职资格评定中，试点推选考试与评审相结合的办法。全省完成46个高级职务评委会换届。先后完成职称外语统考、专业技术人员任职资格和行业资格考试、政工（政治思想工作）专业不具备规定学历人员晋升中、初级职务基础理论考试。成立中国海峡人才市场职称改革领导小组，负责海峡人才市场在职在岗代理人员的专业技术职称评审工作。决定组建中国海峡人才市场工程技术系列中、初级专业技术职务评审委员会，负责委托代理人员专业技术职称评审工作。并对工程高级和其他系列各层次职务任职资格申报程序作出明确规定。共选拔1312位优秀中青年晋升高级专业职务；考核推荐45名高级工程师享受教授、研究员待遇；在乡镇企业专业技术人员中确认高级职称158人，中级职称91人。龙岩市建立量化申报推荐制、公示制、职称评审等五项配套制度（即流动评审制、封闭式评审制、代表作量化密封制、评审签名制、责任连带制），全面推行职称评聘分开、竞争上岗制度。

2004年，省人事厅批准确认高级专业技术职务任职资格5000多人。

二、资格考试

1998年始，福建省陆续开放注册咨询工程师、投资建设项目管理师、环境影响评价工程师、翻译、卫生、土地登记代理人、棉花质量检验师、注册设备监理师、注册安全工程师、注册土木工程师、注册电气工程师、注册公用设备工程师、注册化工工程师、房地产经纪人、注册城市规划师、矿业权评估师、出版、公安刑侦、技侦等行业执业资格考试。是年，职称外语考试报考33368人，实际参加考试23560人，合格19856人。按照国家统一部署，全省近7万人报名参加会计、监理工程师等专业技术人员任职资格考试。卫生、工程、农业、图书资料、群文等系列不具备规定学历人员晋升中、初级技术专业职务基础理论考试，全省报名1.2万人，实际参加考试8400人，考试合格6100人。2001年，省人事厅下发《关于进一步加强人事考试管理严肃考风考纪的紧急通知》，要求各部门、各单位加强人事考试管理，严肃考风考纪，加大监督力度，严肃查处违纪违法行为。在人事考试中，加强考试资格审核管理，严把预审关，防止弄虚作假；立足考前防范，加强对考生进行考试纪律宣传，主动邀请纪检、监察、人事监督员等参与考试全过程的监督检查；严格采取安全保密措施，派专人专车押送试卷，专人负责保管；选择经验丰富、组织严密的学校作考点，选择作风正派、敢抓敢管的教师担任监考；并采取临考前轮换考室，监考教师实行回避，严肃查处作弊人员，并将情况通报所在单位。

8月，省人事厅下发《关于同意开展英语口译和笔译岗位资格等级证书考试试点工作的复函》，决定在全省开展英语口译和笔译岗位资格等级证书考试试点工作，岗位资格等级证书分初、中、高三种级别。通过口译和笔译考试合格者，发给省人事厅统一印制、省人事厅用印的福建省口译、笔译岗位资格等级证书。等级证书不能作为持证者聘任翻译专业技术职务依据，但可作为从业上岗的资格依据之一。

2002年，省人事厅、省政府外事办公室下发《福建省英语翻译资格证书考试工作管理规则（试行）》，在全省开展英语口译和笔译岗位资格等级证书考试考务的试点工作。5月，

表2—1 1998年度晋升高、中级职称人员情况表

单位：人

项目系列	总数	正高	离退休数	性别构成 男	性别构成 女	人员性质 企业	人员性质 事业	高级职称情况 学历构成 研究生	本科	大学普通班	大专	其他	年龄构成 35岁以下	年龄构成 36~45岁	晋升中级人数
合计	6260	417	451	4747	1513	558	5702	311	3258	609	1637	445	523	2471	24505
高等学校教师	503	124	201	370	133	—	503	163	296	31	12	1	102	255	664
中专学校教师	182	3	10	135	47	—	182	—	138	21	22	1	18	96	478
中学教师	2288	—	48	1721	567	4	2284	—	915	234	948	191	82	800	5540
小学教师	6	—	6	3	3	—	6	—	1	—	1	4	—	—	8630
技工学校教师	32	—	1	22	10	6	26	—	27	1	4	—	1	15	142
自然科学研究	98	20	29	79	19	—	98	21	70	3	4	—	24	45	101
社会科学研究	40	8	16	28	12	1	39	10	20	9	1	—	5	21	72
工程	861	1	49	733	128	388	473	68	647	66	72	8	168	385	4164
卫生	1636	212	44	1190	446	51	1585	23	860	200	390	163	55	627	3098
农业	151	11	13	123	28	2	149	3	93	13	29	13	17	54	321
经济	80	—	6	64	16	50	30	8	37	7	21	7	6	32	67
会计(含审计)	48	—	6	37	11	23	25	2	14	4	21	7	8	20	26
统计	2	—	—	1	1	1	2	—	2	—	—	—	1	1	5
档案	14	4	4	11	3	1	13	—	10	1	3	—	1	5	—
新闻	56	—	1	44	12	1	55	3	31	8	9	5	6	24	122
文物博物	19	6	—	17	2	—	19	—	11	3	4	1	1	7	173
出版	52	10	1	37	15	1	51	3	31	2	16	—	4	20	33
															29

续表 2-1

高级职称情况

项目系列	总数	正高	离退休数	性别构成 男	性别构成 女	人员性质 企业	人员性质 事业	学历构成 研究生	学历构成 本科	学历构成 大学普通班	学历构成 大专	学历构成 其他	年龄构成 35岁以下	年龄构成 36~45岁	晋升中级人数
图书资料	25	5	3	16	9	—	25	3	13	1	7	1	1	12	118
工艺美术	10	2	1	7	3	3	7	—	1	—	2	7	—	6	1
教练员	8	—	—	5	3	—	8	—	—	—	3	5	—	3	45
翻译	4	—	—	3	1	1	3	2	1	—	1	—	1	3	44
广播电视播音	—	—	—	—	—	—	—	—	—	—	—	—	—	—	12
艺术	52	8	1	34	18	—	52	1	4	—	19	28	3	9	138
律师	23	3	4	19	4	—	23	—	18	—	5	—	16	5	29
公证	6	—	—	4	2	—	6	—	—	—	6	—	4	2	8
船舶技术	1	—	—	1	—	1	—	—	—	—	—	1	—	—	—
实验技术	28	—	7	15	13	—	28	—	12	4	12	—	—	16	97
企业政工	35	—	—	28	7	25	10	1	6	1	25	2	2	8	92
															256

注：1. 报表范围是通过评审和考核确认（含已聘、未聘）获得任职资格人员，通过全国统一资格考试取得任职资格不在内。2. 表中"大学普通班"是指1970—1976年毕业生。

省人事厅转发《关于发放资格考试、执业资格考试合格人员证书的实施意见》，进一步规范资格考试、执业资格考试合格人员证书的发放工作。

2004年3月，省人事厅、省政府外事办公室决定按照国家人事部的规定，参加全国统一组织实施的翻译资格证书考试。是年起，不再组织英语翻译资格证书考试试点工作。为保持政策延续性，同意对参加2003年英语翻译资格证书考试中取得单科成绩合格的考生举办一次考试。

2004年起，凡申请参加高级会计师资格评审的人员，须经考试合格后，方可参加高级会计师职务任职资格的评审。省人事厅、财政厅共同负责全省高级会计师资格考评结合试点工作的组织和领导，由省会计专业技术资格考试办公室具体组织实施，并对专业技术人员参加各类资格考试进行规范。全省进行30多项考试，有18万专业技术人员报名，实际参考11万多人。

2005年，全省实行任职资格考试和执业资格考试的有35个专业系列。

三、政策调整

2000年，省人事厅下发《关于职称改革若干具体问题处理意见的通知》，对有关政策作出若干调整。

外语考试 对地址在乡镇的省属高校、科研单位、中专校、技校所辖的企业单位，工作地址在乡镇，又属独立法人，则企业所属专业技术人员可免于高、中级职务外语考试；对在县属（不含地市所辖的区属）企业单位及煤矿、矿山工作的专业技术人员，可免于高、中级职务外语考试；对接近法定退休年龄（男59岁，女54岁）或已办理离退休手续的专业技术人员，可免于高、中级职务外语考试。

任职资格考核对象 明确实行专业技术职务任职资格考核确认对象为：列入国家统一招生计划，通过国家教育行政主管部门组织的大、中、专院校统一招生考试，持有国家教育行政主管部门认可的全日制普通大、中、专院校毕业证书（不含成人教育毕业证书和自学考试毕业证书）者。

军队转业干部专业技术职务评审 凡在部队从事专业技术工作未评聘职务，转业到省内企事业单位后，仍从事相同或相近的工作，需申报评审任职资格的，参照从国家机关调入企事业单位的专业技术人员的有关规定执行。

专业技术人员评定资格和聘任职务 允许参照机关工改的事业单位所属专业技术人员按照有关文件规定的标准、条件，申报评审专业技术职务任职资格，评审通过的，不聘任，不与工资等待遇挂钩。专业技术人员通过国家统一组织的专业技术资格考试或与职称对应关系明确的执业资格考试，获得国家统一颁发的资格证书后，用人单位可根据实际情况聘任相应的职务。聘任时必须严格掌握外语条件,未通过国家或省里统一组织的专业技术人员职称外语考试,又不具备相应免试条件的不得聘任。专业技术人员任职资历的起算时间为专业技术人员聘任职务之日。经评委会表决未通过人员,需自上次评审会召开之月到下次评审会召开之月期间满一年才能参加评审。

"选优" 各系列(专业)主管部门、市(地)职改办在上报资格审查名单时,凡属"选优"对象的,应在评审专业技术职务任职资格人员简明表的备注栏中注明。审批部门在正式下发确认任职资格的文件中也应注明"选优"对象。

2000年,省人事厅下发《关于印发〈福建省市(地)、县(市、区)所属事业单位专业技术职务结构比例暂行规定〉的通知》,决定对省市(地)、县(市、区)所属事业单位实行专业技术职务结构比例管理,不再给各地下达专业技术职务聘任指标,由各地根据文件规定和各自情况,自行核定所属事业单位专业技术职务结构比例。

2001年,省人事厅、省卫生厅、省残疾人联合会联合下发《关于印发〈福建省盲人医疗按摩人员专业技术职务评聘工作实施细则〉的通知》,给予省内全民、集体、个体的盲人按摩医院、门诊部(所)从事医疗按摩工作的盲人(含低视力者)考核、评定职称,并就盲人医疗按摩人员专业技术职务初、中、高级的申报条件、资格评审的组织、程序以及职务聘任和组织管理作出明确规定。省人事厅、省公安厅联合下发《关于我省公安刑事、技术侦察队试行专业技术任职资格制度有关工作的通知》,决定公安刑事、技术侦察队试行专业技术职务任职资格制度。试行工作严格控制在公安刑事、技术侦察队进行,人员范围为在法医(分病理、损伤专业,物证专业,毒物分析专业)、物证鉴定(分痕迹检验专业、文件检验专业、刑事照录像专业)、技术侦察(分935手段、非935手段)八个专业技术职位上工作的现职人员。省人事厅下发《关于协商解决原省机械厅等11个单位承担的职称评审行政管理职能有关问题的复函》,决定对原省机械厅等11个单位承担的职称评审行政管理职能,仍按原来工作程序尽快开展职称评审工作。是年7月,省职称改革工作办公室下发《关于招商银行福州分行职称评聘问题的复函》,决定将招商银行福州分行所属员工(不含人事关系寄存在政府人事部门所属的人才中介服务机构人员)的职称评聘工作纳入福建省管理范畴。

2002年,省人事厅相继出台《关于专业技术人员职称外语有关问题的通知》和《关于职称工作若干具体问题的通知》,对职称外语及有关政策作出调整。外语免试条件在原有规定基础上作了调整增加,女性年满50周岁、男性年满55周岁。已办理离退休手续的专业技术人员,以及1978年以前参加工作的政工专业人员可免于高、中级职称外语水平考试。申报中小学教师,艺术系列中编剧、导演、作曲、指挥、演员、演奏员、舞台美术设计、舞台技术等专业职务职称外语不作要求。省内各级党政机关分流或调入企事业单位的专业技术人员，可根据所在单位工作需要和本人条件，按照规定的标准条件和工作程序申报评聘相应的专业职务任职资格。军队转业干部在部队从事专业技术工作未评聘职务，转业到省内企事业单位后，仍从事相同或相近的工作，需申报评聘专业技术职务任职资格的，按照党政机关人员分流的规定执行。由省委组织部、省人事厅或国家部委按照计划委派援藏，并拟在藏工作3年以上（含3年）的企事业单位专业技术人员，如基本符合晋升高一级职务任职资格条件，可按高一级职务介绍进藏。进藏后一年内提交相应的评审组织评审，如评审通过，其任职资格取得时间可从批准进藏时间起算。专业技术人员通过国家统一组织的与职称对应关系明确的执业资格考试，获得相应的资格证书后，用人单位根据工作需要可聘任相应的专业技术职务。专业技术人员受聘担任相应的职务后，其任职资历可以作为申报晋升相应高一级职务任职资格，以及报考需要相应任职资历的执业资格考试的依据。自2003年1月1日起，各单位在申报材料和推荐材料正式上报前，应将经申报者本人填写并拟上报的《申报评审专业技术职务任职资格人员简明表》在本单位张贴公示7天以上（含7天）。材料真实、符合申报条件、群众无异议的，方可推荐上报。省职称改革工作办公室相继下发《关于福建移动通信有限责任公司职称评聘问题的复函》《关于华安财产保险有限公司职称评聘问题的复函》和《关于福建闽武建筑设计院职称评聘问题的复函》，决定将福建移动通信有限责任公司、华安财产保险有限公司和福建闽武建筑设计院所属员工（不含人事关系寄存在政府人事部门所属的人才中介服务机构人员）的职称评聘工作纳入福建省管理范畴。

2003年，省职称改革工作办公室相继下发《关于福建省邮政局职称评审有关问题的复函》和《关于中国联通福建分公司职称评聘问题的复函》，决定将福建省邮政局、中国联通福建分公司所属员工（不含人事关系寄存在政府人事部门所属的人才中介服务机构人员）的职称评聘工作纳入福建省管理范畴。省人事厅会同省经济贸易委员会、省司法厅、省药品监督管理局分别印发《关于福建省工程技术人员专业技术职务任职资格评审工作实施意见》《关于福建省经济专业技术职务任职资格评审工作实施意见》《福建省律师专业技术职务任职资格评审工作实施意见》《福建省公证员专业技术职务任职资格评审工作实施意见》《福建省药学专业技术职务任职资格评审工作实施意见》，对福建省工程技术人员、经济专业人员、律师和公证专业人员、药学专业人员申报专业技术职务任职资格，从范围对象、条件、评审程序、评审组织等方面作出具体规定。

2004年，省人事厅下发《关于事业单位实行专业技术资格评价与专业技术职务聘任分开的意见》，决定实行专业技术人员的资格评价与职务聘任分开，工资福利待遇按实际聘任职务确定，要求全省自2005年1月1日起推行评聘分开制度。省人事厅下发《关于改进专业技术职称工作的若干意见》，对某些评审权和职称外语要求有关政策作出调整。

改进专业技术职务评聘方式　建立以业绩为主要依据，由品德、知识、能力等要素构成的专业技术人才评价指标体系。完善专业考试、同行专家评议、工作考核、业务技术答辩等有机结合的评价方式，结合事业单位人事制度改革，在具备条件的事业单位中开展直接聘任专业技术职务工作。对具有博士学位授予权的高校授予相应学科教授、研究员资格评审权。

职称外语要求　申报中等专业学校教师，中小学教师，技工学校教师，经济专业人员，会计专业人员，统计专业人员，体育教练员，新闻专业人员，翻译专业人员（第二外语），广播电视播音人员，出版专业人员，图书、资料专业人员，文物、博物专业人员，档案专业人员，工艺美术专业人员，艺术专业人员，律师，公证员，船舶技术人员，企业思想政治工作人员20个系列（专业）专业技术资格，职称外语不作必备条件。符合原有文件规定的免试条件的专业技术人员，申报专业技术资格外语可免试。企业单位、设区市及以下所属事业单位专业技术人员（不含高校教师和三级乙等以上医院卫生技术人员〈除从事中医、中药、护理工作的人员外〉）申报专业技术资格，外语不作必备条件。高等学校教师，省属事业单位（不含工作地点在设区市及以下的省直垂直管理单位）的自然科研人员、工程技术人员、农业技术人员、社会科研人员（不含从事中共党史、地方志、艺术研究工作的人员），省属卫生单位和三级乙等以上医院卫生技术人员（不含从事中医、中药、护理工作的人员），省属事业单位（不含中学、中等职业学校）的实验技术人员，申报评审相应系列高、中级专业技术资格，以及专业技术人员申报评审高级国际商务师，按原有职称外语要求，参加人事部统一组织的职称外语等级考试。上述人员中，于1979年12月31日前进入大、中、专院校（含职业学校）学习的专业技术人员，申报专业技术资格外语不作必备条件。参加全国职称外语等级考试或全省职称外语（古汉语、医古文）考试取得的合格证书（不含1年有效期的证书）在规定级别内长期有效。

专业技术职务任职资格申报评审条件　在企事业单位工作的专业技术人员，未按规定考核确认相应专业技术资格的，可在各专业技术职务系列规定的专业工作年限基础上，相应增加一年的专业工作年限，直接申报评审高一级专业技术资格。确有真才实学、从事专业技术工作成绩突出的农村实用人才，可不受学历和从事技术工作规定时间的限制，申报评审相应的专业技术资格。省外、海外引进的高层次人才和从事专业技术工作成绩优异、有重大贡献的专业技术人才，省和设区市政府人事部门可按原评审权限组建专门评审委员会，评审确认其相应的专业技术资格。专业技术人员除可以申报评审与本岗位相对应的专业技术资格外，符合其他系列（专业）申报条件的，也可以申报评审其他系列（专业）的专业技术资格。在专业技术岗位上工作的工人，符合条件的，可申报评审相应的专业技术资格，也可参加国家或全省统一组织的专业技术资格考试。取得专业技术资格者，用人单位可聘任相应专业技术职务，聘任期间享受相应待遇。

2004年，省人事厅会同省经济贸易委员会、省统计局、省财政厅分别印发《享受教授、研究员待遇高级工程师评审工作意见（修订稿）》《福建省高级统计师任职资格评审工作实施意见》《福建省高级会计师职务任职资格评审办法（试行）》，对福建省工程技术人员、统计专业人员、会计专业人员申报专业技术职务任职资格，从范围对象、条件、评审程序、评审组织等方面作出具体规定。

人事厅还完成统计、农业、工艺美术等专业技术职务资格评价标准的修订，组织29个系列专业职务的正常化评审，批准确认高级任职资格5000余人。

2005年，省人事厅下发《关于中国储备粮管理总公司福建分公司职称评聘问题的复函》《关于福建省海事局职称评聘问题的复函》和《关于福建省通信管理局职称评聘问题的复函》，同意将三个单位所属员工（不含人事关系寄存在政府人事部门所属的人才中介服务机构人员）的职称评聘工作纳入福建省管理范畴。印发《关于授权福建省机械行业协会承担汽车、船舶专业高级工程师评审工作的复函》，在省机械行业协会开展承担职称评审工作的试点，具体负责工程技术机械专业中的汽车、船舶两个子专业高级职务任职资格的评审工作。

为解决福建省援外医疗队员符合中、初级专业技术资格的报名条件，但因人在国外，无法回国参加全国卫生专业中、初级资格考试造成影响正常晋升的问题，省人事厅下发《关于我省援外医疗队员中、初级专业技术职务晋升问题的复函》，对经组织选派赴国外执行3年以上（含3年）任务的医疗队员，如在援外期间达到报考中、初级专业技术资格的时间和条件，并符合相应执业类别资格者，可按同等条件人员参考；合格者由单位先行聘用，并享受相应的待遇。援外医疗队员回国后应按规定参加相应的全国卫生专业技术资格考试，并在2年内取得专业技术资格证书，其晋升高一级专业技术资格的任职时间和工资等待遇从其聘任时间起算，否则，其申报高一级专业技术资格的任职时间只能从取得该专业技术资格证后起算。省人事厅、省工商联联合下发《关于进一步加强和完善非公有制企业专业技术职务任职资格评价工作的实施意见（试行）》，在非公有制企业中开辟专业技术职务任职资格评价的补充渠道，对在省内非公有制企业和省外福建商会闽籍人员中直接从事经济管理、工程、工艺美术和农业技术等专业技术岗位工作的人员，开展初、中级专业技术职务评审和考核确认高级专业技术职务工作。省人事厅下发《关于授予我省具有博士学位授予权的高等学校相应学科教授、研究员任职资格评审权有关问题的通知》，授予福州大学、福建师范大学、福建农林大学、福建医科大学、福建中医学院、华侨大学具有博士学位授予权的学科教授、研究员任职资格评审权。

第二节 继续教育

1998年3月3日、8月10日和10月13日,《福建省统计专业技术人员继续教育实施办法》《福建省专业技术人员继续教育自学认定办法》和《福建省会计人员继续教育暂行规定》先后施行。是年,省人事厅配合省人大常委会开展《福建省专业技术人员继续教育条例》第二次执法检查,以省直单位为检查重点。省人事厅和宁夏回族自治区人事劳动厅在福州联合举办"宁夏—福建两省(区)继续教育管理干部研修班",共有90余人参加研修。并对1997年全省各地、各部门举办的39个研修示范班进行审核、验收。围绕重点领域和支柱产业以及省经济新一轮创业发展需要,举办120个中、高级研修示范班。全省有6000多人参加"跨越世纪,面向世界500讲"大型电视系列继续教育活动,有2700多人参加"读考""读研",有3万多人参加通信形式的医学继续教育。

随着非公有制经济的发展,省人事厅组织人员开展非公有制经济单位继续教育工作调研,形成《我省非公有制经济单位专业技术人员继续教育的现状与对策》课题报告,确定非公有制经济单位继续教育的试点方案。省人事厅组织编写《创造力开发》一书,作为福建省专业技术人员的公修课教材。举办《创造力开发》师资培训班,参训人员104人。省人事厅与省经贸委联合印发《福建省经济管理继续教育科目指南》,用以指导全省经济管理类人员继续教育和作为企业适应性短期培训材料,并进行继续教育工作项目试点尝试,批准南平市、漳州市的"温州蜜柑高接换种技术""台湾枣优质、丰产栽培技术研究与示范推广"等5个继续教育试点项目。审批133个中级研修示范班;继续推行卫生专业技术人员通信继续教育,全省有3.4万人参加。

2000年,根据省级继续教育基地运行情况,对基地进行调整,重新确认福州大学成人教育学院、福建农业大学成人教育学院等42个单位为福建省专业技术人员继续教育基地,对基地实行动态管理,并出台《非公有制经济单位专业技术人员继续教育试点方案》。全省举办中级研修示范班151个,与农业厅、福建农林大学联合举办全国技术创新与持续发展高级研修班和加入WTO两岸农业发展与农产品流通高级研修班,举办闽宁继续教育基地管理干部研修班。

2001年,省人事厅对开展全省专业技术人员计算机应用能力的培训进行部署和作出规定,并认定设立省经济信息中心、省直计算机培训中心、福州大学、省技术监督干校、省计算中心、福建职业技术学院、福建农林大学、省农业干校、省供销干校、福建教育学院、省卫生干部培训中心、省交通职业技术学院、省统计干部培训中心、省水电干校、省幼师培训中心和福建师范大学16家单位为省直首批专业技术人员计算机应用能力培训单位，建立继续教育证书、奖惩、基地申报、统计和检查制度。到2001年已批准建立省级继续教育基地48个。1996—2001年，全省人事部门共举办多层次继续教育研修班700多期，以及多种涉外培训班，参加继续教育的国有企事业单位专业技术人员达68万多人次，超过全省国有企事业单位专业技术人员总数。9月20日，省教育厅、省人事厅、省财政厅联合印发《福建省中小学教师继续教育规定》的通知，对全省中小学教师继续教育作出明确规定。10月17日，省人事厅下发《关于加强继续教育工作若干问题的通知》，对加强继续教育工作若干问题作出明确规定。

2003年起，全省各行各业将专业技术人员每年接受继续教育学时作为聘任、续聘或者晋升专业技术职务和已取得职业资格再次注册的必要条件。专业技术人员每年接受继续教育学习的时间，高、中级职称的专业技术人员累计不少于72学时（12天），初级职称的专业技术人员累计不少于42学时（7天）。同时，加快继续教育体制的创新，形成国家、单位、个人、外资等多元参与的新格局，逐步扩大继续教育培训市场。宁德市举办270个班次专业技术人员世贸组织和知识产权培训，参训1.6万人次。参加两门知识培训的专业技术人员累计达2.8万人，培训合格率达90%以上。中级以上专业技术人员达到学时要求的有4600多人。

2004年，将省审计干部培训中心、福建电力职业技术学院、福建电子信息教育中心、福建省继续教育中心纳入继续教育基地管理。

2005年，省档案干部培训中心和福建省电子产品监督检验所纳入省级继续教育基地管理。

到2005年，全省专业技术人员继续教育人数达39.6万人，接受继续教育面达到90%以上。

附：2000年省人事厅确认的42个专业技术人员继续教育基地名单

福州大学成人教育学院、福建农业大学成人教育学院、福建林学院成人教育学院、福建省高等学校师资培训中心、福建省农科院科技干部培训中心、福建省经管院继续教育中心、福建中华职业大学、省财会管理干部学院、福建广播电视大学培训处、福建公安高等专科学校培训处、福建省外经贸干训中心、福建省科技管理干部学校、福建交通职业技术学院、福建省职业技术教育中心、福建省幼儿教师培训中心、福建省水利水电干部学校、福建省农业干部学校、福建省林业干部学校、福建省技术监督干部学校、福建省卫生干部培训中心、福建省广播电视干部学校、福建省南平造纸厂职工学校、福建纺织化纤集团、福建医科大学成人教育学院、福建省科技大学成人教育学院、福建省科技进修学院、福建省统计干部培训中心、福建省信息中心培训处、福建教育学院继续教育办公室、福建省水产干部学校、闽江大学成人教育学院、福州市业余科技大学、鹭江职业大学成人教育学院、漳州糖厂培训中心、漳州师范学院成人教育学院、泉州市行政干部学校、泉州师范学院、莆田市农业技术培训中心、福建行政学院三明分院、福建省武夷山培训中心、龙岩市农技推广中心、宁德地区农技培训中心。

第三节 人员招聘

一、进人招考

1999年，全省事业单位进人开始实行公开招考。福州、厦门、漳州、泉州、莆田等市开始探索通过考试聘用事业单位工作人员路子。

2001年，厦门市人事局会同市委组织部制定《关于厦门市事业单位招收大中专院校毕业生若干规定》和《关于厦门市机关事业单位补充工勤人员暂行办法》。福州市制定《机关、事业单位补充工勤人员暂行规定》，规定凡补充（含招收、调入）机关、事业单位工勤人员，均采取考试和考核相结合的办法，试行事业单位招收人员面向社会公开招考。是年，福州市医保中心、市江滨公园管理处通过考试招收工作人员36人。

2002年，福州市下发《关于做好市属事业单位补充工作人员和市直机关、事业单位补充工勤人员面试工作的通知》等文件，实行招收岗位、招收人数、任职条件、考试报名、考试考核办法、考试范围、考试成绩、招收结果"八公开"制度，向社会公开招考事业单位工作人员27人、工勤人员5人、市属中学校长7人、市属中学教师36人、职业技术学院教师13人。

2003年5月，省属事业单位除依照公务员管理的单位外，执行省人事厅《关于省属事业单位补充工作人员实行考试考核公开招聘有关问题的通知》，在编制内补充管理人员、专业技术人员、工勤人员时，原则上都应通过考试考核面向社会公开招聘。各设区市事业单位补充工作人员均结合实际实行考试考核公开招聘办法。是年，全省事业单位公开招聘人员按"统一指导，分级分类管理"的原则，稳步推进。省人事行政部门负责省属、中央在闽事业单位公开招聘人员工作的指导、监督与组织实施工作，各设区市人事局负责市直单位、县（市、区）事业单位公开招聘人员工作的指导、监督和组织实施工作，坚持"公开、平等、竞争、择优"的原则，制定招聘方案，公布招聘信息，进行资格审查、笔试、面试、考核、体检，确定聘用人选，办理聘用合同登记手续等。各用人单位主管部门专门组织成立考评、监督等工作小组，结合事业单位的岗位特点组织笔试、面试、专业技术实践操作测试。2003年下半年，全省有780多家事业单位面向社会招考工作人员3300多人。2004年，全省有2450个事业单位8950个岗位面向社会公开招聘。

2005年5月，省人事厅、省公安厅下发《关于省属事业单位聘用人员人事关系接转和户口迁移有关问题的通知》，要求妥善做好省属事业单位聘用人员的人事关系接转和户口迁移工作。6月，厦门市制定《厦门市事业单位补充工作人员暂行规定》。下半年，省人事厅着手研究事业单位公开招聘人员考试管理办法，为加强指导、管理和监督，草拟《福建省省属事业单位公开招聘工作人员考试暂行办法》。全年，全省有2850个事业单位11322个岗位面向社会实行考试考核公开招聘。

二、人员聘用

20世纪90年代初，福建推进各类事业单位的人事制度改革，省人事厅先后与省委组织部、教育厅、科技厅、卫生厅、文化厅、广播电视局等部门转发关于深化高等学校、科研、卫生、文化、广播影视事业单位人事制度改革实施意见。与省科技厅、卫生厅、教育厅联合召开三场座谈会，拟订《事业单位聘用制试行办法》以及《福建省市（地）、县（市、区）所属事业单位专业技术职务结构比例暂行规定》。加强聘约管理，推行评聘分开，引导科技人员走出科研设计单位、大专院校，以辞职、借聘、兼聘、停薪留职、咨询讲学、技术承包、调往工作等形式，为中小企业、乡镇、农村等基层单位提供技术服务，领办、兴办各种所有制企业。

1998年4月，龙岩市政府下发《龙岩市关于开展专业技术职务评聘分开竞争上岗的暂行规定》。龙岩市人事局还制定以量化考核为主要特征的聘任评价标准。要求各单位建立台账式岗位管理制度，对每个岗位、每位专业技术人员履行岗位职责、完成岗位任务等情况进行记录、量化，督促各单位建立健全符合单位实际的考核制度，加强聘后管理。

1999年，在省新闻出版局进行聘用试点，用人单位与招聘人员签订聘用合同，人事档案统一寄存在中国海峡人才市场。

为推动全员聘用制的试点工作，2000年起，福建师大推行全员聘用合同制。翌年，福建卫生学校推行全员聘任制。

2001年3月，省人事厅制定《关于加快推进我省事业单位人事制度改革的意见》，会同省委组织部上报省委、省政府。5月，省委、省政府批准实施省事业单位人事制度改革意见。

2002年，为规范事业单位聘用制工作，省人事厅印发《福建省事业单位聘用合同书（文本样式）的通知》，对事业单位及其员工签订聘用合同提供指导。6月1日起，对通过公开招聘考试进入事业单位的人员，一律实行聘用制，履行签订聘用合同手续，并在部分事业单位开展全员聘用试点。11月，省政府办公厅批转执行《关于在事业单位试行人员聘用制度的实施意见》。全省事业单位及其工作人员按照"平等、自愿、协商"的原则，签订聘用合同。确定用人单位与个人的人事关系，明确双方的权利和义务。实行竞争上岗、按岗聘用，建立符合事业单位各类人员特点的岗位管理制度。在编制总额和各类人员结构比例标准内，科学合理设置岗位，明确不同岗位职责、权利和任职条件。

对事业单位领导人员坚持党管干部原则，按照干部管理权限和规定程序，引入竞争机制，改革单一的委任制，区别不同情况，分别实行聘任、选任、委任、考任等多种任用形式。任用单位确定职数等级。对于专业技术人员，完善专业技术职务聘用制，实行专业技术职务评聘分开，建立由政府宏观指导的个人申请、社会评价和单位自主聘用机制。对责任重大、社会适用性强、事关公共利益、具备一定专业技术才能胜任的岗位，建立职业资格注册管理制度，实行职业准入控制。

2003年3月，龙岩市政府召开两次专题会议，确定在市直卫生、教育、建设、农业、林业5个系统各选择3个不同类型的事业单位进行全员聘用制试点。其他设区市也根据各自实际情况，确定试点单位。5月中旬，省人事厅召开设区市事业单位人事制度改革工作座谈会。6月底至7月初，又召集94个省直主管部门和92个所属事业单位召开6场省属事业单位人事制度改革工作座谈会，分别对设区市、省属事业单位试点工作进行部署。会后，各地各部门的试点工作陆续展开。福州市在8月召开全市事业单位人员聘用制试点工作动员大会，确定69家事业单位开展试点，并制订总体工作计划。莆田市确定5家市直事业单位先行试点，待取得经验后再推开。三明市确定39个事业单位开展试点，其中，财政核拨27个，财政拨补12个，涉及职工926人。9月，厦门市共有465家事业单位实行全员聘用。其中，财政核拨363家，财政拨补89家，27489名职工与单位签订聘用合同，占事业单位职工总数76.7%；未聘人员334人，占已实行聘用制事业单位职工总数1.2%。

截至2003年9月底，全省共有1999家事业单位实行聘用制度，占事业单位总数42.9万家的4.7%；签订聘用合同60969人，占事业单位职工总数742870人的8.2%。其中财政核拨1455家，财政拨补368家，经费自理和企业化管理176家。按行业划分，教育746家，占试点事业单位总数的37.3%；卫生135家，占6.8%；文化81家，占4.1%；科研30家，占1.5%；广电82家，占4.1%；农林水242家，占12.1%；其他683家，占34.2%。

2004年，加快以人员聘用制为核心的事业单位人事制度改革，以教科文卫和广电等行业为重点，抓好事业单位全员聘用试点，完善公开招聘制度，规范招聘信息发布、组织报名、笔试、面试、考核聘用等程序，抓紧制定《事业单位聘用制人员考核意见》《事业单位未聘人员安置意见》《事业单位工作人员实行聘用制后工资问题的处理意见》和《事业单位聘用制人员退休条件认定的试行意见》等配套政策。全省有2450个事业单位8950个岗位，其中省直263个事业单位，2610个岗位面向社会公开招聘。是年，全省有2550个事业单位实行聘用制，占事业单位总数的5.9%，有70718人签订聘用合同，占事业单位职工总数的9.5%。是年起，厦门市每年开展1次征集重要职位活动，面向省内外、海外进行高层次招聘。两年中有282家用人单位推出3000多个高薪职位。

2005年，确定39个单位为省事业单位人事制度改革工作联系点，加强沟通，定期召开座谈会，及时研究解决改革过程中出现的新问题，加强对人事制度改革工作的跟踪和指导。厦门、福州、龙岩、三明、莆田等设区市及省直机关2000多家事业单位试行聘用制，签订聘用合同6万多人。

第四节 人才培养、交流、合作与服务

一、培　养

1998年，福建省根据国家人事部通知，开展"百千万人才工程"和"博士后工作"。"百千万人才工程"分为三个层次：第一层次，到2000年，造就上百名45岁左右、能进入世界科技前沿，在世界科技界享有盛誉的学术和技术带头人。第二层次，造就上千名45岁以下、具有国内先进水平，保持学科优势的学术和技术带头人。第三层次，培养出上万名30～45岁在各学科领域里有较高学术造诣、成绩显著、起骨干或核心作用的学术和技术带头人后备人选。按人事部、科技部、教育部、财政部、原国家计委、中国科协、国家自然科学基金委员会等7个部门联合发文的具体要求，"百千万人才工程"坚持以培养（而不是选拔）为主的原则进行。经筹备，成立福建省"百千万人才工程"领导小组，并确定该工程的宗旨为到20世纪末，在国民经济和社会发展影响重大的自然科学和社会科学领域，造就一批不同层次的跨世纪学术和技术带头人及后备人选。是年，经国家人事部批准，设立省内首家博士后科研工作站——实达电脑集团博士后科研工作站，有6名博士后获准进站。首批由财政核拨招收15名博士后，另增设6个博士后流动站和2个企业博士后科研工作站，招收博士9人。学科覆盖理、工、农、医、社会科学等8个门类的18个一级学科。

2002年，拓宽人才工作领域，由国有经济转向整个国民经济，由城市延伸到农村，由

国有单位扩展到非国有单位,由传统的国家干部扩大到各类人才。人才工作由行政调配为主转向人才预测与规划、培养与使用、配置与管理为主的全方位人才资源开发。党政人才、企业经营管理人才和专业技术人才三支队伍建设同步推进,农村实用型人才、职业技术人才和"银色人才"的作用得到发挥。

为加强与闽籍院士、专家的联系,发挥闽籍院士、专家的智力优势,建立闽籍院士、专家联系制度。先后选送11批61名具有副高以上职称或博士学位的青年专业技术人才以访问学者的身份到闽籍院士专家身边深造。2005年,福建省选派25批88人(102人次)具有副高以上职称或博士学位的青年专业技术人才以访问学者身份到清华大学、复旦大学、上海第二军医大学、北京大学和中国农业大学闽籍院士专家身边学习计算机应用技术、世界经济管理、微创外科和生物技术。

至2005年底,经福建省推荐并经国家人事部批准列入"新世纪百千万人才工程"国家级人选的34人。累计选拔了6批678名"百千万人才工程"三层次人选。

二、交　流

(一)国内人才引进

1. 政策措施

1999年,省人事厅贯彻省委六届十次全会《关于加快实施科教兴省战略的决定》,会同省委组织部制定《关于引进高层次人才和青年专业人才的若干规定》。

2000年5月20日,省委、省政府发布施行《关于引进高层次人才和青年专业人才的若干规定》。文件规定,福建省重点引进省内急需的生物工程、海洋技术、农业新技术、环保技术、新医药技术、新材料技术、光机电一体化、电子信息、金融管理、外经外贸等高层次人才和青年专业人才。对急需紧缺的青年专业人才,不受专业限制予以引进。高层次人才是指具有高级职称或博士学位,在学术、技术领域具有较高造诣和较突出成果的专业人才。重点对象是:学术、技术水平处于国内外领先的学术、技术带头人和优秀拔尖人才,年龄一般在60岁以下;博士学位获得者,年龄一般在45岁以下;懂技术、善管理的高级企业经营管理人才,年龄在55岁以下;拥有专利、发明或专有技术并属国内先进水平的人才;其他具有特殊才能或重大贡献的人才。青年专业人才主要指福建省急需紧缺的具有本科(含本科)以上学历的重点大学应届毕业生,35岁以下具有本科(含本科)以上学历且有中级职称或40岁以下具有高级职称的专业人才。

引进的高层次人才和青年专业人才按"双向选择"的原则,自愿选择适合自己专业特长的单位,可以调动、兼职、讲学、从事科研和技术合作、技术入股、投资兴办企业、担任顾问或咨询专家等形式,来福建长期工作或短期服务。其配偶、未成年人子女需迁移户口的，公安、粮食部门予以办理有关户口、粮食迁移落户手续，不受任何指标限制。配偶、未参加工作的子女可随调或随迁，人事、劳动、教育等部门及时帮助办理其配偶、子女的调动安置、入学、就业及"农转非"。财政拨款的事业单位引进高层次人才，不受编制、增人计划和工资总额的限制。具有硕士（含硕士）以上学位的专业人才可通过特殊考试办法录用为国家公务员或党群机关工作人员，工资待遇由用人单位与本人协商确定，可实行年薪制，可以专利、发明、专有技术等要素参与分配或技术转让，从事技术转让收入以及与技术转让、技术开发相关的技术咨询、技术服务收入免征营业税。引进人才的科研、技术开发等经费由用人单位支付，并计入成本。用人单位为引进的高层次人才提供优惠的工作和生活条件，每年资助一定数额的资料费，配备助手，提供工作用车，提供参加国际学术交流与合作的差旅费。属于填补国内空白或省内急需的科研项目、课题、高新技术，按有关规定优先立项，并申请科研项目择优资助经费和课题经费。建立人才引进专项资金，重点资助国有企业和科研、教学及医疗卫生单位引进高层次人才。引进1名中国科学院院士、中国工程院院士，从专项资金中提供不少于200万元支持其从事发明创造、技术创新；每引进1名国家重点学科带头人、省部级重点学科带头人、获得博士学位的优秀留学人员，分别给予50万元、20万元、10万元科研启动费。重点扶持福州、厦门等有条件的中心城市创办留学人员创业园，鼓励留学人员携带科技成果来闽从事高新技术产品开发和生产。凡国有企业、事业单位引进的高层次人才，可享受购买、租赁微利房待遇。属引进高层次人才可根据同类人员的住房标准，按当地政府、用人单位、个人各出资1/3的比例进行一次性购房或租赁，如属购房，引进人才工作满5年后产权归其所有。对来闽工作的两院院士，由当地政府提供一套不少于150平方米的住房。引进的青年专业人才享受省内同类人员住房的同等待遇。对来闽定居的高层次人才，用人单位一次性发给3万~5万元的安家费、差旅费、生活补助费。对引进到国有企业、事业单位的两院院士、国家人事部"杰出专业技术人才奖章"和一等功奖励获得者、国家人事部表彰有突出贡献中青年专家，以及进入国家"百千万人才工程"的第一、第二层次者，省政府每月分别发给5000元、4000元、2000元、1000元生活津贴。省内产生的上述高层次人才享受与引进人才同等的津贴待遇。对其他引进到国有企业、事业单位的高层次人才和具有博士学位的留学回国人员，省政府每月发给500元生活津贴。选聘两院院士、重点学科带头人、海外著名专家与学者、博士生导师等高层次人才为客座专家，聘期内签订工作目标责任书，每月分别发给1500元、1000元、500元生活津贴。对辞职来闽工作的高层次人才和青年专业人才，按引进人员办理户粮迁入手续，承认其原身份、行政职务级别和专业技术职务资格，工龄连续计算。对保留当地户口和人事关系来闽工作的高层次人才和青年专业人才，享受与调进省内的高层次人才和青年专业人才同等待遇。获得硕士、博士学位的引进人才，其攻读硕士、博士学位的时间可计算为连续工龄。同时，建立专业技术人才专项奖励资金，完善奖励制度，定期对为福建省经济建设和社会发展作出贡献的引进人才和用人单位予以表彰。来闽工作的留学人员实行身份认定和统一派遣制度。10月，省政府办公厅印发《关于引进高层次人才和青年专业人才有关住房问题的通知》，就解决来闽服务或工作的各类人才的住房问题作出规定。

2001年，省人事厅会同省委组织部、财政厅出台《关于贯彻执行〈省委、省政府关于引进高层次人才和青年专业人才的若干规定〉的意见》，对引进高层次人才和青年专业人才的身份认定、引进手续的办理、引进人才的工资待遇和专业技术职务评聘、采取特殊考试办法录用为党群机关工作人员或国家公务员、建立人才引进专项资金和福建省专业技术人才专项奖励资金，以及引进海外智力配套资金的发放、管理等作出具体规定。省人事厅还制定实施《福建省引进高层次人才生活津贴发放管理办法》，对引进的高层次人才按月发放生活津贴。

2002年，省人事厅、财政厅联合下发《关于引进人才工作有关具体问题的通知》，对引进人才手续办理、引进高层次人才身份认定和申请科研启动费等问题作出具体规定。至年底，共引进省外、海外人才3.5万人。年内，晋江市重视人才引进培养，为高层次人才筑起"金巢"，创建"晋江模式"。明溪县以项目带人才，与复旦大学建立校院紧密型合作关系，创建山区县引进人才的"明溪模式"，引进高级人才86人。莆田市建立莆籍留学人员数据库和成果项目库，吸引莆籍人才回乡参加建设。是年，省人事厅还组织举办首届中国留学人员（福建）创业项目竞赛，报名参赛的海内外留学人员500多人，提交参赛项目100多项。

2003年，在中国·福建项目成果交易会上，省人事厅开办人才项目馆，会同中国海峡人才市场、省留学生同学会、省博士创业促进会和厦门留学人员创业园等单位，发动省内优秀专家和海内外留学人员参加项目成果推介，有56个项目有对接意向。还与省环保厅、省卫生厅、海峡人才市场举办以环保和卫生防疫为主题的留学人员创业论坛。

2004年10月，福建省出台《中共福建省委、福建省人民政府贯彻落实〈中共中央、国务院关于进一步加强人才工作的决定〉的实施意见》，加强人才政策环境建设。各级政府建立人才资源开发专项资金，用于高层次人才和高技能人才培养、欠发达地区人才开发、人才智力引进等工作。

2005年，省级财政新增加2000万元，统筹用于人才资源开发的新增经费支出；省委、省政府设立人民满意的公务员、杰出科技人员、突出贡献企业家、突出贡献高技能人才、优秀回国留学人员人才表彰制度，每3年评选表彰1次，对获得奖项的各类人才给予重奖。设立青年博士科研启动专项经费，对在企事业单位从事科学研究和技术开发工作的博士毕业生首次申请科研项目，经业内专家评议，由省政府科技部门和用人单位按1∶1比例给予科研启动费。参加中国留学人员（福建）创业项目竞赛活动，经专家评审确定的优秀项目，省里给予配套资金支持，帮助其落地发展。对紧缺急需的博士毕业生，愿意到企业工作又希望保留事业人员关系的，可委托人才储备中心管理，3年内，根据本人意愿，或将关系转到企业，或推荐到事业单位工作。引进的紧缺急需人才购买住房，由各级政府按当地商品房中等价格和相应面积标准发给购房款总额的1/3补贴，用人单位相应给予补贴，由个人自行选购房源。依托福州、厦门等地优质中小学创办国际学校、双语班级，为引进的海外留学人员和华侨、外国专家子女提供与国际接轨的教育服务。10月，省政府办公厅印发《福建省2005—2006年度紧缺急需人才引进指导目录》，根据重点产业、行业、领域、项目、学科及山区、欠发达地区人才紧缺，特别是高层次人才紧缺急需情况，提出人才引进的指导性意见，对符合该目录引进的紧缺急需人才给予有关优惠政策。

2. 引进紧缺人才

1998—1999年，从省外引进各类人才2372人。

2000年3月，省人事厅组织50家用人单位分赴北京、天津、沈阳、大连、长春、哈尔滨、成都、重庆、长沙、武汉、南京等40多所重点高校招聘福建紧缺专业的毕业生。10月底，组织高等院校、科研院所及省内支柱产业、重点行业中知名企业、上市公司等44家用人单位赴成都、西安、沈阳、合肥等地招聘人才，近5000名省外专业技术人员参加招聘会。12月，组团赴上海、南京、杭州参加华东地区毕业研究生交流大会，招聘人才。

2001年11月，组织有关部门和用人单位参加全国人才交流大会暨第二届高级人才洽谈会。

2002年，组织省内用人单位赴京参加全国人才交流大会暨第三届高级人才洽谈会，赴上海、南京参加华东地区高校毕业研究生联合供需洽谈会，组团赴广州、济南等地招聘应届毕业生和专业技术人才。

2003年，创新人才招聘方式，在福建人事人才网、中国海峡人才网设立"招聘高层次人才"网页，建立网上招聘平台。组织开展网上和赴省外招聘引进中高层次人才活动，组织26家省属、中属单位提供1000多个中高级职位开展网上招聘，并组织26家省内用人单位分赴北京、上海、广州、重庆、南京、杭州、武汉、西安等地招聘人才。同时，启动人才工作证制度，对引进的省（海）外高层次人才实行身份认定后，核发"福建省引进省（海）外高层次人才工作证"，共办理核发手续130人次。截至年底，全省共引进中、高级人才1500多名。

2004—2005年，继续面向海外、省外开展秋季网上招聘中高层次人才活动，组织参加华东地区高校毕业研究生联合供需洽谈会，开展赴省外招聘引进人才活动。2004年，引进海内外中高层次人才1851人。2005年，共吸引省外各类人才26491人。

此外，还通过开辟人才引进"绿色通道"，支持高校、科研单位采取灵活有效的措施，引进各类人才来闽工作。按照"不求所有，但求所用"的原则，完善人才柔性引进政策，鼓励海内外高层次人才以技术转让、技术入股、创办企业等形式，以项目合作、聘用兼职、考察讲学、担任顾问等途径来闽创业或服务。

至2005年，从省外引进的各类人才有80％以上进入科研、教学和经济领域。

3. 人才项目对接

2003年始，利用中国·福建项目成果交易会和中国·广州留学人员科技交流大会等平台，组织各类人才面向企业、重点项目及市县开展成果推介、技术推广活动，坚持用项目引才、课题引才、产业引才，促进人才与项目对接、与产业互动。举办"2003年中国留学人员（福建）创业论坛"。在第一届中国·福建项目成果交易会上开设人才项目馆，组织省内外优秀专家和海内外留学人员参加项目成果推介，组织各设区市、各高校、科研机构和企事业用人单位发布人才需求。选送省内优秀专家和海内外留学人员179个优秀项目成果参展，其中56个项目达成对接意向，其他成果在厦门"9·8"投洽会上再次进行推介。

2004年，在第二届中国·福建项目成果交易会上开设人才项目馆，征集参展项目成果178项，提供人才需求信息4000多个，重点推介1000位中高级人才，签约项目达23个，协议金额1.12亿元。组织参加中国留学人员回国创业成就展，征集落实参展项目。组织开展"诚邀英才、创业福建"秋季网上招聘引进中高层次人才活动，征集推出4200多个职位，其中中、高级职位1300多个。

2005年，开办第三届中国·福建项目成果交易会人才馆，选送189个项目，其中技术难题45项，签约项目16个，项目总投资约3.4亿元。同时还举办大型人才招聘会暨中高级人才职场竞聘活动，为企事业单位和中高级人才、大中专毕业生创造双选平台，共提供6000多个中高级职位，有2000多名人才与用人单位达成初步聘用意向。

（二）国家外专局立项资助引进

1998年，全省获国家外专局立项资助引进专家197人，专家项目177项，涉及农业、工业、高新技术、环境保护、企业管理、工商行政、金融财政等领域，其中，80％以上项目获得较好效益，且涌现一批推广项目，如水稻旱育、稀植栽培技术的推广、BtA生物农药的应用推广、蘑菇菌改良技术、柑高接换种系列配套技术等。国家资助专项经费310万元；出国（境）培训项目国家立项资助16项，培训280人，经费资助100万元；由省立项出国（境）培训项目22项，培训488人次。省人事厅与省经贸委、乡镇企业局、机械厅、煤炭工业总公司等共同组织11名省机械、制造工业管理人员赴港参加机械制造工业培训。全省有19人办理单位公派出国留学手续，4人获得国家留学基金委员会批准国家公派出国留学。省农科院生物技术中心聘请的德国专家沈功恰、厦门ABB开关有限公司聘请的新加坡专家翁建汉获国家"友谊奖"。省农科院生物技术中心与德国波恩大学合作研制成功的BtA无公害生物农药生产技术，以及省农科院植保所与新西兰专家合作研发成功的以捕食螨消灭害螨的"以螨治螨"防治技术，得到国家外专局的重视和支持。国家外专局副局长武永兴率团来闽考察这两个引智项目并纳入国家重点引智计划。是年9月，国家外专局在福建省福鼎县召开BtA生物农药在无公害茶叶生产中应用的现场鉴定会，与会专家及农技人员充分肯定该项引智成果的应用效果。国家外专局机关报《中国引进报》在头版头条对此作了报道。

1999年，全省获国家外专局立项资助引进专家228人次，引进专家项目213项，其中，福州大学生物工程系引进加拿大专家开发动物饲料酶取得突破。代省长习近平会见该项目专家。福建省农科院无公害生物农药BtA推广面积达到600万亩，推广范围延伸到北京、山东、新疆等省（区）。该项目在省内永泰县茶叶生产区推广使用，国家资助专项经费550万元。出国（境）培训项目国家立项资助18项，培训253人，经费资助100万元。由省立项出国（境）培训项目19项，培训482人次。省闽航公司及南孚公司培训经验材料收录进国家外专局编辑的《1999年度全国出国培训项目成果汇编》。福建省有12名制造工业管理人员由香港蒋氏基金资助，赴港参加第99期中国机械制造工业高级管理人员培训班学习。选派10名护士赴新加坡培训。全省有62人办理单位公派出国留学手续，6人获得国家留学基金委员会批准为国家公派出国留学。福建省船舶工业集团公司聘请的日本专家稻井秀穗、厦门市路桥建设投资总公司聘请的日本专家山崎康嗣获国家"友谊奖"。是年，福建省亦开始设立"友谊奖"，当年有15名外国专家获此殊荣。

2000年，全省获国家外专局立项资助引进专家258人，专家项目238项，国家资助专项经费557万元。出国（境）培训项目国家立项资助12项，培训111人，经费资助150万元。由省立项出国（境）培训项目16项，培训420人次。全省有56人办理单位公派出国留学手续，3人获得国家留学基金委员会批准为国家公派出国留学。全省引智工作突出抓重点、抓成果、抓推广，特别注重抓好项目执行率，抓好全省引智工作的平衡发展，抓好为重点项目的配套服务工作。是年，省农科院因生物防治技术被国家外专局命名为"国家引智成果示范推广基地"。国有企业福州抗生素厂利用高薪聘请、技术入股等方法，引进外国专家，解决技改项目论证、产品进入国际市场等关键问题，增强企业发展的后劲。为配合福建省机构改革，做好党政机关领导人员定向专业培训工作，省人事厅具体制定有关国家公费留学备选人员外语水平考试的通知，并与福州大学共同组织73人参加外语考试。

2000年11月初，以省政府名义组团赴美国参加首届北美中国留学人员人才交流大会，宣传福建省人事人才政策，公布重点行业、重点单位、重点项目的人才需求，招聘引进福建省紧缺急需专业技术人才和管理人才。福建代表团在美国与150多位高层次留学人员直接接触、洽谈，有近100名留学人员希望与福建进行项目合作，30多名留学人员有到福建创业的意向。这是改革开放以来福建首次赴海外招聘人才。

2001年，全省获国家外专局立项资助引进专家项目221项，国家资助专项经费325万元；获国家外专局立项出国（境）培训审批项目8项，培训101人，经费资助150万元。出国（境）培训审核项目20项，培训481人次。全省有59人办理单位公派出国留学手续，七人获得国家留学基金委员会批准为国家公派出国留学。十名外国专家获福建省"友谊奖"。是年，建阳市农业开发示范场因"红壤山地综合开发技术"被国家外专局批准为国家引智成果示范推广基地，被省人事厅批准为省级农引推基地。是年11—12月，组织有关部门和用人单位参加第四届中国留学人员广州科技交流会、第二届北美中国留学人员人才交流大会等，大力引进海外、省外高层次、急需人才。为加强引智单位在引智成果应用方面的示范性与创造性，福建省开始进行省级农业引智成果示范推广基地的评选工作。评选工作体现了引智成果的先进性和实用性，也考虑省内实际情况，有重点、有步骤地进行，激发引智单位的工作热情与积极性。建阳市农业开发示范场的"红壤山地综合开发技术"当年被省人事厅批准为省级农引推基地。

2002年，全省获国家外专局立项资助引进专家项目192项，国家资助专项经费353万元。获国家外专局立项出国（境）培训审批项目22项，培训185人，经费资助200万元。出国（境）培训审核项目28项，培训645人次。全省有108人办理单位公派出国留学手续，办理2名机构改革中机关分流人员（省侨办、省农业厅各1名）赴外留学有关手续，5人获得国家留学基金委员会批准国家公派出国留学，选派5名护士赴新加坡培训，选送2名机械行业管理人员赴香港参加蒋氏基金培训，组织180名赴外培训人员参加国家外专局组织的BFT外语培训与考试。符合公费留学条件人员83人参加国家教育部组织的WSK考试。围绕加入WTO、"百千万人才工程""541"工程等，做好领导干部、学术带头人的赴外培训及国家公费生选派工作，审核办理42人赴美国、欧洲参加WTO培训，办理地厅级干部赴外培训4名，在"百千万人才工程"人选中首批安排22名专家参加外语强化班和参加国家公费留学备选人员的WSK考试。福建省与国家教育部留学基金委签订协议，帮助解决福建省地方公派留学人员50%的费用。全省加强农业引智成果的应用和推广，涌现红壤山地综合开发技术、闽南柚木良种选育及配套技术、南方红豆杉资源开发与利用、欧洲大鲮鲆鱼育苗及工厂化养殖和高效生物有机肥技术等引智项目。厦门岷厦国际学校聘请的菲律宾专家吴美德获国家"友谊奖"。

2003年，全省以重点建设项目及电子、机械、石化三大主导产业为重点，组织聘请外国专家及赴外培训项目。获国家外专局批准聘请专家项目有121项，成果示范推广项目4项，软件及集成电路项目3项，获项目资助经费232万元。获国家外专局批准出国（境）培训审批类项目7项67人，国家资助比例20%~40%，出国（境）培训审核类项目30项706人。获批准的引智项目中，电子、机械、石化三大主导产业项目比例占25%，农业项目占45%，并有新大陆公司、长富集团等5个2003年省重点建设项目。建立明溪县林业科技推广中心的"南方红豆杉扦插育苗技术"等8个项目单位为省引智成果推广基地（示范单位），新大陆环保科技有限公司的"紫外C消毒技术及其应用"、厦门市农业科学研究所的"名优蔬菜引进与开发"以及厦门软件产业投资发展有限公司的"软件开发"被国家外专局批准为国家引智成果推广基地（示范单位）。组织30多名赴外培训人员参加BFT考试。国家外专局将福建工程学院增设为在福建省的BFT考试培训点；组织省直单位的35名学员参加WSK（PETS－5级）培训。办理单位公派留学22人，留学延期审批4人；完成初审并上报教育部国家公费留学人员申请材料10份，其中3人被录取为国家公派留学人员。省国际人才交流中心成为国家外专局培训中心在福建地区唯一授权的PMP（项目管理专业人员资格）培训与认证机构，引进国外先进知识、管理体系，为提高福建省各类重点建设项目管理人员的管理水平及全面素质提供服务。省国际人才交流中心与福建省电子产品质量监督所合作，在全省电子信息行业举办1期PMP考前培训班。在"非典"期间，加强对外国专家管理与服务工作，确保其安全，稳定外国专家群体。落基山（福州）药业有限公司聘请的加拿大专家布莱恩·赫治获国家"友谊奖"。8名外国专家因工作表现突出、贡献较大而获福建省"友谊奖"。

2004年，全省获国家外专局批准立项的引智项目119项，资助引智项目专项经费320万元。其中，农业基础产业项目50项，电子、机械、石化主导产业项目30项，省、市重点项目3项，与发展县域经济有关的项目34项，民营企业项目48项；获国家外专局批准立项的出国培训项目34项、664人次，出国培训专项经费100万元。省重点项目福人木业有限公司引进美国、德国专家和先进的生产技术，新产品一次试产成功，经济效益获同行业评比第1名。省船舶工业集团公司引进日本先进的造船技术，促使马尾造船厂、厦门造船厂、东南造船厂缩短分段造船、组装和船台吊装时间。莆田市山益生态农业有限公司引进日本专家进行日本甜柿栽培与管理技术指导，已成功栽培日本甜柿6万株，可增收650万元。全省有664名各类人员到发达国家进行相关业务培训。南平南孚电池有限公司专业技术人员学成回国后，成功开发碱锰电池新产品。是年，南孚电池被国家外专局确定为出国培训典型单位。上半年，组织引智单位参加"南京2004年中国国际人才交流大会"和"6·18"项目成果交易会；下半年，组织22个民营企业高薪聘请外国专家需求项目以及8

位民营企业代表参加国家外专局在温州举办的"首届中国民营企业国际人才交流大会",有12个外国专家组织需求的项目参加国家外专局举办的网上引进专家洽谈活动。举办2期出国培训人员英语培训班,参加培训的人员近100名。引进美国管理知识体系,为福建炼油厂、福州软件园、福建软件联盟等单位举办3期项目管理知识培训班。省国际人才交流协会完成换届改选工作。6月,召开首次全省引智基地工作会议,对全省引智成果示范推广基地建设进行总结和部署。明溪县林业科技推广中心的"南方红豆杉扦插育苗技术"、厦门宏发电声有限公司的"新型继电器技术"被国家外专局批准为国家引智成果推广基地(示范单位)。夏新电子股份有限公司聘请的日本专家安达直史、福州大学聘请的法国专家施舟人、厦门大学聘请的英国专家荷马克获国家"友谊奖"。

2005年,全省获国家外专局批准立项引智项目119项,资助引智项目专项经费330万元。其中,与省重点建设有关项目12项,与加快福建省农业、林业、海洋渔业、电子信息、机械制造、高新技术、食品化工、旅游、环境保护、新能源开发等产业发展有关的引智项目95项,与发展县域经济有关的引智项目32项,与发展民营经济有关的引智项目47项。全省共有4个引智项目被国家外专局列入国家重点引智计划。全省获国家外专局批准立项的出国培训项目33项、606人次,争取出国培训专项经费105万元,并首次获国家外专局批准立项赴港培训项目8个、230人次。全省组织19个项目单位参加2005年中国国际人才交流大会引进急需的海外专家,帮助省重点建设项目平潭澳风电场和漳浦六鳌风力发电场、国家级农业产业化龙头企业龙岩森宝实业有限公司和福建农凯畜牧实业有限公司以及新大陆环保科技有限公司、福日配件有限公司和省农科院等单位直接引进国外知名专家。省风力发电重点建设项目引进的美国著名风力发电专家,对风力发电工作提出一系列有价值、有建设性的意见和建议,省长黄小晶对此作出批示。软件企业福建富士通通信软件有限公司实施2个国家重点引智项目,引进日本、美国、以色列、印度等国软件专家,解决"IP用户交换机软件出口研发""3G无线网络核心控制器研发"等关键技术创新问题。泉州知名民营企业福建南方路面机械有限公司高薪聘请欧洲沥青设备制造专家指导沥青混凝土再生设备技改项目,解决关键技术难题,所生产的沥青再生设备获国家专利。漳州市聘请日本技术士协会鲍鱼养殖专家指导东山、漳浦、诏安、云霄等地开展鲍鱼养殖以及鲍鱼病害的防治工作。福建南平南孚电池有限公司和省农科院被国家外专局批准确立为国家引智成果示范基地(单位)。为实达电脑设备有限公司、福建富士通通信软件有限公司等单位举办2期软件项目管理人员培训班(培训对象78名),面向全省举办2期项目管理资格认证考试(考试对象56名)。省财政从当年开始正式将引智专项经费列入年度预算。当年,拨付省级引智专项经费170万元,资助100万元,实施25项省引进国外智力人才项目,引进64名外国专家,资助50万元实施11项省引智成果示范推广项目,引智项目实施取得明显成效。9位在闽工作的外国专家获省"友谊奖",罗源县花卉种苗基地聘请的日本花卉专家林直实获国家"友谊奖"。组织22个优秀引智成果参加"6·18"项目成果交易会的展示洽谈活动。厦门市有8家引智基地,其中3家是国家级引智基地,9名外国专家获国家"友谊奖"。

21世纪初至2005年,全省从海外引进各类人才近5000人。

(三)人才市场

1. 市场建立与服务

1998年3月21日,由省政府和国家人事部共同组建的国家级专业性人才市场——中国海峡人才市场正式成立。张家坤兼任董事长,林国清兼任副董事长,骆烟良任总经理(2000年后陆志华兼任副董事长、党组书记)。随后,泉州、南平、三明、莆田等设区市也陆续成立人才市场。是年,全省举办两期人才市场执法人员和工作人员培训班,并颁发"人才市场管理执法证"和"人才中介机构工作人员资格证"120人次,实行持证上岗制度。至年底,全省有各类人才中介机构165家,工作人员603人,初步形成国家宏观调控、中介提供服务、主体双向选择、市场调节供求的人才市场格局。中国海峡人才市场根据支柱产业、重点行业及重点建设工程的人才需求,突出提供中高级人才服务。举办全省第一期高级人才招聘会,配合省委组织部建立省企业经营者素质能力评价考核系统,组建任职资格评审委员会,推荐人才。全省各地共举办人才集市54期,比上年增长54%;参加集市人数126911人,比上年增长47.6%。12月底,市场代理单位达2038家,代理人员9649人,分别比上年增长13.7%和35.9%。

1999年,全省除宁德地区外,8个地市有固定的人才交流场所。全省共有各类人才中介机构165家,工作人员710人,建有人才信息库170个。中国海峡人才市场的人事代理业务范围由以非公有经济单位为主扩展到国有企事业单位,人事代理人数达到12666人,比上年增长31.2%。同时,还为用人单位制定人力资源规划、设计薪资、考核员工、培训人员、代办保险等全方位人事代理服务,分别与东南汽车、康居企业集团等数十家大中型企业签订人事代理协议。人才信息网建设也取得进展,人才信息库共存2.1万多条信息,信息网访问量达38万人次。成立中国海峡人才市场泉州分市场,筹建厦门办事处,加大为福建省支柱产业、重点行业、重点工程、高新技术企业提供高级人才服务的力度;举办1999年度福州国际招商月台资外资企业人才招聘会、福建省高级人才招聘会等,承办1999年度福建省公开选聘企业经营管理者工作和福建省"五新"项目推介洽谈会高层次人才分馆工作;与厦门大学联合成立厦门大学人力资源研究所,加强整体性人才资源开发的研究。

2000年,全省共有各类人才中介机构147家,工作人员712人,建有人才信息库320

个。中国海峡人才市场在全省首次举办网上人才招聘活动。举办高级人才招聘会4期，承办省2000年"五新"项目推介洽谈会高层次人才分馆的组织工作。为1400多名代理人员办理养老保险，与51家企业签订人事委托代理协议。全年共举办定期人才集市36期，参会企业2435家次，参加交流人员10.1万人次，通过人才市场推荐就业的大中专毕业生达6000多人。

2001年，先后举办7场全省性大型人才交流会。在厦门"9·8"中国投资贸易洽谈会期间，国家人事部人才交流中心与中国海峡人才市场、厦门市人事局联合举办高级人才招聘会，被列入2001年"投洽会"重大活动之一，被评为2001年中国人才市场十大新闻。此项招聘活动还列入以后每年"投洽会"常设性重大活动项目。至年底，全省共有各类人才中介机构153家，工作人员860人，人才信息库320个。网上人才招聘活动活跃，组织参加全国计算机人才网上招聘会、2001年大中专毕业生网络招聘会、全省网上人才招聘会等。海峡人才网存有个人信息17.22万条，招聘信息9.38万条，年主页访问量300万人次。除定期举办人才集市外，还举办5期高级人才招聘会，有350家大中型企事业单位及5000多名中高层次人才参加招、应聘活动。

2002年，福建东南人才交流有限公司、福建中拓人才服务有限公司、福建华职人才服务中心等民营人才中介机构开始进入人才市场。是年，举办4期全省人才中介机构从业人员资格培训班，468人通过培训、考试，取得资格证书。至年底，全省有各类人才中介机构165家，从业人员900多人，举办人才交流会1186场，参会单位4.77万家，达成流动意向人数6.18万人，人事代理总量达11.02万多人。是年，中国海峡人才市场搬迁至福建人才大厦办公。初步建成企业经营管理人才评价系统，为企业推荐一批经营管理人才，建立专门的猎头网页和猎头栏目，搜集高级人才信息1万多条，与国内外高校合作举办MBA课程研修班、高级研讨班、远程教育、资格认证考试培训等。福州市成立人才储备中心，吸引具有本科以上学历的电子信息、生命科学与工程、材料、法律等专业人才进入中心。福州市人才储备中心储备各类人才1508人，其中本科生1231人、硕士生236人、博士生2人，具有中级职称以上人员39人，向有关单位输送人才1085人，占储备总数的73％。

2003年，福州市继续探索建立人才储备新机制，累计储备包括4名博士生、288名硕士生在内的4987名大学本科学历以上毕业生。经中心推荐，实现就业率达76.6％。三明、南平、武夷山市相继成立人才储备中心（站）。至年底，全省共有各类人才中介机构183家，从业人员1043多人。其中，政府人事部门所属人才中介机构110家，大中专院校毕业生就业指导中心11家，行业人才中介机构45家，民营人才中介机构17家，举办人才交流会1338次，参会人员104.51万人，参会单位6.56万家，达成流动协议人数14.65万人，为1.47万家单位15.06万人实行人事代理，举办各种培训班1497次，为77142人提供技能培训和学历教育培训，为1.25万人评定专业技术职务，对4002人进行人才测评。完成2003年全省人才中介机构基本情况调查。中国海峡人才市场举办高级人才招聘会4场，进场招聘企业270多家，应聘人员3600人。海峡人才网提供招聘岗位3.6万个，求职信息11万条，网页日均访问量近5万人次。同时，加强代理人员中流动党员的管理、教育工作，成立91个流动党员支部，管理流动党员1901名。开展人才派遣业务，在银行、通信、烟草、石油等行业派遣员工近4000人。

2004年，建立全省人才市场信息发布工作制度，召开人才市场信息员工作会议，部署供求信息发布工作。会同海峡人才市场开发福建省人才市场供求信息统计系统，按季度做好全省人才市场供求信息的收集汇总、统计分析工作，并在福建人事人才网和《海峡人才报》等有关新闻媒体上发布人才市场供求信息。举办两期全省人才中介机构从业人员资格培训班，260多人参加学习并获资格证书。至年底，全省人才中介机构达207家。其中，政府人事部门所属机构116家，行业机构56家，民办机构35家。从业人员1430人，为1.99万个单位提供人事代理服务，代理各类人才2.38万人，为1.03万人提供专业技术职称评定工作。举办各类培训班1035次，培训各类人才8.7万人次。为7450人次提供人才测评服务。为用人单位提供人才派遣服务，派遣各类人员1.81万人。举办各类人才交流会1347场，参会人员144.77万人次，参会单位7.27万家，达成流动意向22.43万人次。全省各类人才中介服务机构建立网站78个，入库需求信息97.93万条，求职信息122.5万人，举办网上人才交流会83场，人才市场网站访问量达到8729.83万人次。拓展人事代理业务，实现代理业务各项操作流程的计算机管理。成立福建海峡人才派遣有限责任公司，派遣客户49家，派遣员工8023人。全年举办各类培训班26期，培训学员近5000人，参加学历学位教育在籍学员达2398人。

2005年10月22日，省人事厅在厦门召开全省加强人才市场建设促进人才合理流动工作会议，会议对全省人才市场建设工作进行总结和部署，刘德章副省长到会讲话。截至年底，全省有各类人才中介机构239家，工作人员1740多人，全省举办人才交流会1377场，参会人员104.2万人次，参会单位3.22万家，达成流动意向协议36.3万人，为2.58万家单位提供人事代理，总代理人数19.8万人。举办各种培训班1111次，为8.2万人提供培训，为1.73万名代理人员评定专业技术职务，对1.6万人进行人才测评，对3.9万人进行人才派遣。建立人才网站98个，建立人才信息数据库163个，网站访问量达9469万人次。中国海峡人才市场网提供岗位信息约20万条，求职信息30万条，完成与泛珠三角部分省区人才机构的信息联网。开通招聘求职热线，推广就业灵通卡，举办福建省首届大学生兼职招聘会。

2. 市场监督管理

1998年，对省直、中直单位人才中介机构的业务范围、档案管理、收费项目及标准等进行检查，在此基础上，审核、公布福建省首批30家从事人才中介业务活动的人才中介机构。各人才中介机构开展自查，杜绝流动人员档案管理中的弄虚作假行为。

1999年，9个地市筹备建立人才市场管理机构，着重对人才中介机构非法从事招生活动进行检查，规范人才中介机构业务活动。

2000年，为120家企事业单位办理人才招聘广告审核手续。

2002年8月1日起，省九届人大常委会第三十二次会议审议通过的《福建省人才市场管理条例》（以下简称《条例》）正式实施。《条例》对全省行政区域内人才中介机构从事人才中介服务、用人单位招聘人才和人才应聘以及与之相关活动予以规范。这是福建省第一部人才市场管理的法规文件。《条例》明确规定设立人才中介机构必须具备的条件、提交的申请材料、审批办法和人才中介服务许可证管理制度、年度验证制度，以及有关人才中介机构服务项目，同时还对举办人才交流会必须具备的条件和审批办法、人才招聘、人才应聘、人才流动争议处理，以及人才中介机构、用人单位、有关单位和应聘人员的法律责任作出具体规定。经年检合格的省直、中央在闽单位人才中介机构分批在《海峡人才报》等媒体予以公告，接受社会监督。

2005年，配合有关部门开展清理整顿劳动力市场秩序专项行动。泉州市人事局被国家劳动部等评为"全国清理整顿劳动力市场秩序专项行动先进单位"。福建华职人才服务中心被国家民政部授予"全国民办非企业单位自律与诚信先进单位"称号。

（四）留学生创业

1. 制定政策

2000年4月7日，省政府下发《关于加快福建留学人员创业园建设与发展的实施意见》，对经国家公派、自费出国学习取得国外学士以上学位的，或在国内取得大学以上学历和中级以上专业技术职务任职资格后，国家公派、自费到国外高校科研机构研修工作的，出国留学并取得外国长期居留或留学国再入境资格的，或其他有真才实学的，为福建省所需的留学人员，通过省人事厅身份认定后，经福建留学人员创业园管理中心批准，可进入创业园独自创办或参与创办从事技术开发、技术转让、技术咨询、技术服务、技术培训、会计事务和法律事务的经济实体。同时，鼓励留学人员携带科技成果来闽从事高新技术产品开发和生产。对获得境外长期（永久）居留权或已在境外开办公司（企业）的留学人员来闽创办企业，按外商投资企业登记注册，注册后可享受外商投资企业的优惠政策。其他留学人员创办企业，按内资企业登记注册，注册后可享受福建省鼓励发展高新技术产业的各项优惠政策。持中国护照的留学人员可凭护照申请注册企业。留学人员可以专利、发明、专有技术等要素参与收益分配或转让，分配比例或转让费由收益单位与留学人员协商确定。以高新技术成果向有限责任公司或非公司制企业出资入股的，高新技术成果的作价金额可超过公司注册资本的20%，但不超过35%。福建留学人员创业园园内企业可享受在增值税、营业税、企业所得税、个人所得税和进出口税收等方面的相关税收优惠政策。福建留学人员创业园可直接向各有关部门申请留学人员企业项目；留学人员的科研项目可通过创业园直接申报立项，省科学技术厅划出专门经费，用于扶持留学人员的科研项目。放宽留学人员企业管理人员出国进行商务、技术考察的申请条件，对企业聘用的境外人员发给有效期为1年的多次往返签证。各有关部门将留学人员创业园建设纳入福建省经济和科技发展的总体规划。这些措施延续至2005年不变。

2. 建立创业园

1998年，省人事厅、中国海峡人才市场、省留学回国人员工作站与福州市人事局、鼓楼区政府联合在福州市洪山科技园内建立福建留学人员创业园，有18位硕士、博士留学人员入园创业，孵化科技项目成果。12月，福州农播王种苗有限公司（第一家）入住福建留学人员创业园。

1999年3月，省编委批复同意成立福建留学人员创业园管理中心。至此，福建留学人员创业园有27家企业入园，从业人员400多人，引入资金2000多万元，投资项目涉及电子信息、生命科学和生物工程技术、现代通信、机光电一体化、材料科学和新材料、新医药技术等。

2000年3月，福建留学人员创业园管理中心与福州市马尾区土地管理局签订江滨大道快安段206亩预约用地作为创业园产业基地的协议。6月，福建留学人员创业园管理中心与福建三木集团股份有限公司签订合作建设创业园协议。9月，省发展计划委员会正式批复福建留学人员创业园项目立项，项目地点是福州市江滨大道快安段，项目规模220亩用地，首期建筑面积4万平方米，项目总投资1.7亿元。同时，福建省海外人才中心、福建留学人员创业园管理中心、福建三木集团股份有限公司签订合同，决定共同投资、合作经营福建留学人员创业园投资有限公司。10月，国家科技部、人事部、教育部确定福建留学人员创业园为全国首批9家国家留学人员创业园示范建设试点单位之一。至年底，已有留学人员入园创办企业40家，从业人员近500人，其中，博士18人，硕士39人，引进资金1.65亿元，产值4700万元，利润1300万元，税收116万元。

2001年3月2日，福建留学人员创业园投资有限公司正式运营。5月12日，国家人事部向福建留学人员创业园授牌。5月27日，福建留学人员创业园新园区奠基仪式举行。7月24日，省科技厅认定福建留学人员创业园入园企业福建国脉科技股份有限公司、福建华通电脑测绘有限公司、福州国嘉通信科技股份有限公司和福州唯隆科技有限公司4家企业为高新技术企业。9月8日，福建留学人员创业园组织参加第五届中国投资贸易洽谈会，福建省信用认证中心、福建省生物工程技术研究中心、福建省网络工程研究中心等获得签约。12月，福建留学人员创业园管理中心与石狮市政府签订《福建石狮留学人员创业园建设项目意向书》。是年，厦门留学人员创业园被列为国家留学人员创业园。

2002年1月，福建留学人员创业园建设发展公司与福建华裕股份有限公司、福建星高科技咨询有限公司合作，组建石狮留学人员创业园建设发展有限公司。4月，省计委同意福建留学人员创业园石狮示范区一期工程项目立项，占地600亩，一期建筑面积4万平方米，建设研发、成果转化、办公、专家公寓等用房，项目总投资8000万元，全部由石狮留学人员创业园建设发展公司自筹。5月18日，福建留学人员创业园组织10家入园企业参加2002年中国福州国际招商月暨第四届海峡科技成果交易会。10月，福建留学人员创业园建设发展有限公司与福建省农业科学院科技开发总公司举行签约仪式，合资组建福建省众智生物农药工程有限公司。12月16日，省政府致函国家人事部，申请与国家人事部共建福建留学人员创业园。

2003年，为推进福建留学人员创业园石狮示范区建设，省林业厅先后两次下达《使用林地审核同意书》，同意石狮示范区第一期第一、第二批建设项目使用林地40公顷。石狮市国土规划建设局下达《建设用地规划许可证》，准予石狮示范区一期工程项目办理征用划拨土地手续。省国土资源厅下达《建设项目用地预审意见书》，同意以有偿出让土地使用权，建设留学人员研发、成果转化、办公、专家公寓及配套基础设施。11月17日，晋江市留学人员创业园在晋江市科技工业园揭牌。

2004年9月，福建留学人员创业园马尾园区开园。12月，国家人事部复函省政府，同意与省政府共建中国福建留学人员创业园，并在政策、人才、信息、技术引进等方面予以支持。新园区总投资5700多万元，总建筑面积31617平方米的研究试验综合楼于2004年投入使用。截至2005年底，福建留学人员创业园共吸引入园企业65家，博士30多人，硕士70多人，引进资金2亿多元，项目涉及电子信息、网络通信、生物工程、高新农业、高新材料等多个领域，先后有10多项高新技术成果获国家和省级产业化立项扶持，成功孵化省级高新技术企业6家，为福建引进海外高层次专业技术人才140多人，吸引省外众多高层次人才来闽创业。是年，在厦门创业、工作的留学人员已有2000多人，创办的各种企业超过290家，其中博士创业占25%，硕士创业占56%。厦门市留学人员孙大海、郑兰荪（均为博士）被中组部、中宣部、中央统战部、人事部、教育部和科技部联合授予"留学回国人员成就奖"。

(五) 援藏援疆

1. 援　藏

根据中组部要求和人才交流合作需要，1998年，省人事厅会同省委组织部选派2名福建省首批对口援藏干部赴西藏林芝地区水利局和米林农场担任副局长和场长助理。1999年，为莆田市对口支援的西藏林芝地区朗县增派1名专业技术人员。2001年，按照对口支援定期轮换的原则，省人事厅和省委组织部又选派31名干部到西藏林芝地区工作，其中1名担任林芝地区地委副书记兼行署常委副专员。省委、省政府将西藏林芝地区作为福建的一个地区，纳入国民经济和社会发展总规划，统筹安排项目和资金，编制经济社会发展规划。结合国家实施西部大开发战略，提出援藏与西部大开发相衔接的"六个结合"的工作思路，即可能与需要相结合，"输血"与"造血"援助相结合，全面援助与重点扶持相结合，援助发展经济与援助发展社会事业相结合，政府行为与社会行为相结合，资金帮扶与智力扶持相结合。至2003年，已有11位省级领导、近百位地厅级领导和上千名干部、专业技术人员到林芝考察、指导。省委、省政府以及省直各对口部门、对口地市都成立援藏工作领导小组及办公室，完善对口援助的领导和办事机构，专人负责协调和落实援藏项目及资金。计划确定的120个项目，到2005年，大部分建成投入使用。援藏项目超过130个，援助资金超过2.6亿元。

2. 援　疆

1999年，省人事厅会同省委组织部为新疆昌吉自治州选派22名干部。2002年，福建省为新疆昌吉回族自治州选派第二批援疆干部。5月17日，省委组织部、省人事厅召开援疆干部选派工作会议。之后，有关设区市委、省直单位落实选派任务，发动干部报名。在负有选派任务的8个设区市（除龙岩市外）和21个省直单位中有1813名干部报名，其中处级干部330名、科级干部1470名、专业技术干部9名。经过考察、体检、遴选，确定40名援疆干部。其中，党政领导干部35名，占选派量的87.5%；平级选派的23名，大多经过基层、机关多岗位锻炼，有的在乡镇工作达十几年，或在多个乡镇任过正职。年龄最大的47岁，最小的32岁，平均年龄39.6岁，大学以上学历的有35名。

2005年，福建省派出第三批45名援疆干部，加大福建与对口支援地昌吉回族自治州之间的人才智力交流力度，分别与新疆人社厅、昌吉回族自治州人事局签订对口与支援协议书，开展公务员、专业技术人员对口培训和人事系统干部培训交流，对昌吉回族自治州人才培养工作和人才市场基础设施建设给予支持。

三、闽港合作

2004年，省委、省政府提出建立闽港合作八大平台，即联合招商、基础设施与公用事业发展、金融合作、贸易合作、中小企业发展合作、旅游合作、物流业合作、人才合作等战略思路。省人事厅联合省直有关部门成立闽港人才合作工作小组，初步建立省直有关部门分工协作的工作机制，并制定规划方案和工作意见。初步建立与香港有关机构、社团、高校的联络渠道。

2005年，省人事厅制定《关于推进闽港人才合作工作的意见》，提出闽港人才培训教育、智力引进、供求信息、机构联络4个合作平台，加强闽港人才工作组织、社团组织和中介组织之间的沟通联系。闽港人才合作的主要方式有：人才培训，与香港有关社团、高校和培训机构联系，选送福建省专业技术人员、经营管理人员、国家公务员赴港培训；邀请香港专家教授来闽为省内举办的专题培训班授课；智力引进，聘请香港知名大学的教授担任省内高等院校的名誉教授或客座教授；根据省内用人单位的需求，招聘急需的管理和专业人才来闽工作；结合招商引资、技术难题招标、项目课题攻关和引进技术项目成果等工作，引进所需的人才智力；课题合作研究，根据福建省"百千万人才工程"人选的培养计划，协商香港高等院校，推荐福建省"百千万人才工程"人选赴港参加香港高校有关项目课题研究，或邀请香港专家、学者来闽开展合作研究活动；大学生交流，实施福建省大学与香港部分大学的大学生互派学习计划，并尝试增加互派的院校。利用假期，邀请香港大学生来闽或组织福建大学生赴港考察交流，增进闽港两地大学生的相互了解和友谊；联合办学，借助香港高校的学科优势，促进福建省高校与香港高校联合开设新增专业，加快福建省紧缺急需人才的培养；信息互通，建立闽港人才供求信息交流渠道，相互链接和开放网上人才市场，实现人才信息资源共享。同时，各设区市建立闽港人才合作工作领导协调机制，研究协调闽港人才合作的重大事项，明确工作责任，检查督促工作任务的落实。

11月，省人事厅继续组织赴港开展闽港人才合作调研工作，并与香港大学、香港城市大学、香港生产力促进局等单位签订人才合作协议或意向书，建立合作关系，明确合作方向和重点。是年，省人事厅在香港举办物流管理、人力资源开发与管理、高校毕业生就业创业指导等3个培训班，培训学员78人。同时，筹办物流管理、公共卫生应急事件处理、企业财务管理、建立现代企业制度等5个培训班。并促成中国工程院院士、香港大学陈清泉教授受聘担任福州大学、福建工程学院兼职教授及福建省电动车工程研究中心名誉主任，并邀请其多次来闽开展多种形式的智力指导服务。还立项资助5项引进香港技术、管理人才的引智项目，资助7人次香港专家来闽指导，涉及机械、制造、光电、化学、中医药、管理等领域。各设区市和省直有关单位发挥优势，结合实际，开展闽港人才合作活动。厦门市人事局组织公务员赴港培训考察；泉州市人事局促成泉州行政学院与香港大学签订人才培养合作协议，构建两校人才合作平台；厦门大学、福州大学、福建师范大学、福建农林大学、华侨大学等高校加强与香港专家的联系，互聘兼职教授，互派大学生交流。

四、服 务

(一) 跟踪服务

1998年,省人事厅发出《关于对来闽工作的留学人员实行身份认定和统一派遣的通知》,明确省人事厅是福建省综合管理出国留学人员来闽工作的机构,所属的省留学回国人员工作站负责为回国留学人员在政策咨询、工作推荐、落户安置、家属安排、纠纷争议以及再次出国等方面提供工作服务。对来闽工作的留学人员实行身份认定和统一派遣,经身份认定后,留学回国人员可持"出国留学人员来闽工作证"办理派遣等有关手续,纳入省内专业技术人员队伍管理,并享受国内普通高等学校同等学力或学位人员的相关待遇。经身份认定并已明确用人单位的留学人员由省人事厅负责派遣,开具工作通知书,用人单位凭"留学回国人员来闽工作通知书"及时办理各项接收手续。从是年起,省人事厅每年为留学回国人员办理身份认定100人次以上,分别发放"留学回国人员来闽工作通知书"、"留学回国人员来闽工作证"100份以上。为加强与海外留学人员的联系,省人事厅建立留学人才库和项目成果库。留学人才库经多次征集完善,有近千名中高层次留学回国人才入库登记,1200多个留学人员项目经遴选充实项目成果库。

2003年,福州市针对江阴开发区、东南汽车城二期工程、长乐"百亿纺织城"建设对人才的需求,适当调整人才储备的专业,增加钢铁冶金、汽车制造、纺织工业人才的储备,发挥项目带动人才、人才促进项目的作用。建立福州人才储备中心招聘网,与全国各地高等院校联网,宣传人才优惠政策与人才创业环境,并实行网上招聘,引进急需紧缺人才。加强储备中心与企业的沟通联系,为企业选人用人和人才择业构筑平台。"十五"期间,全省各单位落实高层次人才具体跟踪服务工作,专人、专岗、专线跟踪服务高层次人才项目对接、项目合作事项,帮助落实人才优惠政策等问题。

(二) 提供资助

1998年,在非教育系统开展留学回国人员科技择优资助活动。对来闽工作、创业的留学人员从事重点科技攻关、重大项目技术改造、课题研究及学术技术交流等进行经费资助。按照国家人事部的要求组织申报,严格遴选项目,并向国家人事部申报。是年,省农科院博士刘波被国家人事部确定为重点资助优秀留学回国人员,其所主持的"BtA高效生物杀虫剂的研制"研究项目获得资助金额10万元。

1999—2004年,有12个项目获得国家人事部留学回国人员科技活动择优资助,获得资助金额41.5万元;福建留学回国人员工作站获得国家人事部小额资助金额19万元。

截至2005年,厦门市为留学人员创建创业园投入资金2亿多元,分两期建设,已建成拥有研发中试、生产加工、商贸服务和生活配套功能的多幢写字楼和孵化厂房,总建设面积达8.8万平方米。

（三）表彰和特殊津贴

1. 表彰

1998年，获国家表彰的有突出贡献的福建省中青年科学技术管理专家有：何喜冠（省技术监督情报所）、梁一池（福建林学院）、林思祖（福建杉木研究中心）、苏文瑞（福建纺织化纤集团）、唐电（福州大学）、郑金贵（福建农业大学）、李建平（福建师范大学）。

1999年起，国家人事部开展"全国杰出专业技术人员"推荐表彰活动。福州大学魏可镁获表彰。2002年，福建省光学技术研究所赖爱光获表彰。之后，推荐评选工作暂停。

2003年9月，中共中央组织部、宣传部、统战部、人事部、教育部、科技部在北京举行全国留学回国人员先进个人和先进单位表彰大会。福建留学人员创业园获中组部、国家人事部等六部门联合授予的"留学回国人员先进工作单位"荣誉称号，厦门大学郑兰荪、中科院福建物构所卢灿忠、福州大学付贤智、福建师范大学黄汉升、省疾控中心严延生、省微生物研究所郑卫、厦门留学人员创业园孙大海7人获"留学回国人员先进个人"荣誉称号。

2004年2月，省人事厅牵头省委宣传部、教育厅、科技厅联合组团参加由中央宣传部、人事部、教育部、科技部主办的中国留学人员回国创业成就展，并获优秀组织奖。

2. 特殊津贴

2001年6月，中共中央、国务院发出《关于对做出突出贡献的专家、学者、技术人员继续实行政府特殊津贴制度的通知》，决定每年选拔3000名左右在社会主义现代化建设中作出突出贡献的专家、学者、技术人员享受政府特殊津贴，同时将一次性发放的政府特殊津贴标准由5000元提高到1万元。

2004年，中共中央办公厅下发《关于改革和完善政府特殊津贴制度的意见》，明确全国特殊津贴人选的选拔要求，每两年选拔一次，每次4000名，每人一次性发给政府特殊津贴2万元。按照"公平、公正、公开"的原则，采取单位推荐与专家评审相结合的办法，在拟推荐人选产生后，进行公示并报经省委、省政府同意，再上报国家人事部审批。

截至2005年，全省有2161名新增人员享受政府特殊津贴。

（四）组织交流活动

1998—2000年，未组织交流活动。

2001年，省人事厅与省委组织部共同组织一场海外博士来闽交流访问活动。此次的访问团以香港中文大学黄捷教授为团长、美国凯思西储大学林威教授为副团长，一行16人。访问团在闽期间举办了17场学术报告会，有30多名在榕博士与访问团成员进行了交流。

2002年，省人事厅组织回国留学生和部分人力资源管理者开展"吸引与使用海外人才和出国留学人才"专题调研。6月，福建省人民政府、国家人事部联合主办"中国留学人员（福建）创业论坛"和"中国留学人员（福建）创业项目竞赛"活动，探索以项目吸引海外人才来闽创业的新思路，通过互联网向海外高层次留学人员广泛征集创业项目和技术成果，将优秀项目和成果向企业和用人单位推荐。有500多名海内外留学人员报名参赛，提交参赛项目100多项。"创业论坛"以"福建汽车工业的发展现状与展望"为主题，邀请美国通用汽车公司研究开发计划中心亚太地区首席科学家陈以龙博士与福建汽车工业集团进行洽谈交流，为福建省汽车工业发展建言献策，并达成合作意向。留学人员陈以旺博士、骆奇博士和黄晓阳博士作了主题报告。9月，省人事厅、中国海峡人才市场和厦门市人事局联合举办"第六届中国投资贸易洽谈会人才智力展区"系列活动，来自美国的博士侯洪涛、黄晓阳、李锦诚、郑敏，来自印尼的博士王澎以及留美回国的博士陈以旺等对各自的项目进行推介。

2003年6月，组织举办"第二届中国留学人员（福建）创业论坛"，以"新世纪·福建环境保护和卫生防疫"为主题，中科院院士、俄罗斯医学科学院外籍院士、中国预防疾病控制中心性病、艾滋病预防控制中心首席科学家曾毅教授，福建新大陆环保科技有限公司总经理兼总工程师陈健博士，福建省农科院生物技术中心副主任、研究员刘波博士，福建丰泉环保集团副总工程师黄家瑶等发表主题演讲，部分企业负责人、留学人员、专家学者150人进行主题研讨。

2004年12月，省人事厅、中国海峡人才市场共同主办"第七届中国留学人员广州科技交流会泛珠三角主题展"福建展区工作，共推介54项留学人员回国创业项目成果，10家高校、科研院所推出1200多个中高层次人才招聘岗位，90多家企业展示103项高新技术需求项目，24家博士后科研站点招收250多位进站博士后。

至2005年，连续5年组团参加每年一度的中国留学人员广州科技交流会，引进海外留学人员和创业项目。

（五）发放生活津贴

2000年5月，根据省委、省政府颁发的《关于引进高层次人才和青年专业人才的若干规定》，对省内产生或从省外引进到国有企业和事业单位的两院院士、"杰出专业技术人才奖章"和一等功奖励获得者、国家有突出贡献专家及"百千万人才工程"第一、二层次人选，省政府每月分别发给5000元、4000元、2000元、1000元生活津贴。对从省外引进到国有企业、事业单位的高层次人才（指省外具有高级职称的专业人才和外省高校博士毕业生，以及从省内高校毕业的外省籍博士毕业生）和具有博士学位的留学回国人员，省政府每月发给500元生活津贴。全省每半年审核发放一次生活津贴。截至2005年底，全省已有1382名高层次人才（院士15名，杰出专业技术人才1名，国家有突出贡献专家73名，

"百千万人才工程"第一、二层次人选12名,省外引进的高层次人才和具有博士学位的留学回国人员1281名)享受生活津贴,到2005年,已累计发放11批8023人次,发放金额3579.65万元。

(六)组织休假活动

1999年8月,组织全省有突出贡献的中青年专家赴云南省昆明市休假。2000年8月,组织全省享受国务院特殊津贴专家赴海南、桂林等地休假,组织有突出贡献的福建中青年专家赴黑龙江省休假。2001年8月,组织210位专家及配偶分赴新疆乌鲁木齐、昆明等地休假。2002年8月,组织近200名专家及配偶赴北京、承德、内蒙古等地休假。2003年,组织249名专家及配偶赴兰州、敦煌、西安休假。2004年5月,配合省委组织部完成11位在闽院士的健康体检和赴永泰的休养。8月,组织230名专家及配偶(包括四位两院院士)到香港、澳门等地休假。2005年,配合省委组织部完成11位在闽院士的健康体检和赴长乐的休养。

(七)其他服务

1998—1999年,继续参与省政府组织召开的慰问闽籍在京院士新春座谈会,走访慰问著名专家。为有困难的近500名高级专家办理互联网免费上网服务手续,为6名对国家有突出贡献的专家办理省政府分配的住房有关手续。

2000年,会同省政府机关事务管理局对福建省专家住房进行专项调查,安排7位专家购买经济适用房。

2001年起,为在外省工作的闽籍院士每人订一份《福建日报》。每年春节期间,会同省政府驻京办事处、驻沪办事处组织1次北京、上海闽籍院士、专家、知名人士迎春慰问活动,并做好闽籍院士、专家回闽探亲、交流合作项目的接待及其他后勤保障。同时,加强与98名闽籍院士的联系,建立起了五个制度,即在闽院士及配偶集中体检和健康休假制度;每年省委、省政府主要领导安排会见在闽院士的制度;全国"两会"期间,省委、省政府主要领导与在京闽籍院士共商发展福建的制度;省外闽籍院士为闽培养高层次人才制度;建立"院士八闽行制度"等。

第五节 工勤人员考核与评聘

一、岗位考核

1996年,省机关事业单位工人考核管理中心负责在全省机关事业单位开展工勤人员技术等级岗位考核试点工作。制定《机关事业单位工勤人员技术工种岗位目录》,划分26

个行业、365个工种,并配套编写部分工考复习资料。交通、卫生、农业等省直29个行业(单位)受委托组织开展培训考核工作,全省近12万人报名参加各工种技术等级岗位考核。

1997年起,在全省机关事业单位工勤人员技术等级岗位考核中增设职业道德课程,同时对通过社会上其他渠道取得技术等级证书的少数工勤人员开展复核认定工作。全省机关事业单位工勤人员技术等级岗位考核工作由各级政府人事部门负责。省人事厅负责制定具体实施办法,统一部署、管理、指导、协调全省的工勤人员技术等级岗位考核工作,具体考核工作委托省有关行业主管部门、单位成立行业工勤人员考核组进行。各设区市负责管理、实施本地区的工勤人员初级工、中级工技术等级岗位考核工作。

1998年,组织第二次全省机关事业单位工勤人员技术等级岗位考核工作,并对工考岗位目录、教材做了修订。岗位目录减少为23个行业、283个工种,并制定1998年工勤人员技术等级岗位升级考核办法,实现首次技术等级入轨考核与正常晋升考核的过渡。

2001年,调整考核政策和培考模式。规定初中毕业才可以报考,没有取得证书的,要从初级开始。人数最多的文秘、财会、驾驶员三大工种的高级工,以及绝大多数人数少的工种实行全省统考。将原来两年一次的考核周期缩短为一年,从组织报名到开展培训考核,再到最后的审核发证,在一年内完成。是年,将原来的"培训考核相结合"的考核方式改为"自愿培训,考培分开"方式。在规范技术等级岗位考核基础上,根据工勤人员的职业工种、技术等级、实际能力等条件,采用竞争上岗、择优聘用、定期考核等办法,规范工勤人员"进、管、出"环节。全省报名的50885名工勤人员涉及近700个工种等级。人事部门完成教材的补充修订工作。除卫生和水利行业使用部颁教材外,其余21个行业工种的培训考核都使用省内自编教材,编辑54部、近5万套教材。是年,由省人事厅信息中心帮助设计一套工考工作计算机管理系统软件,包括工考报名管理、考核成绩管理、证书发放管理等。这套软件已在全省范围内使用,一般的数据能通过互联网进行传输,实现数据的动态管理。

2002年,省直机关事业单位工人考核管理中心会同各行业部门,根据本省行业工种特点,再次对工种岗位目录进行修订,设置24个行业、167个工种,进一步明确各工种的岗位定义、适用范围和等级划分。同时,配套进行工考复习资料的修订和完善,重新组织编写教材65部,形成比较完善的教材体系。制定《福建省机关事业单位工勤人员技术等级岗位考核考务工作规定(试行)》,对考场纪律、监考人员守则、考场违纪处理、评卷登分守则、试卷保管工作等进行阐述和规定。当年全省有14748名机关事业单位人员参加技术等级岗位考核。

2005年，省人事厅颁发《福建省机关事业单位工勤人员岗位继续教育试行办法》，规定省机关事业单位工勤人员每年必须参加相应学时岗位继续教育。

截至2005年，全省有30万人次的工勤人员参加技术等级岗位考核，并获得初、中、高级技术岗位证书。

二、技师评聘

2002年6月，省人事厅下发《关于开展我省机关事业单位工人技师评聘试点工作的通知》，组织开展机关事业单位工勤人员技师评聘试点工作。选择汽车维修工、公路养护工、营（造）林工、电气值班员、水文勘测工、绿化工、花卉工、天平砝码计量检定工、化学检验工、工程测量工、地形测量工和中式烹饪师共7个行业12个工种为开展技师评聘试点。共有139名符合报名资格条件的人员参加考核，首批有93人获得技师任职资格。

2004年，开展新一轮机关事业单位工勤人员技师评聘工作，有503人评聘为技师。

截至2005年，全省共评出机关事业单位工勤人员技师1303名，约占全省机关事业单位工勤人员总数的1.2％。

三、技能竞赛

2001年初，为增长和提高省直机关事业单位工勤人员的岗位知识和技能水平，发现和培养优秀青年技术人才，省人事厅、省直党工委、省交通厅、省信息产业厅、省政府机关事务管理局等单位于5月联合举办省直机关职工汽车驾驶、计算机录入、中式烹饪三个项目技能竞赛。报名人数达362人。最终，决出各项目的团体和个人前10名优胜者。同时，对在比赛中脱颖而出的优秀技术人才进行表彰。

2004年，继续联合开展省直机关事业单位后勤职工技能竞赛。是年，组织开展首次全省机关事业单位优秀工勤人员评选表彰活动。评选出优秀工勤人员132人，授予9个设区市人事局及省林业厅等16家单位为"福建省机关事业单位优秀工勤人员评选表彰工作组织奖"。同时规定每3年开展1次评选表彰活动。

第三章　毕业生就业制度与服务

第一节　就业制度

1998年，省人事厅执行省政府下发的《关于做好1998年普通大中专院校毕业生就业工作的通知》，除保留少量指令性计划用于未落实接收单位的优秀毕业生就业外，不再给用人单位直接下达接收毕业生计划。对大专以上优秀毕业生，本人愿意服从国家安排的，由人事部门给予安排。对已找到接收单位的毕业生，按有关规定予以放行和接收。省人事厅、省农业厅下发《关于做好我省中等农校"实践生"就业工作的通知》，并将1994年开始招收的中等农校"实践生"列入普通大中专毕业生就业管理范畴。对取得毕业资格的中等农校"实践生"，给予普通中专生待遇，统一使用派遣报到证、就业推荐表和就业审批表，实行定向分配，严格按照报考"协议书"就业，不得改派接收单位。对不按协议就业的毕业生，不予派遣，并取消相应待遇。

为贯彻落实"优生优配"政策，省人事厅下发《关于做好普通大中专院校非师范类优秀毕业生就业工作的通知》，对毕业前未落实接收单位又愿意服从国家安排的优秀毕业生，各地直接给用人单位下达任务，同时要求有接收计划的用人单位要优先接收优秀毕业生。省内大中专院校优秀生比例为：普通中专控制在毕业生数的2%以内，专科毕业生控制在3%以内，本科毕业生控制在5%以内，研究生由学校酌情考虑。入选优秀毕业生发给省人事厅统一印制的"优秀毕业生就业推荐证书"，省外院校推荐的优秀毕业生经省人事厅审核确认后发给"优秀毕业生就业推荐证书"。是年，共有优秀毕业生677名，其中，416名经双向选择被用人单位接收，261名优秀毕业生由各地直接给用人单位下达接收任务。全省非师范类毕业生达4.09万人，就业率80%，待就业中专和专科毕业生近万人。

1999年，执行国务院办公厅《转发教育部等部门关于进一步做好1999年普通高等学校毕业生就业工作意见的通知》，对截至派遣时尚未落实工作单位的高校毕业生，推迟派遣时间或派回其家庭所在地；对一年内找到工作单位的，主管调配部门予以派遣。为继续推进毕业生市场化配置，拓宽就业渠道，引导毕业生到经济建设第一线和非国有单位、农村基层就业，省内除保留少量优秀毕业生计划就业外，其余毕业生都进入就业市场。师范类毕业生原则上在教育系统内安排就业。在国有事业单位接收毕业生方面，实行结构管理，控制长线专业或低学历层次的外省籍毕业生到省内就业，对委培生和定向生按协议就业，实践生不改派。在办理毕业生就业手续时，对毕业生的资格进行审核，查验毕业证书，必要时还要查看招生花名册和毕业生档案，防止弄虚作假。省人事厅印发的《福建省接收普通大中专学校毕业生暂行办法》规定，国家机关接收非师范类普通大中专毕业生应按录用公务员的有关规定公开需求信息，并通过公开考试、考核的方式落实接收对象。各类企、事业单位接收非师范类普通大中专毕业生应在当年初向同级政府人事部门上报需求信息，经政府人事部门统一在指定的媒体公开后，通过双向选择或公开考试、考核的方式确定接收对象。对优秀毕业生和大学本科以上学历毕业生，各用人单位优先接收，政府人事部门予以优先推荐就业。严禁向毕业生收取城市增容费、上岗押金、教育补偿费、落户费、改派费等不合理费用。人才中介服务机构严格按照有关规定开展毕业生中介服务，公开服务内容及收费标准。非国有单位接收毕业生实行登记制度，放宽非师范类普通大中专毕业生到非国有单位的学历、生源等方面限制。

是年起，非师范类普通大中专毕业生就业不再沿用"派遣报到证"，而是采用"一书一证"分类管理办法，即毕业时落实就业单位的发给"就业通知书"，未落实单位的发给"待就业证"。持"待就业证"的毕业生不再到政府人事部门报到，而是凭证直接到人才市场继续参加双向选择。待就业单位落实后，由人事部门给予办理就业手续，并换发"就业通知书"。

自谋职业和未就业的非师范类普通大中专毕业生户口可落家庭所在地（农村户口可农转非），待其落实接收单位后，户粮关系可从家庭所在地再迁入接收地。允许"三资"企业建立集体户，对到"三资"企业就业的非师范类普通大中专毕业生，户口可落企业集体户，也可挂靠亲朋好友处或人才中介机构。

根据《关于报送高校毕业生就业重点单位的通知》精神，福建省将国家重点建设项目、重点科研和教学单位作为1999年高校毕业生就业重点单位，主要有集美大学、福建师范大学、福建医科大学、福建农业大学、三明钢铁厂、省农业科学院、冠捷电子（福建）有限公司、中国联通福建分公司、福建新大陆电脑股份有限公司、福建华科光电有限公司等10个单位。当年，全省非师范类毕业生4.23万人，其中，毕业研究生878人，本科生1.20万人，大专生0.93万人，中专生2.01万人。有3/5落实就业单位。

2000年，毕业生就业以做好高校毕业生尤其是本科以上毕业生和优秀毕业生的就业工作为重点，对符合文件规定的经双选未落实就业单位的本科以上的优秀毕业生，人事部门采取行政手段给予安排就业。同时,引进省外高学历毕业生到福建省就业,完善"一书一证"制度,推进毕业生资源市场化配置,对用人单位接收重点大学和本省紧缺专业本科以上毕业生实行备案制。

省人事厅对毕业生就业手续做了具体规定。省内高校毕业生离校时落实就业单位的,使用全国普通高校本专科毕业生就业报到证或全国毕业研究生就业报到证(以下简称毕业生报到证)到用人单位报到,由用人单位介绍毕业生持毕业生报到证、福建省普通大中专毕业生就业审批表或福建省普通大中专毕业生就业登记表、毕业证书等原件材料到同级政府人事部门办理福建省普通大中专毕业生就业通知书等手续。毕业生凭就业通知书等有关材料办理户口、粮食、工资等手续。毕业生报到证由学校毕业生工作部门根据政府人事部门核准的接收意见签发,作为介绍毕业生到用人单位报到的证明,不作为办理落户、工资等手续的凭证。省内高校毕业生离校时未落实就业单位的,由相应政府人事部门签发福建省普通大中专毕业生待就业证明。学校在毕业生离校时将待就业毕业生的户粮及时迁回家庭所在地。待就业毕业生落实就业单位后,按《福建省接收普通大中专毕业生暂行办法》有关规定,到同级政府人事部门办理就业通知书等手续。省内中专学校毕业生毕业离校时落实就业单位的,由相应政府人事部门发给就业通知书;离校时未落实就业单位的发给待就业证明,落实就业单位后,到同级政府人事部门办理就业通知书等手续。省外院校毕业生离校时在闽落实就业单位的,凭所在省毕业生就业主管部门签发的毕业生报到证、福建省普通大中专毕业生就业审批表或福建省普通大中专毕业生就业登记表、毕业证书等原件材料到同级政府人事部门办理就业通知书等手续。未落实就业单位的,凭毕业生报到证、毕业证书等原件材料到生源所在县市人事局办理待就业证明。省内院校出省就业的毕业生,由相应政府人事部门签发毕业生报到证。

2000年起,停止使用全国普通高等学校毕业生就业派遣报到证和全国毕业研究生就业派遣报到证。是年,全省共有非师范类毕业生4.3万人,其中高校毕业生2.3万人,落实就业单位或有就业意向的毕业生3万余人,约占80%。共有2万名毕业生到人事部门办理了就业手续。

2001年7月1日始,启用全国普通高等学校本专科毕业生就业报到证和全国毕业研究生就业报到证。就业通知书待就业证明同时停止使用。持待就业证明的毕业生落实就业单位后,到相应设区的市政府人事部门核换"报到证"。非师范类普通大中专毕业生办理户口迁移、落户手续继续按有关文件规定的落户原则执行。同时,根据《国家粮食局关于取消〈市镇居民粮食供应转移证明〉的通知》,5月1日起不再办理毕业生就业粮食迁移手续。

是年,全省非师范类普通大中专毕业生5.5万人,其中,高校毕业生2.95万人,中专毕业生2.55万人。约有90%的毕业生落实就业单位或有就业意向单位，就业率高于上年。

在闽高校毕业生于7月底前就业率达70%的高校依次为：厦门大学、福州大学、福建建筑高等专科学校、华侨大学、集美大学，其中厦门大学和福州大学超出80%。年底，毕业生就业率高于70%的除上述5所院校外，增加北京邮电学院福州分院、华南女子学院二所，其中，厦门大学、福州大学、福建建筑高等专科学校、北京邮电学院福州分院超过80%（北京邮电学院福州分院主要是行业包分配）。毕业生就业率低于70%高于30%的有福建商业专科学校、中华职大、福建农林大学、福建师范大学、仰恩大学、漳州师范学院（华南女子学院和北京邮电学院福州分院7月底就业率亦在70%～30%之间）。就业率低于30%的有福建广播电视大学、福建医科大学、福建中医学院、福建公安专科学院、福建医学院莆田分校、福州医学高等专科学院。

2002年，建立市场导向、政府调控、学校推荐、学生与用人单位双向选择的就业机制。强化大中专院校毕业生就业情况的评估机制，用市场手段促进教育结构的调整与改革，扩大急需专业的招生数量，控制长线专业的招生规模。对教育质量不高、专业设置不合理导致就业率过低的学校和专业减少招生数量直至停止招生。各级政府有关部门创造条件，拓宽就业渠道，引导并吸纳大中专毕业生到基层和中小企业就业。师范专业毕业生就业主要根据基础教育教学岗位的需求择优录用。根据国家有关规定，做好中小学教师的定编和教师资格的认定工作，辞退不合格教师，逐步清退代课人员，空出岗位吸纳师范专业毕业生到缺编和农村中小学任教。各地中小学通过教师资格制度的实施，拓宽教师来源渠道，从非师范专业毕业生和社会上招收高素质人员，补充有关学科所需的教师。录用到各级政府机关工作的应届高校毕业生，安排到基层支教、支农、扶贫或到企业锻炼1～2年。对到非国有单位就业的毕业生，放开生源、专业、学历的限制。非国有单位要按照国家有关规定与所聘毕业生签订劳动合同，为其办理社会保险手续，缴纳社会保险费，保障其合法权益。从事个体经营和自谋职业的毕业生按当地政府规定，到社会保险经办机构办理社会保险登记，交纳社会保险费。工商和税收部门简化审批手续，对毕业生自主创业给予支持。

省政府成立由省政府分管领导任组长，省政府办公厅和人事、教育、公安、劳动和社会保障、编制、财政、计划、物价等部门参加的福建省大中专毕业生就业工作领导协调小组，下设办公室，挂靠省人事厅。

9月起，福建省会及省会以下城市取消进人指标、户口指标等限制，取消限制高校毕业生包括专科（高职）毕业生合理流动的政策规定，允许高校毕业生跨省（自治区、直辖市）、跨地（市）就业。同时，调整高校学科专业和人才培养结构，对社会需求不大、毕业生就业率过低的地方、高校、专业，根据情况减少招生数量，相应减少教育经费投入，甚者停止招生，将毕业生就业率作为高校评估的一项重要指标。各地建立并完善高校毕业生就业指导服务机构，在场地、经费、人员等方面给予保证。高校按一定的师生比例配备专职工作人员，从学生交纳的学费中提取一定比例用于毕业生就业指导和服务工作。发挥市场作用，建立高校毕业生社会服务体系，对已进行登记的未就业高校毕业生，有关机构提供免费就业指导和就业信息服务。根据就业市场的需求，定期举办短期职业技能培训，各级政府均划拨一定专项经费，用于未就业高校毕业生初次职业技能培训。

2003年，各大中专院校普遍把毕业生就业工作纳入学校领导工作，作为考核院校领导干部政绩的重要内容。各级财政增加投入，予以更大支持。省政府在拓宽就业渠道、鼓励自主创业、加强就业指导、加快市场建设、对待业毕业生实施援助、人才培养结构调整以及加强领导等方面采取措施，为毕业生就业提供政策支持。劳动、工商、银行、民政等部门还出台实施办法，鼓励高校毕业生自主创业和灵活就业。加强毕业生思想教育和就业指导，继续培育发展毕业生就业市场，开展多种形式的毕业生供需见面、双向选择活动，加快信息网络建设，加快人才培养结构调整，推行技术性工种职业准入制度等。各大中专院校根据社会需要允许学生调整专业，并适当延长学习期限，采取毕业后到职业技能学院和高级技工学校参加3～6个月的职业技能培训，参加职业技能鉴定的办法。各地和高校普遍把毕业生就业状况作为确定高等教育事业发展规模的重要依据，优化调整高校设置及学科专业结构。教育、计划等部门对高校尤其是申报增加的专业设置，严格按条件评审控制。本科、专科比例由2002年的3∶7调整为2003年的近4∶6。

各级政府在就业经费预算中安排一定的经费扶持大中专毕业生就业创业，有条件的地区还参照下岗失业人员小额担保贷款管理办法，制定具体措施，降低贷款门槛，简化手续，扶持高校毕业生自主创业。建立高等学校与毕业生就业状况相挂钩的管理机制和工作机制，制定科学的高校毕业生就业情况评估标准和办法，适时向社会公布高校毕业生就业率，促进需求办学。一些高职院校根据本校的专业特点，成立相应专业的职业技能鉴定机构，开展职业技能鉴定工作。

是年，全省大中专毕业生总量102980人。非师范专业毕业生中，毕业研究生2062人，高校毕业生49357人（其中高职高专28370人），中专毕业生40274人。毕业生就业率达到85.14％，高于全国平均水平。其中，研究生为98.0％，本科生为94.2％（师范专业本科生就业达100％），高职高专为74.3％，中专生为87.4％。就业率高的有建筑、机械、房地产、信息、通信、外语、生物等专业；就业率低的有体育、食品、音乐、农林类、文史类等。

就业表现为：非公经济组织对毕业生的需求占全省总需求的79％。省属及中央在闽单位接收毕业生仅占1%和9.75%；各类企业就业占87.87%，其中，到非公经济组织的占76.83%。全省高校毕业生中自主创业的达187人，约占毕业生人数的0.54%。

2004年，各高校继续实施"一把手"工程。福建师范大学党委书记、集美大学校长等都亲自担任学校就业工作领导小组组长，校内各学院也相应成立以院长或书记担任组长的工作小组，全校上下形成就业工作网络。厦门市改革本科以上毕业生审批制度，实行网上审核备案。三明市对到各类企业就业的本科毕业生一次性补贴安家费2000元。是年，全省大中专毕业生总量近13万人，其中高校毕业生近8万人。高校毕业生就业率达84.37%，其中，研究生就业率为97.16%，本科生为93.10%，高职高专生为77.59%。

2005年，省政府办公厅下发《福建省大中专毕业生就业工作任务分解方案》，将毕业生就业工作任务分解到各设区市政府和省直有关部门，明确各自责任，进一步消除高校毕业生就业的政策性和体制性障碍。同年10月，根据中共中央办公厅、国务院办公厅《关于引导和鼓励高校毕业生面向基层就业的意见》精神，省委办公厅、省政府办公厅下发《贯彻落实中共中央办公厅、国务院办公厅〈关于引导和鼓励高校毕业生面向基层就业的意见〉的通知》，继续鼓励和支持高校毕业生到基层自主创业和灵活就业。福建高校毕业生从事个体经营的，除国家限制的行业外，自工商行政管理部门登记注册之日起3年内免缴登记类、管理类和证照类的各项行政事业性收费。到农村从事教育、医疗、农业技术推广行业的，注册资金允许3年内分期到资，最低注册资本可放宽到3万元。有关部门加强对大学生的创业意识教育和创业能力培训，为到基层创业的高校毕业生提供有针对性的项目、咨询等信息服务。开业有贷款需求的，参照下岗失业人员相关小额贷款扶持政策提供小额贷款服务。一些地方还通过财政和社会两条渠道筹集"高校毕业生创业资金"。市、县（区）政府的人事和劳动保障部门还为以自由职业、短期职业、个体经营方式就业的高校毕业生提供必要的人事、劳动保障代理服务，在户籍管理、档案寄存、劳动关系形式、社会保险缴纳和社保关系接续方面提供保障。同时，财政加大对高校毕业生面向基层就业的支持力度。同级政府对提供免费公共服务的人才中介和职业中介机构给予适当经费补助，并开展评选表彰在基层工作的优秀高校毕业生活动。10月，省委组织部、省人事厅决定评选表彰100名长期坚持在本省欠发达地区和基层工作满5年以上、表现突出的全日制普通高校毕业生。出台高校毕业生就业工作检查评估办法，在全省高校中普遍开展就业工作评估，推动就业政策和工作任务的落实。全省共举办毕业生供需洽谈会400多场，提供近10万多个就业岗位信息。

是年，全省接收大中专毕业生10万多人，非师范类高校毕业生就业率达到86.14%，其中研究生为93.93%，本科毕业生为89.51%，高职高专毕业生为80.36%。

第二节　就业服务

一、就业指导

1998—2001年，省内各大中专院校陆续成立毕业生就业指导中心，采取就业指导与咨询、为毕业生提供就业信息、求职技巧、实用技能培训、推荐就业等各种形式加强对毕业班学生的就业指导。

2002年，高校毕业生就业工作纳入学校工作的重要议事日程，作为考核高校领导干部政绩的重要内容。省内高校普遍建立健全毕业生就业指导服务机构，在办公条件、人员等方面给予保证。大部分高校按照专职就业指导教师和专职工作人员与应届毕业生的比例不低于1∶500的要求配备人员，按照毕业生人数确定核拨标准，列入学校当年预算。其经费主要用于与就业工作相关的就业指导、市场调查、信息交流、供需见面等日常工作和一些大型招聘活动。政府有关部门通过讲座、信息通报会等形式，加强就业指导。新闻媒体对毕业生就业工作进行宣传报道，特别宣传到基层就业的良好社会氛围。

2003年，各地建立健全毕业生就业指导机构，在人员、场地和经费方面给予保证。人事、教育、劳动保障部门、学校、人才中介服务机构、公共职业介绍机构等相互配合，发挥优势，开展就业指导研究，制定就业指导规划，建立专兼结合的就业指导队伍，提升就业指导水平。学校通过举办形势报告会、信息咨询会、就业指导课、组织社会实践等形式开展就业指导工作，帮助学生了解社会需要，引导学生确定切合实际的就业期望值，自觉到中小企业、非公有制单位、街道社区和农村基层就业，到祖国需要的地方建功立业。

2004年2月，福建省大中专毕业生就业创业促进会（以下简称促进会）成立。此后，全省大中专毕业生就业指导工作主要依托该会进行。是年，促进会受省人事厅、教育厅委托，对省内大中专学校就业指导工作情况进行摸底调查，为改进毕业生就业指导工作提供参考。根据福建省实际情况，初步拟定就业指导工作的十项重点内容：福建社会经济发展概况、重点行业和主导产业人才需求现状和预测、就业公共政策、就业保障、就业法律问题、职业生涯规划、就业与人力资源开发、市场需求与就业、就业途径和方法、企业招聘。9月和11月，促进会分两批组织会员到西北（陕西、甘肃）、西南（四川、云南）等省参观学习，拓展毕业生就业工作视野，借鉴先进工作经验，疏通联系渠道。12月，促进会在集美大学召开首届就业指导研讨会，邀请复旦大学、武汉理工大学等省外业内专业人员以及省内有关专家对做好就业指导工作的重要意义、工作体系、方式方法、发展趋势以及困难和问题进行研讨。厦门大学、集美大学、中国海峡人才市场、福建工程学院、福建侨兴轻工学校等单位在会上介绍就业指导方面的经验和做法。2004—2005年，促进会每年编印两期会刊，设置"省情通报""省外动态""他山之石""探索实践""本期专题"等栏目，反映毕业生就业工作情况，发布省内毕业生就业动态，提供省内外有关就业信息。

2005年，建立就业指导专家库，省内外专家有百余人，包括各设区市人事局、高校、人才中介结构、用人单位等就业指导资深专家，麦德龙、百事可乐、实达集团等知名企业的人力资源专家，天行健管理咨询顾问公司、福州立德职业培训学校等职业培训师，香港青年协会和香港城市大学、理工大学等有关方面专家学者。根据各学校实际需要，促进会推荐有关专家进行授课，帮助学校开展就业指导。促进会协助省人事厅举办首期全省就业指导人员培训班，邀请8名就业指导专家为200多名毕业生就业指导工作人员授课。授课内容包括福建省社会经济发展对人才需求的变化趋势，毕业生就业的现状、存在问题和对策，毕业生就业指导中有关市场就业渠道、职业生涯规划、就业过程中的权利与义务等。同时，利用闽港人才合作平台进行就业指导交流。11月13—19日，举办了首批高校毕业生就业工作人员赴港培训班，组织28名会员（主要是高校从事毕业生就业工作的负责人）到香港青年协会及城市大学等机构和高校了解就业指导工作并进行实地考察。培训采取授课与考察交流相结合的方式，重点学习了解香港高校和职业学校毕业生就业工作指导的内容和方法、创业现状、引导创业的办法，并通过培训建立互访机制和交流沟通机制。

是年，由省人事厅、中国海峡人才市场共同主办，福建省大中专毕业生就业创业促进会、福建省毕业生就业指导中心以及福州大学、福建师范大学、福建农林大学、福建医科大学、福建中医学院、福建工程学院、闽江学院等院校共同承办了首届榕城高校"百事可乐"大学生职业规划节活动。开展"职业规划系列讲座""职业生涯设计竞赛""职业规划面对面"等系列活动，1万多名在校大学生参加，其中近1000多名学生参加"职业生涯设计大赛"。人事厅重新修订并公布《毕业生就业工作程序和毕业生就业手续办理须知》，建立毕业生就业工作监督台，接受社会监督；制定毕业生就业服务窗口管理办法，实行"胸牌、桌牌、去向牌"上岗制度，规范服务程序，提升服务质量。

二、信息服务

1999年，根据国家教育部要求，福建省对毕业生就业的有关信息采用新的信息标准指标体系。省人事厅分4期对各地市毕业生就业主管部门和大中专院校的有关人员进行培训。

2000年起，通过大中专院校校园网、中国海峡人才信息网、福建人才联合网等各类网站发布毕业生就业政策、就业信息、生源数据，举办或参与国家人事部、教育部举办的网上招聘活动,为毕业生就业提供服务。

2003年,"就业公共网"建设列入"数字福建"建设计划,于2004年建成并投入使用。"就业公共网"分成"毕业生""大中专院校""用人单位""中介机构""人事行政部门"五个用户专区和"政策法规""就业指导""网上咨询""在线交流""下载中心"五个功能模块,涵盖省、市、县三级政府人事部门、大中专院校、用人单位和毕业生,集毕业生就业指导、双向交流、就业服务和宏观管理等功能于一体,是一个跨区域、跨行业的大中专毕业生就业创业电子政务服务平台。是年,福州市人事部门向全国100多所高校及毕业生个人发放6700份招聘函,并带领60多家企业到西北、华东、东北高校招聘人才,同6623名高校毕业生签订就业意向书。

2004年,省内20多所高等院校在校园网站中设立就业信息服务专区。福州大学牵头建立"福建人才联合网"。厦门大学在就业指导网站和"三家村"就业指导栏上发布1509家用人单位的需求信息。福建师范大学利用各种形式向学院和毕业生发布404期就业信息,提供8588个就业岗位信息。华侨大学还与泉州市移动通信局协作,开展就业信息短信服务,为毕业生提供便捷快速的服务。

2005年,福建省应用公共网完成大中专毕业生生源信息导入校验,并对操作人员进行培训。选定福州、泉州、三明3个设区市及福清、晋江、永安3个县级市作为试点,成立福建省毕业生就业公共网推广应用工作领导小组,推进网络全面应用,并依托公共网举办全省首届网络招聘会。省直有关单位、各设区市人事局、大中专院校、人才中介机构及职业介绍机构大多建立专门网站,并相互链接,为高校毕业生提供便捷的信息服务。

三、举办供需洽谈会

1998年,福建省毕业生就业主管部门组织和鼓励各设区市、高校和各类人才中介机构举办多渠道、多层次毕业生供需见面会、行业招聘会、校园招聘会,为毕业生就业提供推荐服务。省人事厅和中国海峡人才市场联合在省体育中心举办全省春季大中专毕业生供需见面、双向选择大会,约500家企事业单位参会,提供就业岗位约1.5万个。

2001年7月,省人事厅和中国海峡人才市场在福州举办全省2001年职业技术类毕业生供需见面、双向选择大会,为职业技术类毕业生和用人单位提供洽谈机会,100多家单位与5000多名毕业生进行洽谈。

2003年,针对"非典"期间的特殊情况,提出"小型、分散、专业、安全"的原则,开展毕业生就业洽谈活动。全省共举办毕业生供需见面会300多场,为毕业生提供近8万个就业岗位。6月7日,省人事厅和中国海峡人才市场在福州温泉公园举办福建省2003年IT、电子、机械、建筑行业毕业生供需见面会,近百家企业和3000多名毕业生进行洽谈。

2004年,全省举办各类毕业生供需见面会400多场,提供就业岗位10万多个。

2005年,省人事厅与中国海峡人才市场共同联合举办全省春季大中专毕业生供需见面、双向选择大会后,又举办夏季大型大中专毕业生供需洽谈会,组织了近900家用人单位到场招聘,提供了2万多个职位。当年,全省共举办毕业生供需洽谈会近400场,为毕业生提供近10万个就业岗位信息。

四、待就业服务

2002年,对毕业生毕业离校时未落实工作单位的,将其户口转回生源所在地,档案由生源所在地或学校所在地政府人事行政部门所属的人才中介机构保管,两年内免收档案保管费。落实接收单位后,有关部门及时给予办理就业手续,户口迁至工作单位所在地。对到西部地区和省内山区工作的,实行来去自由的政策,根据本人意愿,户口可迁到工作地区,也可迁回原籍,由政府人事行政部门所属的人才中介机构提供免费人事代理服务。要求非国有单位按照国家有关规定与所聘毕业生签订劳动合同,为其办理社会保险手续,缴纳社会保险费,保障其合法权益。从事个体经营和自谋职业的毕业生按当地政府的规定,到社会保险经办机构办理社会保险登记,交纳社会保险费。鼓励和支持毕业生自主创业,工商和税收部门简化审批手续,给予支持。

2003年起,各级人事、劳动保障部门所属的人才中介机构和职业介绍机构根据当地社会需求为待就业毕业生定期举办培训班,提升毕业生就业竞争力,经费由地方财政予以补助。政府人事、劳动保障部门所属的人才中介机构、职业介绍机构免费为待就业大中专毕业生提供就业信息、就业指导和就业推荐服务。对毕业半年以上经推荐未能就业又要求就业的高校毕业生,入学前户籍所在城市或县劳动保障部门给予办理失业登记。对已进行失业登记的高校毕业生,城市、社区组织其参加临时性的社会工作、社会公益活动,或到用人单位见习,并给予一定报酬。对因患病等原因短期无法工作并确无生活来源的高校毕业生,户口在学校的迁回家庭所在地。经本人提出申请,当地民政部门进行调查核实,符合条件的,参照当地城市低保标准给予临时生活困难救助。

2005年,各级政府毕业生就业主管部门和劳动保障部门组织联系企事业单位建立见习基地或提供见习岗位,开展见习和就业培训,为毕业后6个月以上仍未就业,并已进行失业登记的高校毕业生提升职业技能、提高就业能力创造条件。见习期一般为6～12个月。见习期间由见习单位和市、县(区)政府提供不低于当地最低工资标准的基本生活补助。当地人事部门所属人才中介机构、劳动保障部门及有关服务机构为见习者分别提供免费的档案寄存和劳动保障代理服务。

五、自主创业和灵活就业

2003年起，福建籍高校毕业生（毕业后2年内，下同）申请从事个体经营或申办私营企业的，可通过各级工商部门注册大厅"绿色通道"优先登记注册。其经营范围除国家明令禁止的行业和商品外，一律放开核准经营。对限制性、专项性经营项目允许边申请，边补办专项审批手续。除国家限制的行业外，自工商部门批准其经营之日起1年内免收个体工商户登记费（包括注册登记、变更登记、补照费）、个体工商户管理费和各种证书费。参加个私协会的，免收1年会员费。高校毕业生申办高新技术企业（含有限责任公司）的，其注册资本最低限额为10万元。如确实资金困难的，可分期到位。申请的名称可以"高新技术"、"新技术"、"高科技"作为行业予以核准。在科技园区、高新技术园区、经济技术开发区等经济特区申请设立个私企业的，特事特办。除涉及必须前置审批的项目外，试行"承诺登记制"。申请人提交登记申请书、验资报告等主要登记材料，可先予颁发"营业执照"，申请人可在3个月内按规定补齐相关材料。凡申请设立有限责任公司，以高校毕业生的人力资本、智力成果、工业产权、非专利技术等无形资产作为投资的，允许抵充40%的注册资本。高校毕业生从事社区服务等活动的，经居委会报所在地工商行政管理机关备案后，1年内免予办理工商注册登记，免收各项工商管理费用。对于接收高校毕业生达10人以上的个体工商户和私营企业，允许跨行、跨类增加经营范围。高校毕业生到农村通过承包租赁，开发荒山、荒地或水域、滩涂等发展林业和农牧养殖业的，3年内免收工商登记、管理、证照等方面费用。凡高校毕业生从事个体经营的，自工商部门批准其经营之日起1年内免交"税务登记证"工本费。新办的城镇劳动就业服务企业（国家限制的行业除外），当年安置待业人员（含已办理失业登记的高校毕业生，下同）超过企业从业人员总数60%的，经主管税务机关批准，可免征所得税3年。劳动就业服务企业免税期满后，当年新安置待业人员占企业原从业人员总数30%以上的，经主管税务机关批准，可减半征收所得税2年。

金融机构加大对高校毕业生自主创业贷款支持力度，对于能提供有效资产抵（质）押或优质客户担保的，优先给予信贷支持。对高校毕业生创业贷款，可由高校毕业生为借款主体，担保方可以其家庭或直系亲属家庭成员的稳定收入或有效资产提供相应的联合担保。对于资信良好、还款有保障的，在风险可控的基础上适当发放信用贷款。通过简化贷款手续，合理确定授信贷款额度，在一定期限内周转使用。对创业贷款给予一定的优惠利率扶持，视贷款风险度不同，在法定贷款利率基础上可适当下浮或上浮。

政府人事部门所属的人才中介机构免费为自主创业的高校毕业生保管人事档案（包括代办社保、职称、档案工资等有关手续）2年。自主创业的高校毕业生创办企业，自工商部门批准其经营之日起1年内,可在政府人事、劳动保障部门所属的人才中介机构和职业介绍机构的网站免费查询人才、劳动力供求信息,免费发布招聘广告。凡参加政府人事、劳动保障部门所属的人才中介机构和职业介绍机构举办的人才集市或人才、劳务交流活动的,给予适当减免收费。政府人事部门所属的人才中介机构免费为创业企业的毕业生,优惠为创办企业的员工提供一次培训、测评服务。劳动保障部门进一步完善高校毕业生自主创业和灵活就业的社会保障政策。对高校毕业生从事自主创业、灵活就业的,允许在各级社会保险经办机构设立的个人缴费窗口办理社会保险参保手续。

是年起,福建籍高校毕业生(含大学专科、大学本科、研究生)从事个体经营的,除国家限制的行业(包括建筑业、娱乐业以及广告业、桑拿、按摩、网吧、氧吧等)外,自工商行政管理机关批准其经营之日起,1年内免交个体工商户登记注册费(包括开业登记、变更登记、补换营业执照及营业执照副本费用)、个体工商户管理费、集贸市场管理费、经济合同鉴证费、经济合同示范文本工本费。

第三节　选调选拔

一、选　调

1998年6月,省委组织部、人事厅、教委、公安厅联合下发《关于选拔录用部分优秀高校毕业生到基层公安机关工作的通知》,决定从1998年起,分3年从高等院校选拔录用300名应届优秀高校毕业生到基层公安机关工作,选拔录用工作以考录国家公务员的形式进行,优先从学生党员、优秀学生干部和"三好学生"中选拔。选拔程序包括毕业生自荐、学校推荐、组织考核和审查、参加公务员考试、确定选拔人选等。

1998—2000年,选调生程序为:发布选调公告、学生报名、资格审查、统一考试、公布成绩、确定考核对象、考核和复核、体检、公示、确定选调名单、分配、办理录用手续。

2001年,选调方法作了调整,自下而上确定选调计划,先由各市提出建议计划,后经全省平衡,正式下达分市的选调计划,并向社会分布,面向省内外高校毕业生公开招考,先考试后考核,确定人选。在毕业生自愿报名和学校推荐的基础上,省人事厅于5月统一组织报名,参加全省国家公务员和党政机关工作人员录用考试。根据考试成绩按各市选拔计划的1.5倍划定笔试合格线,确定考核对象,并由学校向全体师生公示,接受监督。按照规定的考核程序,对考核对象进行考核。根据考核情况,考核组集体讨论确定初选人选，并在学校公示。公示后，无异议的，最后确定人选，并下达派遣计划。派遣工作由省委组织部、人事厅、教育厅、高级人民法院、人民检察院、公安厅等单位共同组织实施。1998年选调179人，1999年选调210人，2000年选调321人，2001年选调357人，2002年选调231人。

2003年，福建省出台《选调应届优秀大学毕业生工作暂行规定》，对选调生的选拔范围、培养教育、管理、任用和组织领导作出规定。选调生从国内全日制普通高等院校中选调，本科学历的主要面向省内生源选调，硕士、博士学历的面向全国选调。选调生必须符合相应类别人员的录用条件和体检要求。选调生应具备以下条件：政治素质好，思想上进；组织纪律性强，服从分配；获得相应学位，学业成绩优良；组织协调和语言表达能力较强；大学期间担任副班长、团支部副书记以上主要学生干部一年以上；到山区工作的，学生干部职务可以放宽到班级委员；大学本科毕业生年龄不超过25周岁，硕士研究生年龄不超过30周岁，博士研究生年龄不超过35周岁，中共党员学生、优秀学生干部、"三好学生"、少数民族学生优先选调。是年选调262人，2004年选调299名。

2005年，继续执行中共中央办公厅、国务院办公厅印发的《关于引导和鼓励高校毕业生向基层就业的意见》。根据中央下达省周转编制的情况，采取"先进后出"的办法，每年为欠发达地区的乡（镇）下达一定数量周转编制，用于接收安排选调生和招考高校毕业生。是年，全省选调336名优秀高校毕业生到乡镇和基层公安机关、检察院和法院工作。

至2005年，先后选调2495名应届优秀大学毕业生到基层工作，其中，博士生15名、硕士生127名；中共党员2073名；女生945名；少数民族生54名。选调从事党政工作的1184名，从事法院工作的264名，从事检察院工作的340名，从事公安工作的707名。选调生中有十名已担任副处级职务，49名任正科级职务，377名任副科级职务。担任乡镇党委书记、乡镇长六名，副书记、副镇长35名，乡镇党委组织、宣传、统战委员66名，团县（市、区）委书记、副书记28名。从事法院、检察院工作的选调生，担任检察员、助检员、助审员78名。大多选调生担任乡镇和市、县（区）及机关中层干部，选入县级机关工作的有1170名，选入设区市直机关的180名，省级机关的118名。

二、选　拔

1999年9月，省委组织部、人事厅、编办和财政厅下发《关于选拔高校毕业生到农村基层工作有关问题的通知》，决定从1999年开始分三年，每年选拔338名高校毕业生到农村基层工作，工作时间为2年。主要任务是支农、支教、扶贫或帮助企业发展和锻炼提高自身能力。选拔对象为当年未就业并具有普通高校大专以上正规学历的毕业生（不含成人教育毕业生、计划外自费生），中共党员、学生干部、获得"三好学生"等荣誉称号的毕业生优先选拔。选拔程序为：全省统一公布选拔计划，统一组织报名，按录用公务员的标准统一组织考试，根据考试成绩和选拔计划按1∶3确定考核对象后，由市（地）组织考核确定正式选拔对象，经全省统一培训后直接派遣农村基层工作。

选拔到农村基层工作的高校毕业生的档案、工资由县政府人事部门管理，享受机关公务员工资福利待遇。户口可落工作地或家庭所在地。两年工作期满经考核合格的，原则上直接充实到工作地所在乡镇党政群机关。其中特别优秀的，选拔进乡镇领导班子。对经考核不合格未被录用到乡镇等机关工作的选拔对象，人事关系转人才中介机构，停发工资福利，由本人通过人才市场联系接收单位，由人事部门重新办理就业手续，在农村基层工作的时间计算为连续工龄。

1999—2001年，全省共选拔1082名高校毕业生到农村基层工作。其中，本科生439名，专科生643名；中共党员493名。

2001年后不再选拔高校毕业生到农村基层工作。

2002年，省委组织部、人事厅、编办、财政厅下发《关于转发中组部等四部门〈关于做好选拔到农村基层工作的高校毕业生管理使用工作有关问题的通知〉的意见》，规定经考核合格的选拔生，直接录用为工作所在乡镇机关工作人员或国家公务员，其中特别优秀的，根据需要选拔进乡镇领导班子或安排到县（市）机关工作。

第四节　实施志愿服务计划

2003年起，福建省高校毕业生志愿服务计划按照团中央、教育部、人事部实施大学生志愿服务西部计划要求和"公开招募、自愿报名、组织选拔、集中派遣"的方式进行。由团省委、教育厅、财政厅、人事厅共同组织实施了"高校毕业生志愿服务西部计划"。2003年招募99名、2004年招募94名、2005年招募63名高校优秀毕业生到宁夏回族自治区贫困县乡镇，从事为期1～2年的教育、卫生、农技、扶贫以及青年中心建设和管理等方面的志愿服务工作。

参加大学生志愿服务西部计划的志愿者享受国家规定的高校毕业生就业优惠政策，给予专门的政策支持，中央财政给予必要的生活补贴（含交通补贴和人身意外伤害、住院医疗保险等）。服务期间，计算工龄，党团关系转至服务单位。本人要求户口和档案保留在学校的，按规定保留两年。在此期间，档案管理机构对保管其档案免收服务费用。本人要求将户口转回入学前户籍所在地的，公安机关按照规定为其办理落户手续。人事、教育部门所属人才交流机构负责办理相关手续，人事部门所属人才交流服务机构免费提供人事代理服务。服务期满落实工作单位后,公安机关按有关规定办理户口迁移手续。服务期满考核合格的,报考研究生给予加分,在同等条件下,优先录取;服务期满考核合格报考党政机关公务员的,给予适当加分,同等条件下,应优先录用。服务期满,对志愿者作出鉴定,存入本人档案。考核合格的,颁发证书,作为志愿者服务经历和就业、创业的证明。服务单位向志愿者提供住宿等必要的生活条件;在录用党政机关公务员和新增国有企事业单位专业技术人员、管理人员时,优先录用、招聘志愿者。

2004年7月,团省委、教育厅、财政厅、人事厅下发《关于实施福建省"大学生志愿服务欠发达地区计划"的通知》,决定从2004年起在全省实施"大学生志愿服务欠发达地区计划",计划从在闽高校和闽籍普通高校毕业生中每年招募300名志愿者到欠发达地区开展为期1~2年的教育、卫生、农技等方面的志愿服务。志愿者服务期满后,鼓励其扎根基层,或者自主择业和流动就业。团省委、教育厅、财政厅和人事厅联合成立福建省"大学生志愿服务欠发达地区计划"领导小组。领导小组下设办公室,依托于省青年志愿服务指导中心,负责处理日常事务。

参加2004年"大学生志愿服务欠发达地区计划"的志愿者享受有关政策待遇。服务期间计算工龄,政府所属人才中介机构免费为大学生志愿者提供档案保管等人事代理服务。享受一定的生活补贴(每人每月600元的生活补贴,每人每年200元的人身意外伤害、住院医疗保险补贴和200元的本地交通补贴)。一些志愿者兼职担任所在单位的团干部。服务期满考核合格的,报考本省高校研究生,在同等条件下,优先录取。服务期满考核合格的,可以应届毕业生身份报考国家机关公务员,报考省、设区市国家机关公务员的,同等条件下优先录取;报考志愿服务县(市、区)国家机关公务员的,笔试总分加5分。2004年招募58名。

2005年1月,团省委、教育厅、财政厅、人事厅下发《关于做好2005年福建省大学生志愿服务欠发达地区计划工作的通知》,对志愿者享受的优惠政策作进一步明确。服务期满考核合格的,符合报考条件,在服务期满后3年内报考硕士研究生,初试总分加10分,在同等条件下招生单位优先录取。各高校出台的政策如优惠于此政策则参照高校政策。服务期满考核合格的,可以应届毕业生身份报考国家机关公务员。国有企事业单位新增专业技术人员、管理人员时,同等条件下优先录用考核优秀的志愿者。服务期满考核优秀并愿意继续留在服务单位工作的,可免于参加统一招考,直接办理就业手续。2005年共招募186名。

第四章 军队转业干部安置

第一节 接收安置

一、接收条件

1998—2000年，按照1998年确定的福建省军队转业干部安置工作接收条件，军队转业干部一般由其原籍或者入伍时所在地安置，也可以到配偶随军前或者结婚时常住户口所在地安置。配偶已随军的军队转业干部，其配偶取得省会城市、副省级城市户口满五年，可到配偶户口所在地安置；父母身边无子女或者配偶为独生子女的军队转业干部可以到其父母或者配偶父母常住户口所在地安置；未婚的军队转业干部可以到其父母常住户口所在地安置；父母双方或者一方为军人且长期在边远艰苦地区工作的军队转业干部，可以到父母原籍、入伍地或者父母离退休安置地安置。夫妇同为军队干部且同时转业的，可以到任何一方的原籍或者入伍地安置，也可以到符合配偶随军条件的一方所在地安置。一方转业，留队一方符合配偶随军条件的，转业一方可以到留队一方所在地安置。

2001年，执行中共中央、国务院、中央军委颁发的《军队转业干部安置暂行办法》，福州、厦门两市接收安置条件改变为：军队转业干部一般由其原籍或者入伍时所在地安置，也可到配偶随军前或者结婚时常住户口所在地安置。配偶已随军的军队转业干部，其配偶取得两座城市户口满两年，父母身边无子女或者配偶为独生子女的军队转业干部可以到其父母或者配偶父母常住户口所在地安置，未婚的军队转业干部可以到其父母常住户口所在地安置，父母双方或者一方为军人且长期在边远艰苦地区工作的军队转业干部可以到父母原籍、入伍地或者父母离退休安置地安置。军队转业干部自主择业的，或者在边远艰苦地区，或者从事飞行、舰艇工作满10年的，或者战时获三等功、平时获二等功以上奖励的，又或者因战因公致残的，可以到配偶常住户口所在地安置，也可以到其父母或者配偶父母、本人子女常住户口所在地安置。夫妇同为军队干部且同时转业的，可以到任何一方的原籍或者入伍地安置，也可以到符合配偶随军条件的一方所在地安置。一方转业，留队一方符合配偶随军条件的，转业一方可以到留队一方所在地安置。因国家重点工程、重点建设项目、新建扩建单位及其他工程需要的军队转业干部，经接收单位所在省军队转业安置主管部门批准，可以跨省安置。符合安置地吸引人才特殊政策规定条件的军队转业干部，可以到该地区安置。

其他的各设区市接收条件，除随军配偶取得城市户口不作年限规定外，其余与往年相同，接收条件更为宽松。

2004年，根据《中共中央　国务院　中央军委关于做好2004—2006年军队体制编制调整改革期间转业干部安置工作的通知》，适当放宽部分军队转业干部安置地区去向条件。对所在单位被撤销、合并、降格、改编的军队转业干部，配偶取得部队所在地常住户口的，可以到配偶常住户口所在地安置。夫妇同为军队干部的，双方或者一方转业，可以到任何一方的部队驻地安置。未婚或者离异的，可比照驻地军队干部配偶随军条件予以安置。

二、安置范围

1998年起，为做好再裁军期间的军转安置工作，福建省将师、团职转业干部作为安置重点，推出由省委组织部重点安排部队推荐的10名优秀正团职领导干部举措。对于安排进入行政机关的转业干部，接收单位根据工作需要，开始试行必要的公开考试，择优选调。

1999年，进行机构改革的行政机关单位可先接收军队转业干部，随后再逐步调整安排。凡有增员计划或自然减员缺编的部门和单位，应首先从军队转业干部中补充，接收数量不少于其增员计划或自然减员缺编数的25％。各地继续采取占用空出的部分领导职位、"先进后出"、允许按规定增加非领导职数等措施，安排好师团职转业干部的工作和职务。各地把师团职转业干部的安排与当地领导班子建设通盘考虑，有计划地选拔部分师团职转业干部到市（地）、县（市）级领导班子任职。

2000年，按照充实、加强政法和执法监管等部门，重点充实一线和基层，安置数量不少于其增员数40％的规定，正在或即将进行机构改革的党政机关，继续接收军队转业干部，非本人原因不得分流。事业单位接收数量不少于增员计划和自然减员数的50％。科研机构、高等院校、医疗卫生等单位所需人员，应优先安排军队转业干部。编制满员或超编的事业单位接收安置军队转业干部，按实际接收人数相应增加编制和工资总额。国家按接收军队转业干部数额15％增加的专项行政编制，实行专项专用，主要用于安置师、团职转业干部。

2001年，根据《军队转业干部安置暂行办法》，军队转业干部由原来单一的计划分配安置方式，改为国家对军队转业干部实行计划分配和自主择业相结合的方式安置。当年起至2003年，担任师级职务的军队转业干部或者担任营级以下职务（含科级以下文职干部和享受相当待遇的专业技术干部）且军龄不满20年的军队转业干部，由党委、政府采取计划分配的方式安置。担任团级职务的军队转业干部或者担任营级职务且军龄满20年的军队转业干部，可以选择计划分配或者自主择业的方式安置。当年，全省有114名军队转业干部选择自主择业方式安置，部分缓解了计划分配安置给地方带来的安置压力。

2004年，根据《中共中央　国务院　中央军委关于做好2004—2006年军队体制编制调整改革期间转业干部安置工作的通知》，福建省对编制满员的履行行政职能的事业单位接收安置军队转业干部，参照党政机关接收军队转业干部增加行政编制的办法执行。对分配到事业单位的军队转业干部，参照其军队职务等级安排相应的管理或者专业技术工作岗位，并给予3年适应期。企业接收军队转业干部，根据军队转业干部本人志愿进行分配，并给予2年适应期。放宽军队转业干部选择自主择业的条件、范围，条件放宽到营职干部（含相应职级文职干部和享受相当待遇的专业技术干部）军龄满18年，范围扩大到师级干部（含相应职级文职干部和高级技术职务、技术等级7级以上的专业技术干部）。各地还根据实际，制定相应的优惠政策和保护性措施，鼓励和吸引军队转业干部到企业工作。

三、安置办法

1998年，军队转业干部安置实行指令性计划分配办法。分配工作时，主要根据军队转业干部的德才条件和地方工作需要，根据其在军队的职务等级、贡献和专长进行安排，重点安排好师、团职转业干部。需要加强和充实人员的政法、安全和有关执法监管等部门，优先接收安排军队转业干部。省直部分单位开始试行公开职位、竞争上岗的安置办法。根据军队转业干部实际情况，提出安置职位计划，报批后统一公布，并书面告知每位军队转业干部。同时引入竞争机制，组织军队转业干部进行考试、考核，按得分情况排序择岗。

省直单位凡连续两年未接收过正团职转业干部的单位，由省军转领导小组下达指令性分配任务，从当年需要加强的政法、安全和执法监管部门以及其他有增员计划的单位和部门拿出15％的员额用于安置军转干部；把各单位原向社会公开招考录用的指标，拿出一部分用于安置军转干部；凡有新增编或缺编的单位应优先安置军转干部。对长期在边远地区及从事飞行和舰艇工作、平时荣立二等功以上、战时立三等功以上、因战因公致残的转业干部，也作为重点安置。对安排进党政机关的营以下干部，由省、市、地军转部门组织集中培训，实行过渡考试。对拒不完成任务的个别单位，停止其调干、任用、职称、职数、增人计划卡使用权一年，并对新调入人员的户口指标、工资基金等给予必要限制。当年，泉州市最早完成军转干部安置任务。厦门、漳州、莆田市规定，凡有进人任务的单位，都优先用于接收军转干部，并要求把转业干部安排到效益较好、交通方便、有分房可能、能够发挥作用的单位。莆田市从财政拨出专款为全迁户租房，逐个落实全迁户的住房问题。是年，全省1299名军转干部全部定位。其中，进党政机关898人、事业单位308人、企业单位 93 人。

1995—2000 年，先后为福州马尾、厦门海沧、泉州肖厝开发区、福建航空公司、长乐国际机场和福厦、宁德高速公路等单位输送一批军队转业干部。

2001—2005 年，对选择计划分配的军转干部，在坚持指令性计划分配的前提下，逐步推广和完善"公开职位、竞争上岗"和"双向选择、推荐选用"相结合的办法。针对大多数军转干部希望进省直机关的情况，实行"公开职位、双向选择、竞争上岗"的安置办法。福州、厦门等接收安置任务重的设区市，从 2005 年开始实行全部公开职位考试和功绩量化相结合、依序分配的办法。其他各设区市主要采用双向选择、推荐选用的办法，允许转业干部自荐和部队组织向用人单位推荐转业干部，也允许用人单位根据工作需要挑选转业干部。

各地鼓励军转干部自主择业，地方给予政策优惠。厦门市在全省率先出台优惠政策，2003—2005 年，先后三次提高补贴标准，给在本市安置的自主择业军转干部发放退役金补贴。漳州、龙岩也先后推出一次性给予选择自主择业方式安置的军转干部补助 1 万～2 万元的优惠政策。

2001—2005 年，全省共接收安置军转干部 6615 人，其中，计划分配的 5388 人，自主择业的 1227 人。计划分配的 5388 名军转干部中，安置到行政机关的 4176 人，占 77.5％；事业单位的 1153 人，占 21.4％；企业的 59 人，占 1.1％。

表 4—1　　　　**1998—2005 年福建省接收安置军队转业干部情况表**

单位：人

年份	干部总数	师职干部数	团职干部数	营职干部数	连排职干部数	技术干部数
1998	1299	16	353	392	188	350
1999	1833	6	414	596	282	535
2000	1761	13	481	545	272	450
2001	1153	11	297	379	249	217
2002	1059	16	311	363	171	198
2003	1121	11	341	389	176	204
2004	1777	22	494	588	255	418
2005	1505	27	369	533	269	307
合计	11508	122	3060	3785	1862	2679

注：1. 统计数字不含复员干部数。

2. 1998—2005 年，接收安置军队转业干部计划数为 11526 人，实际接收数为 11508 人。

表4—2　　**1998—2005年福建省接收安置军队转业干部行业分配情况表**

单位：人

年份	1998	1999	2000	2001	2002	2003	2004	2005
总数	1299	1833	1761	1153	1059	1121	1777	1505
公安系统	244	399	410	380	236	182	205	225
安全系统	—	24	10	23	7	6	12	4
政法系统　司法	—	—	—	64	49	53	44	59
政法系统　检察	136	170	162	48	4	4	16	27
政法系统　法院	—	—	—	58	4	1	3	19
税务系统	57	75	58	30	13	27	34	—
海关系统	3	36	27	18	5	2	2	34
民航系统	4	1	1	1	—	—	1	3
审计系统	4	6	10	8	1	3	15	—
科教系统	—	—	—	20	20	—	25	55
文卫系统	—	—	—	—	—	—	—	41
边检系统	—	—	—	—	—	—	1	—
卫生检疫系统	54	—	45	6	13	3	5	—
邮电系统	16	18	15	13	3	—	—	—
石油系统	2	5	—	1	—	—	—	—
铁路系统	4	8	2	1	—	—	—	—
中央企业	—	—	—	—	—	—	2	1	—
其他	775	1091	1021	482	704	838	1413	1038

注：表中"其他"栏是指表中未明确列出的有关党政机关部门、单位。

第二节　随调随迁家属安置

1998年，全省随调随迁家属379人，全迁户235户，283人落实工作岗位。

2000—2005年，随调家属为国家干部的，按其原所在单位为机关或事业性质由地方组织、人事部门对应安排。莆田等市照此方法安排。泉州市实行货币安置，根据其身份、学历、单位性质、工龄等确定不同的货币补偿标准，由政府出资进行一次性补偿安置。各地鼓励支持实行货币安置的对象自主经营或创办经济实体，在资金扶持、贷款和税收等方面给予倾斜，以此促进更多的安置对象选择货币安置。至2005年底，全省共接收安置转业干部随军家属共2552人。

表4—3　　**1998—2005年福建省接收军队转业干部随调随迁家属情况表**

单位：人，户

方式	数量\年份	1998	1999	2000	2001	2002	2003	2004	2005	合计
随迁	全迁户数	235	321	313	273	96	56	23	23	1340
随迁	随迁人数	476	581	592	354	245	82	55	167	2552
随调	干部数	19	56	48	37	13	19	6	3	201
随调	全民职工数	63	169	94	63	20	—	2	2	413
随调	合同制工数	79	53	95	66	21	37	12	3	366
随调	集体职工数	74	43	76	64	33	—	—	—	290
随调	临时工数	—	—	43	9	—	13	15		80

第三节　军转干部培训

一、组织实施

1998—2005年，9个设区市都先后建立军队转业干部培训中心。全省军转干部培训工作主要依托省及各设区市两级军转培训中心进行。2001年后，部分设区市的军转干部培训转变为依托当地党校或行政学院进行。

1998—2003年，师、团职转业干部任职培训班（分配厦门市的单独办班）由省军转办统一组织培训，营以下干部（分配到党政群机关的）培训班由省、地（市）军转部门分开组织，按《国家公务员暂行条例》要求进行集中培训，实行结业考试，考试合格的，发给证书。2004年，改革师、团职转业干部培训，由原来全省集中办班培训改由各设区市及有关部门分开分别组织实施。专业培训主要由公安、安全、法院、检察院、监狱、银行、保险、工商、税务、海关等系统分别办班培训。自主择业军转干部培训由省里统一组织。

二、培训范围与经费

（一）培训范围

1998—2003年，对军转干部培训主要分为适应性培训和专业性培训两部分。适应性培训主要是了解地方政治、社会、经济发展情况及人事制度改革等情况，让军转干部开阔眼界、开拓思路，引导他们尽快融入到地方工作岗位中。专业性培训主要是学习军转干部上岗急需的专业知识，较快实现从军队到地方工作角色的转变。自主择业军转干部培训侧重学习掌握公司法、劳动法、工商、税务、经贸、计算机等基本知识，还专门开设工商税务管理、市场营销、企事业单位劳动用工制度、自主择业优惠政策介绍等系列讲座。各地注重把军转干部上岗前培训与公务员初任培训相结合。福建省按照"先培训，后上岗""学用结合、按需施教、注重实效"和"培训、考核、使用相结合"的原则，把军转干部培训作为人才资源开发培训的重要内容，纳入干部培训教育规划，分片、分期、分层次组织培训。1999年，省军转培训中心先后举办1期营职以下军转干部培训班和2期师团职军转干部培训班，聘请专家和厅级以上领导干部授课，安排省情介绍、市场经济知识、公务员知识、公文写作等与实际工作联系较紧密的课程学习。2000年，全省军转干部培训率达96％以上。省军转培训中心负责培训全省除厦门市以外的师、团职军转干部和省直营职以下军转干部。安全、公安、海关、税务等系统负责各自系统的军转干部的专业培训。各市（地）负责培训本地区营职以下军转干部。对各期培训班坚持统一规划、统一教学要求。每个培训班都注意落实培训时间、师资力量、学习内容、培训质量。

2004年，福建省调整军转干部培训内容。把公文写作、计算机操作、公务员行为规范、公共行政管理、廉政建设等课目及系列讲座作为适应性培训班的公共课程。师、团职军转干部任职培训班则以领导科学原理与应用、科学决策与组织管理、调查研究方法等课目为主，自主择业军转干部培训班则主要开设劳动法、经济法、工商管理、税务管理、经济合同法和银行贷款、外经外贸等知识讲座。

（二）培训经费

1998年开始，对军转培训经费，国家以每人1100元的标准发给培训单位，其中，部队400元，国家财政700元，不足部分由省财政补助每人500元。2001年开始，省财政增拨自主择业军转干部培训经费每人1500元。2004—2005年，全省各级、各部门共投资763万元用于军转干部培训和培训基地基础建设。

1998—2005年，全省累计开设222期培训班，培训军转干部10819名，其中培训计划安置军转干部9916名，参训率为96.4%；培训自主择业军转干部903名，参训率为73.6%。

表4—4　　　　　**1998—2005年福建省军队转业干部培训情况表**

年份	接收计划分配干部数(人)	办班数(期)	培训人数(人)	占应训人数比例(%)	接收自主择业干部数(人)	办班数(期)	培训人数(人)	占应训人数比例(%)
1998	1299	27	1216	93.6	—	—	—	—
1999	1833	26	1772	96.7	—	—	—	—
2000	1761	26	1691	96.0	—	—	—	—
2001	1039	28	1016	97.8	114	2	102	89.5
2002	886	21	867	97.9	173	3	132	76.3
2003	913	25	885	96.9	208	3	158	75.9
2004	1350	27	1316	97.5	427	5	316	74.0
2005	1200	27	1153	96.1	305	2	195	63.9
合计	10281	207	9916	96.4	1227	15	903	73.6

第四节　自主择业

一、择业调研

2001年开始，根据中共中央、国务院、中央军委颁发的《军队转业干部安置暂行办法》，在福建担任团级职务的军队转业干部或者担任营级职务且军龄满20年的军队转业干部，可以选择计划分配。当年，全省有114名军队转业干部选择自主择业方式安置。

2002年，省军转办与省委组织部干部一处、省军区转业办组成联合调查组，到福州、厦门、漳州、泉州等驻军较多、安置任务较重的设区市调研自主择业情况，先后召开座谈会16场，有160多名军地有关人员参加。座谈会解释、宣传有关政策，提供政策咨询，以解除自主择业军转干部的后顾之忧，特别是在政策上加以倾斜和引导。当年，省军转干部安置工作领导小组、人事厅、工商局联合发出《关于自主择业军转干部从事个体经营享受若干优惠政策的通知》，省劳动和社会保障厅制定《福建省自主择业军转干部劳动保障管理服务实施意见》，对退役金的发放、劳动保障、就业指导，以及从事个体经营的自主择业军转干部在工商税收、银行贷款等方面的优惠作出明确规定。当年，完成自主择业军转干部退役金标准的核定、统计、申报、审核等工作，并健全自主择业军转干部人员数据库，为每年全省自主择业军转干部退役金的按时、足额发放打好基础。厦门市有关部门对自主择业军队转业干部退役金实行差额补贴，其标准是：正团职550元，副团职400元，营以下干部300元。厦门、莆田、三明、南平等市对自主择业军转干部的医疗保险费用按每人每月7.7%的退役金标准支付。厦门、莆田、南平等市按每人每月退役金的9%标准进行住房补贴。各设区市军转部门与安置地的所在街道衔接，使自主择业军转干部的政治学习、组织生活等基本得到落实。

2004年，军队开始实行体制编制调整改革，福建省对选择自主择业的军队转业干部条件有所放宽，军龄要求由原来满20年放宽到满18年。

表4—5　　　　　2001—2005年福建省接收自主择业干部数量表

单位：人

年份		2001	2002	2003	2004	2005
总数		114	173	208	427	305
其中	师职干部数	—	—	—	1	—
	团职干部数	32	59	60	85	52
	营职干部数	44	43	62	155	115
	技术干部数	38	71	86	186	138

表4—6　　　　　2001—2005年福建省接收自主择业干部分布表

单位：人

设区市 \ 年份	2001	2002	2003	2004	2005
福州市	48	72	116	193	114
厦门市	41	41	34	141	130
漳州市	—	6	13	22	13
泉州市	6	6	15	14	9
三明市	5	5	7	10	2
莆田市	6	11	9	25	14
南平市	4	5	7	13	12
龙岩市	1	22	4	7	3
宁德市	3	5	3	2	8

二、服务机构

2001年，军转干部自主择业工作由军转干部安置工作主管部门管理，主要职能是负责自主择业军转干部的政策指导、培训组织、协助就业、退役金申报审核及发放、档案接转与存放及协调解决有关问题，并协助办理职称评定、因私出国出境等有关手续。自主择业军转干部实行属地管理。厦门、福州、南平等设区市相继成立自主择业军队转业干部管理服务中心。机构设置厦门市为处级，福州、南平等地（市）为正科级，为全额拨款事业单位，编制人员1~4人不等。其余设区市管理服务工作暂时依托在各级军转办，相应增加人员编制，直至2005年不变。

三、政策优惠

2002年，福建省对自主择业军队转业干部退役金的发放、住房补贴、医疗保险、优惠政策、就业指导等问题作出具体规定，并制定贯彻意见。

当年，对自主择业军转干部从事个体工商户经营的给予支持。工商部门通过各级工商注册大厅的"绿色通道"，对自主择业军转干部优先登记，免收一年个体工商户管理费。除国家明令禁止的行业和商品外，一律放开经营；属国家专营或专控的部分商品以及需要前置审批条件的行业，经批准后也允许经营。对自主择业军队转业干部中的科技人员和有关专业人员，在申办个体工商户或私营企业时，其技术和知识产权经法定中介机构评估和技术管理部门认定后，允许抵充20％的注册资本，属高新技术的，允许抵充35％的注册资本。鼓励和支持个体工商户与私营企业优先接收自主择业的军转干部，对于接收安置自主择业的军转干部达10人以上的，允许跨行、跨类扩大经营范围。

2003年，为认真贯彻落实财政部、国家税务总局对从事个体经营或者创办企业的自主择业军队转业干部的支持措施，规定从事个体经营的，经主管税务机关批准，自领取税务登记证之日起，3年内免征营业税和个人所得税。对从事个体经营或者创办经济实体的自主择业军队转业干部，比照国有企业下岗职工享受有关所得税、营业税的优惠政策，在贷款上给予支持，并根据实际情况在利率上给予优惠。对在三明、南平、龙岩、宁德等山区市县安置，并从事个体经营或者创办企业的自主择业军队转业干部，取得"营业执照"后，给予1万元扶持，所需经费由省财政转移支付。对创办民办非企业单位或申请开办医疗机构的，在条件具备的前提下予以优先审批，特别是在缺医少药的偏远地区开办医疗机构的，在同等条件下准予优先。

从2005年1月1日起，提高在厦门安置的自主择业军队转业干部差额补贴标准。正师职干部每月补1950元，副师职每月补1380元，正团职每月补1200元，副团职每月补1170元，营以下每月补1140元。从2005年起，泉州市对在该市安置的自主择业军队转业干部给予补贴，师职每月650元、正团职每月500元、副团职每月400元、营以下每月300元。漳州市对在漳州安置的自主择业军队转业干部一次性补助2万元。龙岩市对在龙岩安置的自主择业军队转业干部一次性补助3万元。

第五章 工资福利 社会保险 离退休人员管理

第一节 工 资

一、增资类别

（一）职务工资

1998年，机关、事业单位工作人员正常晋升职务工资档次在考核基础上进行。考核"优秀"和"称职（合格）"的，每两年可在本职务工资标准内晋升一个工资档次。考核"不称职（不合格）"的，不得晋升工资档次。1998—2005年，全省连续8年考核成绩均为"称职（合格）"以上的正式工作人员，分别从1999年、2001年、2003年、2005年的10月1日起，两次在本职务（技术等级）所对应的工资标准内各晋升一个工资档次。工作人员职务提升时，原职务工资低于新任职务工资标准最低档的，进入新任职务工资标准最低档；原职务工资标准高于新任职务工资标准最低档的，近就高套入新任职务工资标准。

（二）级别工资

机关工作人员在1993年工资制度改革确定级别工资基础上，凡年度考核连续5年为"称职"或连续3年"优秀"的，可在本职务对应级别内晋升一级。其中在本级别对应级别最高一级的，不突破最高级别，按顺延的办法升一个级别工资的级差，其级别在原级别基础上采取升一级的办法处理。机关工作人员晋升职务后，原级别低于新任职务最低级别的，晋升到新任职务的最低级别；原级别在新任级别对应级别以内，级别不变。到2005年底这些规定仍在执行。

（三）工龄工资

机关工作人员工龄按工作年限逐步增加，工作年限每增加1年，工龄工资增加1元，直至离退休当年为止。该规定到2005年12月仍在执行。

（四）离退休费

1999年10月、2001年10月、2003年10月、2005年10月起，离退休人员均增加离退休费：离休人员按同职务在职人员晋升一个工资档次的增资额增加离休费，每月低于25元的按25元增加；退休人员每月按20元增加退休费。其中，副厅级以上退休干部以及1952年底前参加革命工作领取100％退休费（含退休补助费）的退休人员，可按同职务在职人员晋升一个工资档次的增资额增加退休费。退职人员和经批准办理退养手续的民办教师，每月按15元标准增加退职生活费或退养费。

（五）奖励工资

1998年7月起，省直机关、事业单位规定的考勤奖，从每人每月50元调整为每人每月100元，按考核结果计发。

2001年起，对各级国家机关事业单位在职人员本年度考核等次为"称职（合格）"及其以上的工作人员发放年终一次性奖金，发放标准为本人当年12月份的基本工资（含从当年10月1日起每两年正常晋升一档的职务工资），即机关干部为职务工资、级别工资、基础工资、工龄工资四项之和（政法机关包括警衔津贴），机关工勤人员和事业单位工作人员为职务（岗位）工资、活工资部分（津贴）以及中小学教师提高10％工资标准、教护龄津贴等项目之和，不包括其他行业性津贴、补贴。对下列人员可发放年终一次奖金做出如下具体规定：党政机关机构改革"离岗待退"人员中，年度考核直接确定为"称职"等次的；军队转业干部以及从企业单位在职人员中录用（或调入）的工作人员，参加年度考核并确定为"称职（合格）"及以上等次的；单位派出学习、培训的工作人员，经考核确定的等次为"称职"及以上的；因公致残、致伤的人员；下半年批准离退休的人员，凡年度考核等次为"称职（合格）"及以上的，发放标准为当年12月份的基本离退休费；上半年批准离退休人员，发放标准按当年12月的基本离退休费的50％发给。

至2005年底，这些规定无变化。

（六）津　贴

1. 津贴项目

2004年，各类津贴补贴项目总数为164个（其中，行政机关33个，参照公务员管理事业单位10个，其他事业单位121个），发放津贴补贴总的平均水平（元／年／人）分别是：在职人员25528元，离休人员24745元，退休人员19742元。其中，行政机关在职人员21241元，离休人员24505元，退休人员19385元；依照公务员管理的事业单位人员21821元；其他事业单位在职人员31875元，离休人员28108元，退休人员22863元。

2005年上半年，各类津贴补贴项目总数为175个（其中，行政机关32个，依照公务员管理的事业单位11个，其他事业单位132个），发放津贴补贴总的平均水平（元／半年／人）分别是：在职人员14851元，离休人员15834元，退休人员12413元。其中，行政机关在职人员12929元，离休人员15773元，退休人员12417元；依照公务员管理的事业单位人员11266元；其他事业单位在职人员17930元，离休人员16691元，退休人员12376元。

2. 津贴比例

2004年，厅机关及直属事业单位各类津贴补贴占总额比例分别是：生活性补贴占44.06%，工作性（岗位性）补贴占44.24%，改革性补贴占4.09%，奖励（绩效）性补贴占7.61%。其资金（万元/年）分别来自预算内资金312.84万元、预算外资金20.07万元、经营收入83.71万元、从下属单位集中收入61.00万元、其他收入24.68万元。

2005年上半年，厅机关及直属事业单位各类津贴补贴占总额比例分别是：生活性补贴占48.30%，工作性（岗位性）补贴占41.23%，改革性补贴占3.27%，奖励（绩效）性补贴占7.20%。其资金（万元/半年）分别来自预算内资金191.06万元、预算外资金11.85万元、经营收入43.52%、从下属单位集中收入45.33%、其他收入12.40%。

3. 各类津贴

（1）医疗卫生保健津贴

医疗卫生 1999年7月起，福建省对因从事卫生工作而影响身体健康的职工，均根据工作量大小、时间长短、条件好坏、防护难易以及危害身体健康程度等情况，分类给予一、二、三、四类医疗卫生津贴。

一类每人每月90元。对象是：专科医院中的病房直接接触病人的，专职从事放射线及同位素工作的，专职从事传染病检验工作的，专职从事太平间工作的；综合性医院中专职从事放射线、同位素工作的；在卫生防疫站中专职从事强致癌物质和剧毒物品检测工作的。

二类每人每月75元。对象是：专科医院中在门诊、医技科室工作的，专职从事各种污水污物处理工作的；在综合性医院中固定在传染病房、结核病房、肝炎门诊工作的，专职从事肝功能检验和B超诊断工作的卫生技术人员，专职从事太平间工作的；卫生防疫站中专职从事结核病防治、带菌病人管理、痰检工作的，专职从事其他传染病的病原体检验和血清检验以及清洗消毒等工作的。

三类每人每月60元。对象是：专科医院中在其他岗位上工作的；综合医院中在病房、门诊、医物技术等科室工作的其他卫生技术人员；卫生防疫站中在其他业务等科室从事有关疾病防治、监测检验、卫生监督监测和管理工作的。

四类每人每月45元。对象是：在综合性医院中的其他岗位上从事和接触有毒、有害工作的，在卫生防疫站其他岗位上从事和接触有毒、有害工作的。

以上专科医院指的是麻风病院，传染病院，结核病院、所，肿瘤医院，精神病院。其他专科医院（妇幼、儿童等）、防治院（站、所）、药品检验、医药科研等医疗卫生事业单位中从事接触有毒、有害、有传染性工作的人员，可参照上述综合性医院医疗保健津贴和卫生防疫保健津贴发放的范围和标准执行。此后，凡在传染病流行期间，参加防疫队、医疗队赴灾区（疫点）直接从事防病治病以及病死牲畜化制工作的人员，其津贴标准可适当提高，但每人每天最高不得超过3元，直至2005年不变。

保健 2000年7月1日起，调整法医等技术人员可享受保健津贴标准：专职从事法医、化验、警犬驯导技术工作的人员，每人每月90元；专职从事痕迹、文检、照相技术工作的人员，每人每月75元。

至2005年止，农业事业单位有毒有害保健津贴标准及发放范围仍执行1997年的标准，即津贴分甲、乙、丙三个等级，各级分别为每人每天3元、2.5元、2元。

卫生防疫 1998—2003年，福建卫生防疫保健津贴标准沿用1993年所定。其中，对各地麻风病院工作人员原津贴比例从1998年起提高15%。2004年1月起，原实行卫生防疫保健津贴的单位，即全省各级疾病预防控制中心（防疫站）、卫生监督所、职业病与化学中毒预防控制中心（职业病防治院、劳动职业病研究所），卫生防疫保健津贴由按月发放改为按工作日发放，标准分别为：一类，每人每工作日9元；二类，每人每工作日7元；三类，每人每工作日5元；四类，每人每工作日3元。在各级医疗卫生单位专职从事麻风病、传染病、结核病、血吸虫等寄生虫病防治的卫生工作人员，也参照执行卫生防疫保健津贴。直至2005年不变。

畜牧兽医 1998—2005年，畜牧兽医医疗卫生津贴标准及发放范围根据工作性质、工作量大小、时间长短、条件好坏、防护难易及危害身体健康程度，分别享受一、二、三类医疗卫生津贴。每人每天分别为3元、2.5元、2元。

（2）中小学教师和护士津贴

特级教师 1998年，中小学特级教师的津贴标准每人每月100元。民办、中小学教师评选为特级教师的，享受同样补贴，至2005年不变。

中小学班主任 1998年，福建省中等专业学校班主任津贴标准仍执行1984年规定，至2005年不变。

福建省普通中学、全日制中等专业学校、技工学校班主任津贴标准、教龄和护龄津贴沿用1991年规定，至2005年不变。

（3）特殊岗位津贴

密码人员岗位 2000年1月起，对各单位专兼职从事密码工作的人员，按月发放密码工作人员岗位津贴，专职密码人员每人每月120元，兼职每人每月60元，直至2005年不变。

2000年4月起，省委办公厅机要交通工作人员按每人每月120元标准发放密码工作人员岗位津贴，至2005年不变。

警衔 1998—2003年6月，福建省各级公安、安全、监狱劳教管理部门和各级人民法院、人民检察院被评定授予警衔的人民警察，仍执行1995年警衔津贴标准。2003年7月1日起，适当调整警衔津贴标准，调整后的各衔级的警衔津贴标准分别为：总警监228元、副总警监216元、一级警监204元、二级警监194元、三级警监184元、一级警督174元、二级警督165元、三级警督156元、一级警司147元、二级警司138元、三级警司129元、一级警员121元、二级警员113元，至2005年不变。

警察值勤 1998年，地（市）县级公安机关的治安、侦察、交通、看守（含省看守所）和派出所、监审所、治安拘留所、拘役所的干警，以及省、地、市级公安机关的情报、技术安全的干警，在值勤、办案时，分别发给的津贴沿用1989年标准，至2005年不变。

纪检、监察岗位 1998—2005年，实行办案补贴的范围为省纪委、监察厅机关和省直纪工委、省直单位纪检、监察在编专职人员，地（市）、县（区）和直属单位及乡（镇、街道）纪检、监察在编专职人员，发放标准沿用1997年规定。

办案员、审计员 1998—2005年，各级人民法院办案人员、各级审计机关工作人员工作补贴标准沿用1997年规定。

司法助理员 司法助理员发放岗位津贴范围只限于乡、镇（街道）以及县辖区的司法助理员，发放标准沿用1992年规定，至2005年不变。

税务征收 1998—2005年，福建国家税务部门工作人员实行税务征收津贴，标准沿用1997年规定。

海关人员 2003年7月起，福建省各级海关在职的正式工作人员执行海关工作人员津贴，每人每月标准分别为：司长183元、副司长171元、处长159元、副处长148元、科长137元、副科长127元、科员117元、办事员108元、高级技师148元、技师134元、高级工121元、中级工110元、初级工99元、普通工90元。

海关缉私船员 1998年，对从事海上缉私工作人员每人每天津贴沿用1988年规定，其范围仅限于在职的正式工作人员。至2005年不变。

政法干警 1998—2005年，继续实行津贴的范围是全省各级公安、安全、检察、法院、司法、政法委六部门行政编制内的现有干警及其他工作人员，津贴标准沿用1997年规定。

老干部工作人员 2004年10月起，福建省从事离退休老干部管理服务工作专门机构的人员，以及未设立专门机构但在单位人事部门或办公室从事离退休老干部管理和服务工作的人员，享受老干部工作人员岗位津贴，每人每月60元，按月发放。直至2005年不变。

殡葬岗位 1998—2005年，大中城市的殡葬事业单位工作人员每人每月津贴标准沿用1988年标准。

档案保护岗位 从1998年1月起，福建省档案系统各级档案馆长期接触有毒有害物质的档案资料保护人员中，在档案馆的档案资料库房管理、档案资料消毒、清点调卷、暗室工作等直接大量接触有毒有害物质岗位上工作的人员每人每月60元，在档案馆档案资料收集、整理、编目、鉴定、缩微、复制、修裱、编研、提供利用设备维修、计算机应用等工作岗位上工作的人员每人每月40元，结合考勤情况，按月发放。省科技档案馆、省建筑档案馆的人员也列入执行范围，至2005年不变。

公路通行费征管和公安交警 从2000年起，福建省编制内在站台上直接从事通行费征收和稽查人员，以及直接在道路上从事维护道路交通秩序和安全的民警，每人每天3元，按实际出勤上岗天数计发，但每人每月最高不得超过70元，按月发放。至2005年不变。

收容遣送人员 1998年1月1日起，福建省收容遣送总站编制内在岗工作人员按每人每月70元标准发放，地、市收容遣送站编制内在岗工作人员按每人每月100元标准发放。直至2005年不变。

国营林场、自然保护区 分别执行1993年、1992年标准，至2005年不变。

下水道和环卫工人 城市下水道工人的岗位津贴标准沿用1997年规定，城市环境卫生工人岗位津贴每人每天3元、4元、5元，均按实际出勤天数计发。直至2005年不变。

环保监测津贴、广电天线工 1998年6月12日，执行人事部、财政部、国家环保局《关于调整环境保护监测津贴标准的通知》，规定，各级环境保护监测站、各级环境保护科研所、环保设计院（所）和其他环境科学研究单位，以及省水环境监测中心（含各地、市分中心）的工作人员，一至三等每人每天的标准分别为3.5元、3元、2.5元。其他环境保护机构人员临时参加上述工作，或紧急从事污染事故调查的工作人员，参照规定分别享受相应等级津贴。

地质勘察员 1998—2005年，野外地质勘探队中高度流动分散普查小组人员和野外地质勘探队分队以下其他普查、勘探职工，在野外工作期间的津贴标准均仍执行1989年规定。

二、调　资

1999年9月、2001年1月、2001年10月、2003年7月，国家对机关、事业单位进行

4 次调整工资。

1999 年 9 月 2 日，为贯彻《国务院办公厅转发人事部、财政部〈关于调整机关事业单位工作人员工资标准和增加离退休人员离退休费三个实施方案〉的通知》，省委、省政府转发国务院办公厅文件，并通过网上直接传到地、市、县、区，由各级政府自行组织传达贯彻。

这次调资审批兑现 1172143 人，其中，在职 939158 人（含机关单位 204033 人，全额拨款事业单位 520160 人，差额拨款事业单位 115463 人，自收自支事业单位 99502 人）、离退休（职）232985 人（含机关单位 72618 人，全额拨款事业单位 102089 人，差额拨款事业单位 33890 人，自收自支事业单位 24388 人）。全省兑现增资总额 14670.6 万元，3 个月 44011.8 万元，月人均增资 125.16 元。在职月增资总额 11809.4 万元，月人均增资 125.7 元。其中，机关单位月人均增资 124.2 元，全额拨款事业单位 123.2 元，差额拨款事业单位 135.7 元，自收自支事业单位 130.5 元。离退休月增资总额 2861.2 万元，月人均增资 122.8 元。

2001 年 1 月起，机关行政人员基础工资标准由每人每月 180 元提高到 230 元，级别工资标准由 15 级至 1 级每人每月 85～720 元提高到每人每月 115～1160 元。调资文件规定，在调整机关行政人员工资标准时，适当调整机关工人的岗位工资和技术等级（职务）工资标准。机关工人的奖金部分按照其在工资构成中的比例相应提高。同时，适当提高机关新录用人员试用期的工资待遇。提高后的试用期工资待遇标准为：初中毕业生每月 360 元；高中、中专毕业生每月 375 元；大学专科毕业生每月 395 元；大学本科毕业生每月 415 元；获得双学士学位的大学本科毕业生（含学制为 6 年以上的大学本科毕业生）、研究生班毕业和未获得硕士学位的研究生每月 435 元；获得硕士学位的研究生每月 465 元；获得博士学位的博士生每月 515 元。

2001 年 10 月 1 日起，公务员（含参照公务员制度管理的人员，下同）各职务层次职务工资起点标准由最低 50 元到最高 480 元提高到 100～850 元。调资文件规定，在调整公务员职务工资标准的同时，适当调整机关工人的岗位（职务）工资标准。机关工人的奖金部分按照其在工资构成中的比例相应提高。同时，适当提高机关新录用人员试用期的工资待遇。提高后的试用期工资待遇标准为：初中毕业生每月 400 元；高中、中专毕业生每月 418 元；大学专科毕业生每月 443 元；大学本科毕业生每月 465 元；获得双学士学位的大学本科毕业生（含学制为 6 年以上的大学本科毕业生）、研究生班毕业和未获得硕士学位的研究生每月 493 元；获得硕士学位的研究生每月 530 元；获得博士学位的研究生每月 590 元。

2003 年 7 月，国家对机关、事业单位进行工资调整。全省机关事业单位应调资人数 115.95 万人，其中，机关 18.5 万人，事业单位 71.6 万人，离休 1.32 万人，退休 24.53

万人。全省人均月增资46.5元,其中,机关50.3元,事业单位45.5元,离退休54.2元。这次调资,省直1700个单位,应调资人数14.38万人,其中,机关4万人,事业单位6.7万人,离退休3.68万人;人均月增资57.19元,其中,机关50.75元,事业单位54.67元,离退休68.79元。省直事业单位人均工资比机关单位高3.92元,高出7.72%。市、县、区应调资人数101.57万人,其中,机关14.5万人,事业单位64.9万人,离退休22.17万人;人均增资44.99元,其中,机关50.18元,事业单位44.55元,离退休51.78元。这次调资,全省7—12月增支32336.1万元,其中,省级增支4934.35万元,省以下增支27401.75万元。省级财政对41个困难县给予一次性7—12月补助1.36亿元。

三、事业单位收入分配调整

2003年,省人事厅与财政厅联合下发《关于深化我省事业单位内部收入分配制度改革的指导意见》,正式启动全省事业单位内部收入分配制度改革。改革的主要内容包括以下方面。

事业单位工资总量由政府调控,实行动态管理制度。事业单位根据自身工作性质和经费来源,经同级政府人事、财政部门审核批准,分别实行岗位工资制、项目工资制、协议工资制、结构工资制、年薪制等多种工资分配制度。

这些分配方式,各单位根据实际情况,有选择地采用。

在事业单位收入分配制度改革中,鼓励事业单位在实践中积极探索生产要素参与分配,逐步完善按劳分配为主体、多种分配方式并存的分配制度。

高等院校、科研机构及其科技人员采取多种方式转化高新技术成果,创办高新技术企业。以高新技术成果向企业出资入股的,所占注册资本的比例可达35%。以高新技术成果出资入股,填补省内技术空白,经省级科技主管部门认定后,出资比例可适当放宽到40%;参股民营企业的,可占到注册资本的50%。

高等院校、科研机构所持有的非专利科技成果在完成后一年未实施转化的,在不变更职务科技成果权属的前提下,科技成果完成人可以与单位签订协议进行该成果的转化,双方均享有协议约定的权益。

对多人组成的课题组完成的职务成果,仅部分成果完成人实施转化的,单位在同其签订成果转化协议时,通过奖励或适当的利益补偿方式保障其他完成人的利益。

事业单位独立研究开发或者合作研究开发的科技成果转化取得经济效益的,可以连续3～5年提取不低于10%的净收入,用于对作出重要贡献人员的奖励与报酬。

事业单位转让其职务科技成果的,单位可以提取不低于25%的净收入,用于对作出重要贡献人员的奖励与报酬。

上述从事研究开发和成果转化的主要完成人,所得奖励份额和报酬应当不低于总额的

50%。

实行人员竞争上岗的事业单位，科技人员离岗创办高新技术企业或到企业转化科技成果，允许离岗人员在单位规定的期限内，回原单位竞争上岗，保障重新上岗者享有与连续工作人员同等的福利和待遇。

对仍不具备改制条件的企业化管理事业单位可试行职工内部"参股"、年终分红的做法。

事业单位工作人员在完成本职工作、不损害本单位利益的前提下，可以利用业余时间到外单位兼职、领办科技企业或从事科技服务，取得报酬。利用单位资料、设备的应交纳一定的使用费，具体标准由单位和兼职人员商定。个人在与单位协商获准后，以单位的技术进行技术服务、技术承包、技术入股等形式取得的收入，根据与单位的有关协议确定各自的分配比例。

不同行业、单位的生产要素参与分配的途径各不相同，其实现方法和途径也不断创新。各单位从实际情况出发，探索符合各单位特点、行之有效的分配形式。

2004年，按照"脱钩、分类、放权、搞活"的思路，扩大事业单位内部收入分配自主权，逐步建立国家宏观指导、单位自主分配、体现各类事业单位特点的工资分配制度。在事业单位推广岗位工资制、项目（课题）工资制、协议工资制、结构工资制、年薪制、系数分配法、量化计分法和定档增减法等分配方式与途径，开展工资分配制度改革试点。福州大学等省属高校和省卫生学校等部分大中专学校推行按岗定酬，重贡献、重业绩，搞活内部分配。上半年，三明市有74个事业单位（其中市直37个）开展搞活内部分配制度改革，涉及人员6000多人。按照福利透明化、货币化、工资化的方向，鼓励和指导部分经济较发达的市、县（区）建立统一的岗位津贴制度。同时，探索生产要素参与分配，以按劳分配为主、多种分配方式并存。不定期开展工资政策兑现专项检查，建立工资发放行政首长负责制和工资发放动态监督制度。对欠发工资的县（市、区），定期予以通报，确保机关事业单位工作人员工资按时足额发放。

是年，全省有600家事业单位先后开展内部收入分配试点，主要集中在高等院校、中小学、医院、科研院所，以及林业、公路系统的事业单位。同时，实施省直在榕机关事业单位津贴补贴"同城待遇"。

2005年，先后开展不同形式的分配制度改革的试点单位有520个，其中，福州市13个、厦门市308个（教育系统256个、卫生系统37个，企业化管理事业单位15个）、漳州市5个、泉州市10个、莆田市5个、三明市80个（其中市直单位43个）、南平市69个、龙岩市30个。分配改革，主要工资制有：以岗位工资制为主体的结构工资制、以岗定薪、工资总额包干制、绩效工资制、津贴重组分配制、主要负责人的年薪制和招聘人员的协议工资制。

四、工资统计

1998年起，全省职工工资统计工作每年都定期举行。工资统计对象包括全省各级国家机关、事业单位干部职工。

每年底，根据国家人事部安排，由省人事厅发出《关于填报工资统计报表的通知》，9个设区市人事局及省直各单位人事部门对照《统计报表编制说明》的要求，结合本地区、本部门的实际情况，研究制定工资统计工作实施方案，对截至当年12月31日的全省机关及事业单位职工（包括干部和工人）总数、工资、工龄、任职年限、人员增减、离退休人员待遇等情况进行填报。省人事厅进行汇总与整理，形成统计分析报告，提供给国家有关部门。从历年汇总的统计数据中，可了解全省工资情况、各地区工资差异、沿海与内地工资差距等情况。

1998年，福建省机关、事业单位职工工资总额70.83亿元，比上年增长25.74%。其中，机关比上年增长20.26%，事业单位比上年增长26.77%。机关事业单位职工年平均工资8096元，比上年增长23.7%。其中，机关单位比上年增长24.3%，事业单位比上年增长23.6%。全省机关工资最低与最高之比是1∶2.44，事业单位最低与最高之比是1∶2.09。除厦门市经济特区外，机关与事业单位最高与最低之比为1∶1.32。

表5—1　　　　　　　　1998年省直和各市（地）年人均工资情况表

单位：元

项目\单位	省直和市（地）平均工资	机关平均工资	事业单位平均工资
省直单位	9070	9470	8908
福州市	9070	9405	8978
厦门市	15008	17051	14384
泉州市	8688	9302	8554
三明市	7885	8549	7777
莆田市	6885	6978	6867
南平市	7909	8246	7822
龙岩市	6966	7397	6866
宁德地区	7324	7632	7246

1999年，全省机关事业系统共34862个单位，年末职工总人数为927175人（其中，正式职工899261人），年工资总额91086.3万元，年人均工资为10038元，比1998年

的8096元增长24%。其中，机关正式职工184650人，年人均工资10904元，比1998年增长26%；事业单位正式职工714611人，年人均工资9816元，比1998年增长24%。省直单位年人均工资10093元，其中，机关单位10963元，事业单位9667元。全省工资增幅较大的主要项目有：1999年7月调整工资标准，年人均增资约780元。福建省部分市（地）提高地方性津贴，福州市从1998年7月起，地区补贴90～180元，按职务拉开档次；莆田市从1998年10月起，生活补贴110～140元等，均在1999年度兑现；1998年10月，部分工作人员正常晋升工资档次，机关连续5年考核"称职"以上工作人员晋升级别工资。是年，各市（地）之间工资水平的差别与市（地）之间的经济发展水平基本同步。除厦门经济特区外，年人均工资最高的福州市与最低的龙岩市之比为1：0.72。其中，机关单位为1：0.74，事业单位为1：0.72。两市国内生产总值分别为944.97亿元和208.62亿元，相互之比为1：0.22；地方财政收入分别为46.75亿元和9.76亿元，相互之比为1：0.423。两市年人均财政收入分别为805元和344元，相互之比为1：0.43。由于受经济发展水平的制约，龙岩市工作人员年人均工资比福州地区低3079元。

表5-2　　　　　　　　　**1999年全省各市（地）年人均工资情况表**

单位：元

地区类别		厦门市	福州市	泉州市	莆田市	三明市	漳州市	宁德市	南平市	龙岩市
年人均工资		17916	11163	10123	9902	9403	9231	8872	8229	8084
其中	位次	1	2	3	4	5	6	7	8	9
	机关	19545	11512	11138	10552	10263	10129	9284	8658	8506
	事业单位	17438	11071	9924	9794	9189	9038	8775	8127	7968

全省事业单位中，年人均工资水平最高的是交通运输业，为12099元；其次是金融业，为10959元；最低的是农、林、牧、渔业，为8745元。最高与最低之比为1：0.72，与1998年的1：0.63相比，差距略有缩小。省、县、乡各级工资水平结构基本合理，但市（地）级的工资水平偏高。全省各级机关年人均工资分别为：省级10963元；市（地）级13702元；县（市）级10478元；乡（镇）级9058元。省、市、县、乡之比为1：1.25：0.96：0.83。各级事业单位年人均工资分别为：省级9667元；市（地）级11769元；县（市）级9498元；乡（镇）级9098元。省、市（地）、县、乡之比为1：1.22：0.98：0.94。以乡级机关为基点，县比乡高1420元，省比县高845元；以乡级事业单位为基点，县比乡高400元，省比县高169元。省、县、乡工资水平的差别情况，基本符合

全省省、县、乡工作人员不同职务级别构成。省、市（地）级工资水平，扣除工资总体水平较高的厦门经济特区外，市（地）级机关仍分别高出省级834元、县级1676元、乡级2878元；市（地）级事业单位分别高出省级2102元、县级2271元、乡级2671元，居于各级之首。全省职工年工资总额为910863万元。其中，基本工资为451477万元，占工资总额的49.6%（机关为47.2%，事业单位为50.2%）；津贴、补贴为430520万元，占47.3%。在省、市、县、乡中，基本工资占工资总额的比重分别为：省级机关45.5%，市级39.6%，县级50.1%，乡级53.2%；省级事业单位51.3%，市级42.8%，县级52.3%，乡级52.6%。

2005年，工资统计严格按照《中共中央办公厅、国务院办公厅转发〈中央纪委、中央组织部、监察部、财政部、人事部、审计署关于做好清理规范津贴补贴工作的意见〉的通知》精神，对本单位发放的各类津贴补贴进行全面清理，严格核实，尔后，根据工资统计指标解释要求，写出书面清理报告，向省纪委等有关部门汇报。经过清理，所发放的补贴和津贴没有违纪行为，属正常按规定发放范围和全额发放。

表5—3　　　　　　　　　　　　1998—2005年工资统计表

年份 \ 项目	机关事业单位职工总人数（人）	职工年工资总额（亿元）	基本工资（千元）	年平均工资（元）	机关正式职工（人）	机关基本工资（元）	机关年平均工资（元）
1998	895472	182378	70.83	3492194	70267.1	8096	8699
1999	927175	184650	91.09	4514767	953757.1	10038	10904
2000	927544	184650	102.95	5193564	1060113	11146	11988
2001	930129	183036	125.74	6743139	1350468	13543	14376
2002	916087	184669	138.11	7612600	1696080	15200	17469
2003	904162	183623	145.86	8081931	1767030	16137	18102
2004	897927	186536	153.91	8248193	1762896	17090	18455
2005	891365	188502	226.09	8313552	1810496	25267	30240

五、工资基金管理

1998年，继续执行工资基金管理。管理范围为省直机关（含各总公司）、党派、人民团体以及全民所有制事业单位。管理内容包括各单位支付给职工个人的属于工资总额组成的计时工资、计件工资、加班加点工资、附加工资、资金、津贴等。

省直机关（含各总公司）、党派、人民团体和局级事业单位工资基金核定、审批工作由省人事厅负责。厅（局）属事业单位由主管部门负责。各地、市、县所属机关、事业单位由各地、市、县人事局统一管理。

银行根据核批的工资基金使用计划监督支付。未经核批的工资基金，银行一律拒付。各单位编内人员工资基金总额，每年核定一次。

福建省对机关、事业单位工资基金管理，其计划由人事部门编制、下达执行和检查监督。无独立建制的单位，分别单独建立《工资基金管理手册》。新建单位和撤、并、转单位需建立新的《工资基金管理手册》时，需报省人事厅、编委审批立册。各类津贴、补贴、奖金统一纳入手册管理；补充非领导职务的工作人员以及超、满编单位进人，需报省人事厅审批后，方可追加工资基金。这一管理办法直至2005年不变。

第二节　福　利

一、福利费

1998年，福利费按工资总额提取。2001年1月1日起，省直机关事业单位工作人员福利费标准由原来每人每月2元提高到每人每月15元。年终结余不上缴，结转下一年度继续使用，但不能挪作他用。

福利费使用：工作人员本人及供养的直系亲属以及完全依靠工作人员生活的其他亲属的生活困难，患病医药费和死亡丧葬费用的困难补助；工作人员的特殊困难补助；本单位托儿所、幼儿园、理发室、浴室等集体福利事业的零星开支；慰问患病工作人员少量慰问品的开支；除用于个人困难补助外，可提取30%～40%用于职工集体福利。

二、福利待遇

（一）法定节假日

1999年9月18日国务院对"五一"、国庆假期调整后，全年节假日有：元旦放假1天，"五一"、国庆、春节各3天，全年法定节假日共10天，其中部分工作人员享受的节假有："三八"妇女节、"五四"青年节、"八一"建军节、教师节、六一儿童节等。法定节假日若逢公休日可按日顺推补假。工作人员在节假期间工资照发。

（二）休　假

1998—2005年继续执行1991年7月17日国务院颁发的《关于职工休假问题的通知》。

休假制度：工作年限不满10年的正式工作人员每年休假6天；满10～20年的休假10天；满21年者休假15天。未安排休假的人员不得用加发工资或奖金形式作补偿，休假不能转年度使用。1年病假和疗养时间累计超过45天的人员，病、事假累计达到或超过本人休假时间的人员，当年不享受休假待遇。

（三）婚、丧假

婚、丧假是职工结婚或直系亲属死亡事宜处理的特殊假期。

2002年7月30日发布的《福建省人口与计划生育条例》规定：

职工双方结婚属晚婚（男满25周岁、女满23周岁及以上）的，可享受15天的婚假；未达晚婚年龄结婚的，经批准的可给婚假1～3天。

职工直系亲属（父母、配偶、子女）死亡时，经批准，可视情况给予1～3天丧假。

职工结婚时双方不在一地工作的，或职工需到外地办理直系亲属丧事的，可据远近另给路程假。

（四）事　假

1998—2004年继续执行国家关于机关工作人员的请事假规定，即国家机关工作人员因本人或家庭有紧急事务需要处理，可以请事假。2005年，规定工作人员一年内可以请事假的具体期限比照企业职工一年8天事假的规定执行。

（五）病　假

至2005年底，机关、事业单位工作人员病假待遇仍按1981年国务院颁发的《关于国家机关工作人员病假期间生活待遇的规定》执行，主要内容有：

——工作人员病假在2个月以内的，发给原工资；超过2个月的，从第3个月起发给病假工资；工作年限不满10年的，发本人标准工资90％，满10年的工资照发。超过6个月的，从第7个月起按下列标准发给病假工资：工作年限不满10年的，发本人标准工资的70％；满10年及其以上的，发本人标准工资的80％。

——大中专毕业生在见习期间休产假、病假、事假的，其见习期应相应延长；省、市、自治区人民政府和国务院各部委授予"劳动模范""劳动英雄"称号仍保持荣誉的，可适当提高10％～15％的病假工资，但不得超过本人原标准工资。

——符合离休条件的在职干部和中华人民共和国成立前参加革命工作享受100％退休待遇的在职老工人，病假期间，原工资照发。

——工作人员身体衰弱，经组织批准半日工作半日休养，工资可以照发。

——精神病患者、癌症病人在病假期间，也应按规定计发病假工资。

——精神病患者，有3年以上病史，不能坚持正常工作，并妨碍他人工作的，经劳动鉴定委员会鉴定，行政领导批准，可以在家养病，由亲属照料。养病期间，发本人原标准工资60%的生活费；生活有特殊困难的，可适当提高。

——职工留用察看期间患病请病假的，其生活费可不减发，但生活费高于本人病假待遇的，应按病假待遇发给。其他福利待遇一般按原规定享受。

——工作人员病愈复工不久又继续休息的，经医院证明属劳累旧病复发者，其病假时间可重新计算。如是病没好，却开假证明提前复工，然后又请病假的，应前后连续计算病假时间。

（六）产　假

2002年7月30日，按《福建省人口与计划生育条例》规定，已婚妇女24岁以上或职工双方晚婚（男满25周岁，女满23周岁及以上）生育，并领取"独生子女证"的，可享受135～180天的产假，夫妻为双职工的，男方可享受7～10天的照顾假。

按正常婚龄生育（含7个月以上早产）的妇女，其产假为90天，其中产前假15天。难产的增加15天。多胞胎的，每生育一个婴儿，增加产假15天。这些政策一直沿用到2005年没有改变。

（七）死亡抚恤

1991年9月24日，省人事厅、财政厅、民政厅联合修订国家机关、事业单位工作人员死亡遗属生活困难补助标准：丧葬费一次性发给1000元；困难补助费一次性发给，因公死亡1000元，因病死亡600元。抚恤费：因公死亡的，按其死亡时的20个月工资一次性计发；属病故的，按其病故时的10个月工资一次性计发。

1998年起，机关、事业单位在职和离退休人员死亡的丧葬费、遗属定期定额生活困难补助费和一次性困难补助，统一以福建省最低工资标准的相应数额计发。丧葬费按最低工资标准计发7个月；一次性困难补助按最低工资标准计发6个月。抚恤金仍按在职人员基本工资标准计发。离退休人员以死亡当月的基本离退费为基数计发。在职因公死亡的，为本人生前40个月工资；因病死亡的，为本人生前10个月工资。1999年1月—2005年，工作人员死亡的丧葬费、一次性困难补助费均以省政府颁布的在一定时期适用的区域职工最低工资标准的相应数计发。丧葬费按七个月计发，一次性困难补助费按六个月计发。

（八）遗属补助

1998年，继续执行国家规定，机关、事业单位工作人员死亡遗属生活定期定额标准：非农业人口每人每月65元，农业人口每人每月55元。

1999年1月起按区域职工最低工资标准的相应数计发。因公死亡的，非农业人口每人每月按60%发给，农业人口每人每月按55%发给。非因公死亡的，非农业人口每人每月按50％发给，农业人口每人每月按45％发给。工作人员死亡后，已满16周岁及以上的子女考入各类全日制学校的定补待遇一般享受到18周岁止。但对家庭生活有突出困难的，死者单位可酌情发放到全日制大中专院校毕业止；符合定补条件，且无直系亲属供养的孤身遗属，月定补可在规定的标准上提高10％。

第三节　社会保险

1998年11月30日，省政府办公厅下发《关于加强对农村、机关养老保险基金管理的紧急通知》，要求加强社保机构固定资产的管理，不得随意转让和自行处置社保机构的固定资产，各级社保机构结合年度各项工作，对基金、管理费、固定资产、人员调入情况进行一次清查。对清查中发现从基金中抽调资金挪作他用或违规处置社保机构固定资产的，追回全部资金，并吸取教训，防止今后发生类似情况。为防止行政主管部门（包括其他行政部门）以任何名义要求社会保险经办机构动用养老保险基金（含调剂金）或管理费现象发生，省人事厅进行监督检查，对经查实确实从基金中抽调挪作他用的资金，须如数追回归还社会保险经办机构。对在通知下发后发生的挪用基金或管理费，除如数追回外，还要严肃追究主管领导和当事人的责任。根据《通知》精神，省人事厅要求各级机关社保机构要认真履行职责，继续保持现行的机关社保机构运营机制，任何单位和部门都不得擅自改变或变相改变省政府赋予机关社保机构的工作职能。通知要求严格控制机构膨胀，各级各类社保机构自通知下发之日起一律不得再调入新的工作人员。

当年，全省9个地市、83个县（市、区）均成立机关社会保险机构，开展养老保险业务。其中有34个县（市、区）养老保险实现机关事业单位工作人员全员投保。全省参加机关事业单位养老保险统筹的单位1.8万个，参保在职人员49万人，养老保险滚动存结余由1994年底的2400万元上升到是年的5亿多元。全省参加失业和工伤保险人数分别为51263人和16738人。1—9月，全省收缴失业保险基金267万元，支付失业救济金39万元，结余228万元；收缴工伤保险费115万元。两项基金历年滚存结余分别为37万元和107万元。

1999年4月29日，省政府办公厅下发《关于社会保险业务工作归口统一管理的通知》，从2000年起，社会保险工作职能由省人事厅正式划转省社会和劳动保障厅管理。

第四节 退（离）休人员管理工作

一、退（离）休制度

1998—2005 年，继续执行《国家公务员暂行条例》。

2000 年 3 月起，按照省委、省政府确定的机构改革目标，用 3 年时间对省级政府机关工作人员进行分流安排，在分流安置期间，执行离退休制度，已到离退休年龄的，及时办理退休手续。凡符合《国家公务员暂行条例》第七十九条规定的，可以提前退休。对 2003 年 3 月底前到法定退休年龄的，可离岗待退。因病不能坚持正常工作连续 1 年以上或两年累计上班不足 1 年的，且工作年限满 10 年的人员，予以办理病退。到 2005 年 5 月，省级党政机关机构改革基本结束，机关工作人员不再参照上述政策办理提前退休。

2002 年，按照省委、省政府确定的事业单位机构改革的目标，对实行财政核拨和财政核补（不含定项补助）的事业单位人员进行分流安置。在此期间，要求严格执行退休制度。对离法定退休年龄 5 年内（即专业技术人员、行政管理人员，男年满 55 周岁，女年满 50 周岁；工勤人员，男年满 55 周岁，女年满 45 周岁），工作年限满 20 年；或工作年限 30 年的，本人自愿，组织批准，允许提前退休。2000 年以来，因病不能坚持正常工作连续 1 年以上或两年累计上班不足 1 年，男年满 50 周岁，女年满 45 周岁，且工作年限满 10 年的人员，经省级劳动鉴定委员会鉴定为完全丧失劳动能力的，予以办理病退。经鉴定完全丧失劳动能力，又不具备办理病退条件的人员，办理退职。

高级专家延迟退休，按照国务院 1983 年颁发的《关于高级专家离休退休若干问题暂行规定》办理。2001 年后，高级专家亦实行到龄即退制度。

二、退（离）休人员待遇

（一）特殊待遇

1998—2005 年，继续执行 1978 年《国务院关于安置老弱病残干部的暂行办法》。全国劳模、英雄、先进工作者，政府认为在革命和建设各条战线上有特殊贡献的；部队军以上单位授予的"战斗英雄"和认为对作战、军队建设有特殊贡献的转业、复员军人，在退休时仍保持荣誉的，退休费标准可酌情提高 5%～15%，但提高标准后的退休费，不得超过本人原标准工资。

1998—2005 年，教龄满 30 年，在福建省内中等专业学校、教师进修学校、技工学校、普通中学、职业中学、农业中学、中等和初等成人教育学校、小学、幼儿园、盲聋哑学校、弱智学校、少体校、工读学校、少年宫、儿童福利院的公办教师退休时,退休金补助费继续执行1989年10月26日福建省教育委员会、福建省人事局联合下发的《关于对教龄满30年的教师增发退休金补助费问题的通知》的规定。省属全日制普通高等院校(含职业大学)、成人高等院校中具有中级以上专业技术职务以及专职从事教学工作男满30年、女满25年,符合规定退休条件,在教学岗位上退休的教师,退休时的退休金补助费继续执行1993年5月福建省人事局、财政厅、教育委员会联合下发的《关于高等院校教师增发退休补助费用的通知》的规定。

对在乡镇农、林、水事业单位工作累计满30年并获得荣誉证书的专业技术人员,并在农、林、水岗位上退休的,以及从事农业技术推广工作达到一定年限的专业技术人员,退休金补助费继续执行省人大常委会于1997年3月通过并颁布的《福建省实施〈中华人民共和国农业技术推广法〉办法》,至2005年不变。

对长期从事计划生育工作的专职人员增发退休补助费待遇仍执行之前规定。

对具有高级专业技术职务,并在专业技术领域作出巨大贡献的高级专家提高退休费标准,继续执行1993年的政策。

(二)一般待遇

建房补助费 1998年,继续执行1996年11月福建省对在房改期间参加购房的退休干部享受建房补助费问题作出的规定,执行至是年12月31日止。

高龄补助费 1998—2005年,继续执行1996年7月省人事厅颁发的对机关、事业单位70周岁以上的退休干部增发高龄补贴的规定。

"5·12"退休干部待遇 根据1999年省委组织部规定,其生活待遇比照同级别的离休干部的公务费、建房补助费、住房修缮费、健康休养费、交通费、高龄补助费、护理费、医疗费、安家补助费的有关规定执行,至2005年不变。

三、调整活动经费

1998—2001年,继续执行省财政厅、省人事厅1995年规定的退休干部活动经费标准。

2002年12月27日,省人事厅、省财政厅发出《关于省直机关事业单位退休干部公用经费管理使用有关问题的通知》,对退休干部活动经费的标准、用途和管理进行调整。

2003年1月起至2005年,退休干部活动经费按每人每年556元标准执行。其中属于财政核拨经费的单位纳入本级财政预算,在各单位"行政事业单位离退休经费"科目中列支,主要用于订阅报纸杂志、节日座谈、慰问探视、参观学习、老年教育、开展文体活动和退休干部福利费、厅级退休干部电话补贴,以及活动场所器材的添置和管理服务工作的必要开支等。该项目公用经费由各单位统筹掌握使用，专款专用，不得挤占挪用或发给个人使用。

四、扶持场所建设

1994年，全省投入场所建设扶持资金200多万元，各地因陋就简开辟各类活动场所4193个，面积近30万平方米。

1998年，省人事厅协调省财政厅、省发改委（原省计委）拨款扶持财政困难的县（市、区）离退休干部活动场所建设。扶持古田县、上杭县、光泽县各13万元，三明市三元区、安溪县各10万元，尤溪县、屏南县各8万元，用于活动场所建设。

2001年10月29日，省人事厅、省发改委扶持宁化县、柘荣县、华安县、政和县、长泰县、明溪县、古田县、泉港区、永安市、连城县、光泽县以及省直退休干部活动中心各10万元，用于场所建设、改造。

2002年10月30日，省人事厅、省发改委扶持建宁县、大田县、屏南县、龙文区、松溪县、长汀县、长泰县等困难县（区）各10万元，用于场所建设。

五、开展社会化管理与活动

(一) 管 理

1990年2月，福建省针对退休干部呈现数量大、增长快、多层次、老龄化的特点，根据人事部关于"干部退休制度应立足改革，总体目标是实行社会保险和社会化管理"的改革构想，从完善人事制度改革，更好地服务退休干部的目的出发，分别选择在仙游县、建瓯市进行退休干部社会化管理工作试点。

1991年1月，省政府办公厅下发《转发省人事局〈关于推行退休干部社会化管理工作意见〉的通知》，提出要建立一种新的管理体系——退休干部社会化管理，其核心是国家、社会、单位、家庭相配合，并形成服务网络，依靠退休干部实现自我组织、自我管理、自我服务、自我教育，改变国家统包、部门单一管理的现状，克服资金短缺、人手不足、社会调节困难，而实际存在管不了、管不好的问题，并要求在1991年底前，全省3/5的县（市）区实行退休干部社会化管理。此后，各地退休干部协会应运而生。

到1994年，全省9个设区市80个县区退休干部社会化管理全部达标。各地建立自管组织1562个，专兼职管理人员5272人，省、县、乡、村管理网络基本形成。

2004年3月和5月，省人事厅对各市、县（区）机关事业单位的退休人数、机构设置、工作状况、活动场所、器材及设备情况进行全面调查，摸清了退管机构编制和人员的情况。2005年，又对福州、厦门、漳州、莆田、南平、龙岩等15个市、县及十个省直单位退管工作进行调研，加强了解与沟通，并收集基层退管机构及退休干部的意见和建议，以便做好退休干部管理服务工作。

表5—4　　　　　　　2003—2005年办理发放退休证情况表

单位：本

年份	发放退休证数	其中办理厅级干部退休证数
2003	1747	48
2004	2327	60
2005	5056	47
合计	9130	155

（二）活　动

1998—2005年，会同有关部门持续举办第7～14届"巾帼杯门球赛"，连续举办第15～23届"新春杯棋牌赛"，连续举办7届"人事杯"门球邀请赛。

1999年4月12日，省人事厅下发《关于评选表彰干部退休工作先进集体、先进工作者和先进退休干部的通知》。通过自下而上、民主推荐、严格评选，6月9日，省人事厅授予福州市人事局保险退休处等30个单位"福建省干部退休工作先进集体"称号，授予47人"福建省干部退休工作先进工作者"称号，授予46人"福建省先进退休干部"称号。

2000年、2001年、2004年分别在省人事干部学校举办六期机关事业单位工资福利、退休业务培训班。参训对象为省直及地市、县区工资、退休办人员。培训内容：机关、事业单位工作人员学习各类津贴、补贴归并、退休人员退休费、生活补贴归并等规定和建立退休人员退休费管理手册等制度。

2003年8月，省人事厅下发《关于认真组织开展庆祝2003年老年节活动的通知》。12月26日，省人事厅在福州西湖露天广场组织"牢记传统，唱响未来——纪念毛泽东诞辰110周年老年群众歌会"，省直机关600多位离退休老同志参加。8月，省人事厅会同省委老干部局、省老龄办等部门，开展全省首届"健康老寿星、健康老干部"评选活动，共评选出福建省首届老干部"健康老寿星"12人，"健康老干部"41人。老年节前夕，在福州大戏院举行颁奖大会，王三运、黄小晶、李宏等省领导出席大会。

2003年11月至2004年3月，省人事厅举办"全省机关事业单位退休干部学习'三个代表'重要思想征文活动"，收到全省退休干部撰写的79篇学习体会文章。评出一等奖4名，二等奖6名，三等奖15名，优秀奖16名，纪念奖34名，单位组织奖3名。

2004年5月至2005年10月，分别组织4批共2200人次全省机关、企事业单位离退休老同志参加"九九夕阳红"幸福老人团赴新长江三峡、神农架、三峡人家、安阳红旗渠、太行大峡谷、云台山世界地质公园和婺源、景德镇、云台山、兰州、西宁、敦煌、新疆吐鲁番、乌鲁木齐、西安专列旅游活动。"五一"节前夕，在福州温泉公园音乐广场举办由1000多名离退休老同志参加的"团结就是力量——庆'五一'老同志歌会"。9月29日，为庆祝国庆55周年和纪念邓小平100周年诞辰，在福州大戏院举办文艺会演。全省200多名机关、企事业单位离退休干部职工参加。同月，为纪念中国人民抗日战争胜利60周年，省人事厅组织完成全省机关事业单位46名退休（退职）抗战老同志纪念章的颁发工作。是年，各地组织1700多名离退休老干部观看大型话剧《谷文昌》、电影《暖春》和越剧《江姐》。

2004—2005年，先后召开6场退休干部管理服务工作研讨会和座谈会。各级退管部门的负责同志对做好新形势下的退休干部管理服务工作进行会议研讨，并交流各地退管工作经验和做法。

2005年9月上旬，省人事厅与省委老干部局联合在福建会堂举办"纪念中国人民抗日战争暨世界反法西斯战争胜利60周年文艺晚会"；组织省直机关2000多位老同志举行"纪念中国人民抗日战争胜利60周年歌咏比赛"。

每年元旦、春节期间，省人事厅都会同有关部门走访慰问部分特困、重病退休干部及老专家、学者、院士及老寿星，了解他们的实际困难，送上慰问金，带去党和政府的关怀。

六、发挥作用

1996年，福建省机关、企事业单位离退休干部达19.8万人。1997年夏，全省退休干部参与二次人才开发活动。通过专业协会推荐、单位返聘，有8.44万退休干部参与4000多家经济实体、个体经商和种养业创业活动，创产值6亿多元。

1998年9月3日，省人事厅下发《关于建立福建省机关事业单位退休人员数据库的通知》，要求各地、市人事局必须负责建立市（地）退休人员数据库，有条件的县（市）也可以建立本地区的退休人员数据库。省直机关单位信息采集表报送省人事厅进行集中录入。1999年，补充和完善退休干部信息数据，完成入库人员20.8万人，审核录入信息70余万条。

1999年8月，省人事厅组织各市（地）退休办主任和分管局领导25人赴云南等地考察学习兄弟省、市退休干部管理工作经验和对二次人才开发政策的研究。

2004年12月，"福建省银色人才信息库"开通。当年，帮助推荐100多名离退休专业技术人才在各条战线发挥作用。

2004—2005年，省人事厅先后同老科协、财政厅、卫生厅等部门开展"银龄行动"，组织退休老专家赴龙岩、漳平、连江等地的贫困山区农村开展科技、文化、卫生"三下乡"活动，为群众提供科技咨询、科技普及、义诊活动，累计免费赠送资料260本，免费送出药品价值1万余元，为农民群众看病1600多人次。

2005年2月，中共福建省委办公厅、省人民政府办公厅转发《省委组织部、省人事厅等关于贯彻落实中办发〔2005〕9号文件精神的意见》，明确离退休专业技术人员兴办以科技服务为主的第三产业以及科研设计、经贸、教育、医疗等为社会服务的实体，在政策允许范围内，各地审核审批部门要相互配合，简化手续，给予扶持优惠等。5月27日，省人事厅与中国海峡人才市场联合举办全省首届离退休专业技术人才招聘会。参加现场招聘的单位共40多家，提供50多个专业的200多个职位，有700多名离退休专业技术人才前往应聘，496人与用人单位达成就业意向。泉州市有200多名离退休专业技术人员参与化工、电子信息、路桥、探矿等科技服务和教育创新活动。"十五"期间，华侨大学退休教授庄有土研发出异型石板材机械，获得八个专利，获"尤里长（德国）世界博览会金奖"，"环锯"项目国内首创，达世界先进水平，转让南安市厂家批量生产，产值达千万元。龙海市人事局找准切入点，组织离退休干部开展服务"三农"活动，开设以431名科技工作者为骨干的"农村科技110"专家热线，农民在生产中遇到困难和问题，便可得到专家的解答。福州、南平、龙岩、宁德四市离退休人员创办经济实体，生产总值达7972万元，创税利332万元。龙岩市永定县组织气象老专家深入湖坑土楼，通过对振成楼内四季代表气候要素的现场观测，并与邻近方砖楼及大气观测点进行统计分析比较，探索出振成楼的规律特色，编写《振成楼楼内小气候特色及成因研究》的成果报告，为向联合国申报土楼世界文化遗产提供科学依据。2000—2005年，全省离退休人员开展各类科普宣传讲座1700场次，送去各类科普读物3.2万册，直接受益人数达17.73万人次。

截至2005年，全省有离退休专业技术人员约14万人，其中高级职称人员3万多人。

第六章　法制建设

第一节　立　法

一、制定《福建省人才市场管理条例》

1998年8月7日，省人事厅向省人大常委会法制委员会报送1998—2002年地方立法规划项目，建议将《福建省人才市场管理条例》列入地方性法规制定项目。1999年，省人事厅再次向省法制办、省人大常委会申报《福建省人才市场管理条例》立法项目。同年，项目被列入省人大常委会1999—2000年立法计划。2000年7月，省政府第20次常务会议审议并原则通过，并提请省人大常委会审议。2002年5月31日，省九届人大常委会第32次会议审议通过，2002年8月1日起施行。

2004年5月18日，为贯彻《中华人民共和国行政许可法》，省人事厅向省法制办报送行政许可事项审查认定反馈意见，提出"人才中介机构从业人员审定"今后不再设为行政许可事项，建议修改《福建省人才市场管理条例》。7月5日，省政府第13次常务会议审议通过《福建省人才市场管理条例修正案（草案）》，提请省人大常委会审议。7月22日，省第十届人大常委会第十次会议审议通过《福建省人民代表大会常务委员会关于修改〈福建省人才市场管理条例〉的决定》，对部分条款进行修正。7月27日，省人大常委会发布《福建省人才市场管理条例》。该条例自公布之日起施行。

二、制定《福建省国家公务员培训规定》

2000年初，省人事厅向省法制办申报，建议将《福建省国家公务员培训规定》列入省政府规章制定计划。4月1日，经省政府第16次常务会议审议，同意此建议。2001年4月，省政府办公厅将《福建省国家公务员培训规定》列入2001年度省政府规章制定计划正式项目。2002年5月13日，省政府第42次常务会议审议通过。5月14日，省长习近平签署第77号省政府令，正式颁布《福建省国家公务员培训规定》，自2002年7月1日起施行。

三、制定《福建省事业单位人事争议处理规定》

2001年1月16日,省人事厅向省政府法制办报送《福建省人事争议处理暂行规定》,建议列入2001年省政府规章制定计划。4月21日,省政府办公厅将《福建省人事争议处理暂行规定》列入2001年度省政府规章调研项目。2002年1月21日,省人事厅向省法制办报送2002年省政府规章立项申请表,上报《福建省人事争议仲裁暂行规定》,被列入2002年度省政府规章调研项目。2003年2月25日,省人事厅向省人大常委会内务司法委员会报送地方性法规立法建议项目,建议将《福建省人事争议仲裁条例》列入地方法规立法计划。2003年4月7日,省人事厅专题向省政府上报《关于申请2003年政府规章立项有关问题的请示》,建议优先将《福建省人事争议仲裁暂行规定》列入2003年政府规章立法项目。2003年6月,《福建省人事争议仲裁规定》被确定为省政府规章项目。7月,省人事厅向省政府正式报送送审稿。2004年4月,省人大常委会将《福建省人事争议仲裁条例》列入地方法规项目。2005年1月12日,省政府第27次常务会议审议并原则通过《福建省事业单位人事争议处理规定(草案)》,经修改后,于2月3日按程序提请省人大常委会审议。11月19日,省十届人大常委会第二十次会议审议通过。

四、制定《福建省事业单位聘用制试行办法》

2002年1月21日,省人事厅向省法制办报送省政府规章立项申请表,将《福建省事业单位聘用制试行办法》列入省政府规章调研项目。2004年将其列入正式项目。2005年1月12日,项目提交省政府第27次常务会议初审,未获通过。

第二节 普 法

一、制定法制宣传教育第四个五年规划

2001年12月,省人事厅编制下发《全省人事系统法制宣传教育第四个五年规划(2001—2005)》(以下简称"四五"普法)。

(一)普法目标

培训人事工作者的现代法制观念和良好的职业道德,全面提高人事工作者的法律素质和人事工作的法治化管理水平,实现由注重运用行政手段管理向注重运用法律手段管理的转变,全方位推进人事工作的依法治理。

（二）普法对象

"四五"普法的对象是：各级政府人事部门的工作人员；各级政府工作部门人事机构的工作人员；企事业单位从事人事管理的人员重点是机关、企事业单位负责人事管理的各级领导干部。

（三）普法内容

各级政府人事部门的工作人员和各级责任工作部门人事机构的工作人员，重点学习与履行职责相关的人事政策法律法规，特别是《国家公务员暂行条例》及法律规章。事业单位从事人事管理的人员重点学习中组部、人事部《关于加快推进事业单位人事制度改革的意见》，中共中央办公厅、国务院办公厅《关于加强专业技术人才队伍建设的若干意见》和《事业单位聘用制条例》等政策法规。企业单位从事人事管理的人员重点学习《全民所有制企业转换经营机制条例》《中华人民共和国全民所有制工业企业法》《中华人民共和国公司法》等法律法规中关于人事管理的内容。

各级人事部门还组织学习省委、省政府关于依法治省、依法行政的有关决定，如省委的《关于贯彻〈深化干部人事制度改革纲要〉的意见》，省委、省政府的《关于加快推进事业单位人事制度改革的意见》《关于引进高层次人才和青年专业人才的若干规定》以及《福建省专业技术人员继续教育条例》《福建省人才市场管理条例》《福建省国家公务员培训规定》和《福建省人事争议仲裁暂行规定》等人事人才政策法规。同时，学好福建省普法主管机关要求的公共普法内容。

（四）普法步骤

全省人事法制宣传教育"四五"普法规划从2001年开始实施，到2005年结束，分三个阶段进行。

1. 准备阶段（2001年至2002年3月）

建立健全普法领导小组和办事机构。人事厅调整充实全省人事系统法制宣传教育领导小组，负责组织、指导、协调全省人事系统"四五"普法工作。领导小组办公室设在省人事厅政策法规处。各地、省直各部门也要健全和完善人事法制宣传教育领导组织，确定办事机构或专门人员，负责本地区、本部门的人事法制宣传教育工作。

做好普法工作方案的制订与部署工作，并做好宣传发动、骨干培训和准备阶段的其他工作。各设区市人事局于2002年3月底前将普法实施计划报省人事系统法制宣传教育领导小组办公室备案。市、县（区）人事部门要选拔1~2名业务骨干参加全省人事系统法制宣传教育领导小组办公室组织的骨干培训，以带动面上的普法工作。

2. 实施阶段（2002年4月至2004年）

实施阶段的重点是，组织学习全省人事系统法制宣传教育领导小组确定的普法教材。

各地、各部门、各单位应结合工作实际，制订年度计划，组织实施。

2002年，完成应知应会法律法规的普及学习。2003—2004年，在抓好普法教材学习培训的基础上，注意紧跟立法步伐，对新出台的人事法律法规及时组织学习宣传。

3. 总结验收阶段（2005年）

各地、省直各部门按照本规划确定的目标和要求，组织开展本地区、本单位普法的总结检查工作，并写出普法工作总结报告，于2005年3月底前报全省人事系统法制宣传教育领导小组。根据各地、各部门的自检自查情况，全省人事系统法制宣传教育领导小组将组织抽查、验收。

二、建立健全学法制度

2002年6月，组织举办全省人事系统"普法骨干培训班"，各市、县、区人事局、省直各单位人事处负责人事法制宣传教育工作的业务骨干近100人参加培训。开设"新形势下法制建设的要求与人事系统'四五'普法的目标任务""贯彻立法法，做好行政立法工作""行政复议法及其在实施中的若干问题""行政诉讼法的理论与实践""入世对法制建设的影响"5个专题讲座。随后，各设区市也相应组织普法业务骨干培训班，建立普法培训考试制度。组织全省公务员学法用法和依法行政通用法律知识考试、全省公务员《行政许可法》培训考试，以及全省人事系统参加省政府法制办组织的行政执法资格考试，把法律知识培训考核与干部管理结合起来，将人事干部普法考试成绩和平时学法用法情况记入个人档案，作为干部任职、考核、定级、晋升的重要依据。建立人事政策法规宣传制度，发挥广播、电视、报刊、网络等大众传播媒介的作用，通过《海峡人才报》、福建人事信息、福建人事人才网等媒介，宣传人事政策法规与福建省人事人才工作，扩大人事政策法规的影响力。

省人事厅结合中心组学习制度，健全领导干部学法用法，举办内容丰富的法制专题讲座。2002年9月，与省委组织部联合举办"新形势下法治理念与对策"专题讲座，省直和中央在闽单位人事（干部）处长、人事厅机关及直属单位干部共200多人参加。

2003年，结合举办全省县（市、区）人事局长业务培训班，安排专题进行法制宣传教育，开展"行政诉讼法的理论与实践""行政复议法及其在实施中的若干问题"两个专题讲座，全省50位人事局长参加。

2005年7月，组织省人事厅机关、直属单位处级以上干部参加公务员法专题讲座；建立人事系统法制宣传教育联系制度，确定省人事厅普法联络员，加强同全国人事法制宣传教育领导小组办公室联系。各设区市人事局、省直各部门也按照普法工作要求，确定1名普法联络员，定期将本地区、本部门开展人事法制宣传教育的情况报告全省人事系统法制宣传教育领导小组。

三、组织学法用法活动

按照中宣部、人事部、司法部《关于在全国公务员中开展学法用法活动和进行依法行政培训的意见》的要求，省人事厅会同省委宣传部、司法厅联合下发《关于在全省公务员中开展学法用法和进行依法行政培训的实施意见》和《关于组织全省公务员学法用法行政培训通用法律知识考试的通知》，在全省公务员中开展学法用法活动，进行依法行政培训，并组织统一考试。各地各部门采取以自学为主、自学与集中培训相结合的形式，开展多种形式的依法行政法律知识学习培训。2002年起，用三年时间将全省公务员轮训一遍。成立省公务员学法用法活动和依法行政培训领导小组，负责协调全省公务员学法用法活动和依法行政培训的重大问题，并参与全省培训工作的宣传、检查、指导、考核，组织依法行政师资培训班，为设区市培训师资骨干，组织全省公务员学法用法和依法行政培训通用法律知识考试。全省有11.2万名公务员参加考试，占全省公务员总数的95.3%，考试合格率在97%以上。

2003年8月，将《行政许可法》列入全省人事系统"四五"普法的重要内容。12月，会同省委宣传部、省政府法制办、省司法厅联合下发《关于开展〈行政许可法〉学习宣传的通知》，将《行政许可法》培训作为2004年全省公务员更新知识培训的重要内容，培训考核成绩作为年度考核的重要依据。在开展国家公务员初任培训和任职培训时，将《行政许可法》作为重要内容。随后，又下发《关于在全省国家公务员中开展〈行政许可法〉培训的通知》，要求全省各级国家行政机关的公务员和依照公务员制度管理的单位中除工勤人员以外的工作人员都要参加培训，在培训的基础上参加各地各部门统一组织的考试。成立《行政许可法》培训教材编审委员会，组织编写《行政许可法基本知识》读本，作为全省公务员培训《行政许可法》师资培训教材。150多名公务员骨干和有关人员参加培训。省人事厅还与福建行政学院联合举办7期厅、处级领导干部《行政许可法》专题研讨班，培训厅、处级公务员675人；与省政府法制办联合举办五期省直机关实施行政许可工作人员培训班，培训350人。全省共有13.73万人参加《行政许可法》考试，少数不合格者进行补考。

在"四五"普法中，各地将人事普法培训与人事人才政策法规学习结合起来，紧密联系人事制度改革和发展实际，组织学习、宣传人事法制基础知识和人事管理各个方面的法律、法规、规章和规范性文件。各级政府人事部门工作人员和各级政府工作部门人事机构的工作人员，重点学习与履行职责相关的人事人才政策法律法规，特别是中共中央、国务院《关于进一步加强人才工作的决定》和省委、省政府《关于贯彻落实〈中共中央、国务院关于进一步加强人才工作的决定〉的实施意见》，中共中央办公厅《深化干部人事制度改革纲要》和省委贯彻实施意见，中组部、人事部、中编办《关于进一步加强管理严肃干部人事纪律有关问题的通知》等重要政策文件,组织学习《国家公务员暂行条例》《公务员法》及配套的法规规章和《福建省人才市场条例》《福建省专业技术人员继续教育条例》等人事法规。事业单位从事人事管理的人员重点学习中组部、人事部《关于加快推进事业单位人事制度改革的意见》、国务院办公厅转发人事部《关于在事业单位试行人员聘用制度的意见》等政策法规。企业单位从事人事管理的人员重点学习《全民所有制企业转换经营机制条例》《全民所有制工业企业法》和《中华人民共和国公司法》等法律法规中关于人事管理的内容。

第三节 执 法

1998年,经省政府审查确认,省人事厅被列为第一批具备行政处罚权的省属行政执法机关,实行行政执法人员持证上岗制度,对人才管理法规执行情况进行监督检查。5—8月,省人事厅配合省人大常委会教育科学文化卫生委员会在全省开展《福建省专业技术人员继续教育条例》执法检查,以自查为主。有40个厅局和9个地(市)进行自查。在自查基础上,对省直单位进行重点抽查。省人事厅还配合省人大常委会实地考察省卫生厅和省农业科学院。通过检查,主要问题是:继续教育质量不高,师资不强,教材单薄;企业继续教育工作力度不够,经费投入不足。7月,根据中央组织部、国家人事部《关于对公务员法规执行情况进行检查的通知》,省人事厅发出《关于做好省政府机关国家机关公务员制度实施工作检查验收的通知》,并与省委组织部联合组成检查组,在各市(地)、县(区)自查基础上,对部分市(地)、县(区)进行抽查,对省直机关的推行工作进行检查验收。主要问题是:在省、市(地)、县(区)、乡(镇)四级机关中,乡(镇)一级由于职能交叉、关系不顺、人员超编混岗、职责不清等原因,推行工作难度较大。漳州市芗城区采取"试点先行,以点带面"方法,选择芝山镇、巷口街道进行试点。对有关单项法规执行情况进行重点检查,对《国家公务员暂行条例》中的奖励、纪律、职务升降、回避、工资保险、福利等单项法规执行情况也进行检查。

2000年5月始,各部门对贯彻执行省委、省政府《关于进一步做好引进省外人才工作的若干规定》《关于鼓励出国留学人员来闽工作的若干规定》《关于引进高层次人才和青年专业人才的若干规定》及配套政策和《福建省专业技术人员继续教育条例》《福建省人才市场管理暂行规定》,以及有关公务员管理配套政策的执行情况进行检查,采取自查与抽查相结合的办法。6月,各部门在完成自查的基础上,组成5个检查组,对全省9个设区市人事执法情况进行统一抽查。还以专题会议形式,组织检查组成员学习有关人事执法检查文件和具体要求。抽查中发现主要存在问题是：县和乡镇机关存在人员混岗，县公安局以地方增编名义招收人员，没有警衔，执行公务时却以人民警察身份出现；有的乡镇机关、事业单位长期借用人员。个别设区市市直单位、县（市、区）还存在超职数配备领导职务；部分专业技术人员继续教育的权利未能有效保护，继续教育经费难以落实。部分县（市、区）无法及时兑现机关事业单位工作人员工资待遇；人事法制监督机制不完善，一些人事政策法规不够配套等。

2002年，按照人事部《关于印发〈关于开展人事执法检查的实施方案〉的通知》要求，开展全省人事执法检查。检查采取自查与抽查相结合的方式。对贯彻执行现行有效的各项人事政策法规情况进行了全面检查，形成《福建省人事厅关于人事执法检查情况的报告》，上报人事部，并将全省人事执法检查情况通报各设区市人事局。

2004年，根据国家人事部关于开展全国人才市场执法检查的通知，省人事厅进行部署，要求各设区市对贯彻落实《人才市场管理规定》《中外合资人才中介机构管理暂行规定》和《福建省人才市场管理条例》等情况进行全面检查。5月18—28日，省人事厅对福州、泉州、三明、南平市自查情况进行抽查。通过检查发现，各县（市）人才服务中心人员编制少，工作经费紧张，大部分未能按照规定配备5个以上专职人员；网上人才市场的监督管理薄弱，执法队伍不强，法规政策宣传不力等。

2005年10月25日，根据全国实施公务员法协调小组《关于开展公务员登记模拟工作的通知》精神，省人事厅在福州召开登记模拟试点工作会议。10月28日，省人事厅下发《关于在我省四个县（市、区）开展公务员登记模拟工作的通知》，确定在长乐市、厦门市思明区、龙海市、尤溪县和乡（镇、街道）两级机关开展公务员登记模拟工作，积累经验。10月1日，省公务员主管部门在参加全国实施公务员法工作会议结束后，即向全国实施公务员法工作小组书面报告福建省贯彻落实全国实施公务员法工作会议精神和工作进展情况。11月17日，省委组织部、省人事厅发出《关于召开全省实施公务员法工作会议的通知》，经省委、省政府批准，于11月24日至25日在福建省西湖宾馆召开全省实施公务员法工作会议，学习贯彻全国实施公务员法工作会议精神，部署福建省实施公务员法工作。12月6日，省委、省政府下发《关于成立福建省实施公务员法领导小组的通知》，规定，实施公务员法领导小组由省委副书记、省长黄小晶任组长，省委常委、组织部长李宏和省委常委、常务副省长刘德章任副组长。领导小组成员由省委办公厅、省政府办公厅、组织部、宣传部、编办、财政厅、人事厅、省政府法制办的主要领导组成。领导小组下设办公室，由省委组织部、宣传部、编办、省财政厅、人事厅的有关人员组成。领导小组负责全省实施公务员法的组织协调、方案制定、督促检查等工作。领导小组下设办公室，负责落实领导小组的各项决定。

第四节 人事争议仲裁

2001年11月30日，设立省人事争议仲裁委员会办公室，挂靠省人事厅，对内称人事争议仲裁处。

2003年，组建省人事争议仲裁委员会，并确定用3年时间初步建立与社会主义市场经济体制相适应的福建人事争议仲裁工作体系。同时，编写《人事争议仲裁知识》《人事争议仲裁指南》《人事争议仲裁须知》《人事争议仲裁程序》和《人事争议仲裁处与仲裁委的职责》等有关材料，并在福建省人事信息网、政务网以及《福建人事信息》等载体上发布有关人事争议仲裁的做法与经验。省人事厅将人事争议调解员、仲裁工作骨干纳入专门业务培训的范畴，编写成十多万字的教材，从11月起，举办三期人事争议调解、仲裁业务培训班。培训采用理论学习、案例研讨相结合的方式进行，培训省直主管部门和省属事业单位人事干部、各设区市人事局分管领导，以及各市、县、区人事争议仲裁工作人员300多人。

2004年3月24日，省人事争议仲裁委员会召开第一次全体会议，审议、决定省人事争议仲裁委员会正式对外运作时间、工作规则与仲裁员聘任等问题，并向省财政厅申请仲裁开办费和专项经费。5月，省人事争议仲裁委员会根据《福建省人事争议仲裁委员会关于人事争议仲裁若干问题的规定（试行）》和《福建省人事争议仲裁委员会关于人事争议仲裁时效问题的处理意见（试行）》，开始受理事业单位与工作人员之间因辞职辞退，以及履行聘用合同发生的争议案件；聘任制书记员与人民法院因解除聘任关系发生的争议案件；民办非企业单位、社会团体与工作人员之间因履行聘用合同发生的争议案件。凡省属驻榕单位的争议案件、跨设区的市的争议案件和中央属驻闽单位、省属榕外单位、省民政行政主管部门登记注册的民办非企业单位、社会团体当事人双方协议由省人事争议仲裁委员会管辖的争议案件归省人事争议仲裁委员会管辖。

省人事争议仲裁委员会受理当事人在争议发生之日起60日内以书面形式向省人事争议仲裁委员会申请仲裁的人事争议案件，省人事争议仲裁委员会收到仲裁申请书后，15日内作出受理或者不予受理的决定。对不属于省人事争议仲裁委员会受案范围或超出仲裁申请时效规定决定不予受理的，书面通知当事人，并说明不予受理的理由。对属于省人事争议仲裁委员会受案范围且符合时效规定决定受理的，7日内将仲裁申请书副本送达被申请人，并要求被申请人在15日内提交答辩书和相关证据，同时依法组成仲裁庭。被申请人没有按时提交或者不提交答辩书的，不影响仲裁程序的进行。人事争议案件由仲裁庭进行审理。仲裁庭由 3 名仲裁员组成，其中 1 名为首席仲裁员。仲裁庭处理人事争议案件，一般开庭进行。当事人协议不开庭，或者仲裁庭认为不需要或不宜开庭的，书面仲裁。

决定开庭处理的，仲裁庭于开庭前 5 日内将开庭时间、地点等书面通知当事人。仲裁申请人经书面通知，无正当理由不到庭或者未经仲裁庭许可中途退庭的，按撤回申请处理。被申请人经书面通知，无正当理由不到庭或者未经仲裁庭许可中途退庭的，可以缺席仲裁。

仲裁庭作出裁决后，制作裁决书。裁决书写明仲裁请求、争议事实、裁决理由、裁决结果、仲裁费用的负担和裁决日期。裁决书由仲裁庭成员和书记员署名，加盖仲裁委员会的印章。当庭宣布裁决的，5 日内发给裁决书；定期宣布裁决的，宣布裁决后立即发给裁决书。

仲裁庭处理人事争议案件，一般在仲裁庭组成之日起 60 日内结案。案情复杂需要延期的，经仲裁委员会批准，适当延期，但延长的期限不超过 30 日。

是年，聘任 57 名首批仲裁员，并进行上岗培训。对 20 件人事争议书面申请进行审查，正式受理 5 起案件，全部按期结案。对不符合条件的申请依法作出书面决定，并告知其理由及相应的救济渠道。

2005 年，省人事厅加强对省直单位和设区市人事争议调解、仲裁工作的业务指导，帮助开展人事争议调解仲裁业务培训，审查有关改革方案和合同文本等。8 月 24—26 日，在南平召开全省首次人事争议仲裁案例研讨会。各设区市人事争议仲裁科科长（仲裁办主任）和部分县（市）、区仲裁工作骨干参加会议。省人事厅副厅长汤昭平作题为《抓住机遇，开拓进取，把人事争议仲裁工作推向新的阶段》的书面发言。各设区市汇报交流各地人事争议仲裁工作开展情况。会议采取开放讨论方式，对各设区市提交的各类案例从实体问题到程序问题、从审理认定到裁决执行、从纠纷处理到争议防范等进行研讨。11 月，《福建省事业单位人事争议处理规定》公布后，省人事厅有关负责人通过 11 月 30 日的《东南快报》进行专版解读。12 月 23 日，省人事厅会同省人大常委会内务司法委员会、法制工作委员会联合组织召开宣传贯彻《福建省事业单位人事争议处理规定》座谈会。省人大常委会副主任曾喜祥和省直有关部门领导及新闻记者等 60 多人参加会议。会后，省内多家新闻媒体对此进行了报道。

至 2005 年底，省人事争议仲裁委员会共立案审查当事人递交的仲裁申请书 28 件，其中决定不予受理的 23 件，决定受理的 5 件。

第七章 规划与科研

第一节 规 划

一、福建省人才发展"十五"计划纲要

2000年下半年,省人事厅根据国家人事部和省委、省政府有关文件要求,启动《福建省人才发展"十五"计划纲要》的编制。11月中下旬,着手研究编制《福建省人才发展"十五"计划纲要》总体思路,组织有关人员围绕人才发展"十五"计划的编制工作,赴广东、湖北、江苏等省开展调研。2001年1月,完成《福建省人才发展"十五"计划纲要(征求意见稿)》,并提交当月召开的全省人事工作会议讨论。随后,又采取书面和召开座谈会等方式,征求各设区市人事局和省委组织部、计委、教育厅、科技厅、经贸委、外经贸厅、农业厅、信息产业厅以及省人大常委会教育科学文化卫生委员会部分委员、省社科界部分专家学者的意见。4月5日,《福建省人才发展"十五"计划纲要(送审稿)》上报省政府办公厅,省长习近平,副省长张家坤、黄小晶对《纲要(送审稿)》作了批示。根据省政府办公厅要求,由省计委牵头召开专题论证会,对《纲要》作进一步论证。9月12日,省人事厅正式印发《福建省人才发展"十五"计划纲要》。

(一)发展目标

1. 人才总量

到2005年,全省人才总量200万人,年平均增长5.4%。各类专业技术人员总量130万人,年平均增长5.4%。每万人口拥有人才量为570万人,年平均增长4.8%。每万名从业人员拥有人才资源量1200人,年平均增长5.5%。每万名专业技术人员大学本科学历的达到2000人,占20%。

2. 人才结构

到2005年,高、中级人员达40万人以上,年平均增长7.2%。其中,高级人员7万人,年平均增长10.2%;中级人员33万人,年平均增长6.7%。研究生及以上学历人才

数1.05万人，年平均增长10%。人才专业结构主要以轻纺、仪器、冶金、机械、电子、石化、通信、生物、医药、海洋、环保、建筑、交通、材料、金融、管理、外贸、旅游、法律等专业为主体。人才队伍年龄结构明显改善，45岁及以下人员占90%以上。适应经济结构的战略性调整，人才在三次产业中的分布结构相应调整：第一产业人才队伍在稳定中求发展，第二产业在发展中优化素质，第三产业在加速发展中壮大。非公有制经济组织人才队伍加快增长。人才继续向电子信息、机械、石油化工三大产业和高新技术产业、新兴产业集中。

（二）主要任务

1. 实施人才资源开发工程

（1）人才培养工程

实施"新世纪百千万人才工程"。争取培养5名左右能达到世界高新科技前沿水平的一流科学家、工程师，培养30~50名具有国内领先水平、积极参与国际科技竞争的学术技术带头人，培养800~1000名年龄在45岁以下，在各个学科领域有较高学术造诣、成绩显著、起骨干作用的高层次人才。做好国家有突出贡献中青年专家、享受政府特殊津贴专家、省级优秀中青年专家的人才选拔工作。

实施"博士后工程"。完善博士后制度配套政策，探索建立政府、单位、社会共同投资，多方参与的新机制。支持高校、科研院所和企业、科技园区设立博士后科研流动站、工作站。增设博士后流动站、企业博士后科研工作站40家。在完成国家下达招收任务的同时，扩大省财政拨款招收博士后规模，每年省财政拨款再招收30名左右，5年内共招收博士后研究人员300名。

实施"高新技术和急需紧缺专业人才培养工程"。制定高校技术人才培养计划，以科技进步和市场需求为导向，利用省内外高等学校、科研院所、大型企业的教育培训资源，重点培养信息技术、生物技术、新材料技术、新医药、新能源、环保及海洋开发等高新技术人才，培养一批急需的信息、农业、金融、财会、外贸、法律和现代管理等高层次人才，一批熟悉和精通经济管理、外经知识和世贸规则的外向型专家群体，加强对律师、会计师、仲裁人员等中介人才队伍的教育培训。

实施"继续教育工程"。"十五"期间，每年专业技术人员接受继续教育面不少于80%。到2005年，全省专业技术人员接受继续教育面达到90%以上。

（2）人才引进工程

着力引进一批能跻身国际领先或国内一流水平的学术技术带头人，一批拥有自主知识产权、掌握尖端高新技术的专门人才，一批自带资金来闽创业的经营管理人才，一批熟练掌握实用技术的技能型人才，一批高素质的国际贸易、国际金融、国际营销专才和精通现代管理的管理人才，以及懂外语、懂法律、懂管理的复合型人才。吸引福建省经济建设和社会发展急需的省外重点高校、科研院所本科以上毕业生来闽工作。对引进的高层次人才在科研启动经费、职称评聘、工资津贴、住房、配偶安置、子女入学、安家补助等方面实施优惠政策。

贯彻"支持留学、鼓励回国、来去自由"的方针，加大吸引和使用海外留学人才的工作力度，着力引进一批能够带动一个产业、一个学科发展的顶尖留学人才，一批掌握国际先进技术和管理知识的留学人才来闽创业或以适当方式为闽服务。注意引进熟悉世贸知识并熟练运用世贸规则的高层次留学人才到经济管理部门和国有大型骨干企业任职。进一步落实和完善有关留学人才回国任职、工资津贴、科研经费以及住房、保险、探亲、亲属就业、子女入学等各项政策规定。

把招贤引智与招商引资结合起来，以项目为载体，引进海外高新技术成果、资金和智力。建立留学人才信息库和成果项目库，组建留学人员专家咨询委员会。加快福建、厦门留学人员创业园示范点建设，上规模、上水平。设立留学人员创业风险投资基金和担保公司，举办留学人员创业竞赛，加快建立留学人才社会服务、知识产权认证和技术商品化服务体系，吸引留学人员来闽创办高新技术企业，转化科研成果。

围绕福建经济结构调整、加入世贸组织、建设"数字福建"，发展高新技术产业、重点行业、新兴产业和重点工程建设，开拓国际人才市场。建立海外华侨华人人才信息库，采取多种形式引进华侨华人的人才智力，为海外华侨回国及海外华人、外国专家来闽工作提供便利条件。加强与台、港、澳以及国际人才智力交流，推广引智成果，发展科技，促进人才合作。跟踪台湾高新技术企业对大陆经贸投资动向，着力引进台湾高科技人才智力。

（3）人才服务工程

按照中国共产党第十五次全国代表大会关于"培育和发展社会中介组织"的要求，大力推进福建人才大市场体系建设。合理规划，完善布局，发挥中国海峡人才市场的龙头示范作用，重点培育毕业生就业市场、海外人才市场、企业经营管理人才市场、高新技术人才市场、乡镇企业和农村人才市场，建立和完善机制健全、访问团规范、服务周到、指导监督有力的人才市场体系。加快网上人才市场建设，推进人才市场由集市型向信息型转变。以中国海峡人才市场信息网为纽带，逐步实现全省、全国联网。实施《福建省人才市场管理条例》，加强人才市场法制化建设。适应加入世贸组织的需要，逐步开放中外合资人才中介机构的市场准入。推进和发展人事代理，规范人事代理行为。健全人才市场许可证制度和年审制度，加强人才市场执法队伍和人才中介机构从业人员队伍建设，强化市场监管。加强人才测评，采用先进技术手段，提高人才测评的科学性和有效性。

推进福建人事人才信息化建设。研制开发具有福建省特色的"福建省机关、事业单位人事管理软件",建立"福建人事人才网",利用人事信息远程通信网和内部局域网,逐步实现全省人事人才信息联网、办公自动化和网络化。逐步建成各类人员和人事政策法规、人事宏观管理等专门数据库,推行"电子政务",推进"政务公开"。

2. 抓好三支队伍建设

（1）专业技术队伍

到 2005 年,专业技术人员中大专及以上学历的比例要从 45.5% 提高到 60%;改善年龄结构,45 岁以下高级专业技术人员比例要从 37.5% 提高到 50%;提高高级专业技术人员的比重,使高、中、初级结构比例由 1∶5.6∶14.9 逐步向 1∶3∶6 的合理比例靠近。以市场为导向,综合运用经济和行政手段,鼓励流动和兼职,引导专业技术人员向企业、农村、重点行业、新兴产业、高科技企业、非公有制经济组织和第三产业流动,逐步实现地区、行业、产业人才的合理布局。深化职称改革,逐步建立科学合理的职称评价体系,改进和完善专业技术职务聘任办法。实施执业资格制度,对责任重大、社会通用性强并关系公共利益的专业技术岗位实行准入控制,推进职业资格的国际互认。

（2）公务员队伍

实施《福建省国家公务员"十五"培训规划纲要》,加强基地网络建设,建立公务员培训体系。5 年内完成 45 岁以下公务员计算机应用能力培训工作。创新公务员培训的手段和方式,完善培训证书制度。开展公务员学历教育,到 2005 年,各级政府 45 岁以下公务员均达到大专以上文化水平,省级国家行政机关公务员大专以上文化水平达到 95%,市级达到 80%,县乡达到 60% 以上。

（3）企业管理队伍

按照建立现代企业制度和加入世贸组织的要求,深化国有企业人事制度改革,建立全套适应企业经营管理人员特点的聘用、培训、考核、评价制度。适应非公有制经济的迅速发展,加强政策引导,加大培养、引进力度,壮大非公有制经济组织经营管理人才队伍。加快培育企业经营管理人才市场,建立、完善经营管理人才库。采取多种形式加强教育和培训,全面提高经营管理者素质,加快培养、造就能驾驭现代科技、熟悉市场经济和世贸规则、适应国际竞争的科技型企业家和高素质职业化的企业经营管理人员队伍。

3. 推进区域人才协调发展

（1）优化闽东南人才队伍

发挥闽东南地区科技、经济整体实力和市场机制的优势,建设高新技术产业、海洋经济、"三高"农业及重点产业、骨干企业发展需要的人才队伍。发挥福州作为全省政治、经济、文化中心的优势,把福州建成人才聚集中心。围绕率先基本实现现代化的目标,发挥区位优势，把厦门经济特区建设成为闽南"金三角"人才特区。发挥福州、厦门的人才辐射功能，构建闽东南沿海人才开发带。闽东南地区人才总量由"九五"期末的110.1万人增长到"十五"期末的140万人。

（2）稳定山区人才队伍

实施"县乡村实用人才工程"，通过多种形式的技术培训，壮大乡镇企业人才、农业科技推广人才、农业综合开发人才、小城镇建设人才和乡土实用人才队伍。山区人才总量从"九五"期末的43.5万人增加至"十五"期末的60万人。

（3）加强山海人才协作

坚持"优势互补、互惠互利、长期协作、共同发展"的原则，采取政府调控和市场导向相结合的办法，实施"产学研一条龙""农科教相结合""贸工农一体化"等方式，拓展沿海与山区之间的协作领域，使项目、资金、技术、人才引进与培养、使用有机结合，促进山海人才协作联动发展。组织开展山海人才交流协作、教育协作和劳务协作，鼓励和吸引沿海地区干部、科技教育人才到山区工作，开展多种形式的智力扶贫，促进山区和欠发达地区加快发展，使山区人才引得进、留得住。

（4）调整优化产业人才结构

稳定发展第一产业人才队伍，加大农业技术人才的培养力度，使农业发展走科技兴农、人才兴农的新路子。第一产业人才队伍由2000年末的9.8万人增加到2005年的13万人。优化第二产业人才队伍结构，在以信息化带动工业化进程中，制造业的结构调整、技术升级同产业、行业本身的人才结构调整改善互动发展，提高第二产业人才整体素质和竞争力。第二产业人才队伍由2000年末的32.7万人增加到2005年的44万人。发展具有现代产业性质的新兴第三产业人才队伍，培养以高新技术为代表的第三产业紧缺人才、科技创新人才和管理人才，重点发展金融、保险、旅游、信息、会计、咨询和法律服务、城市服务等领域和行业人才。第三产业人才队伍由2000年末的111.1万人增加到2005年的143万人。

二、福建省"十一五"人才队伍建设专项规划

（一）编　制

2004年4月，根据省发改委关于组织开展福建省"十一五"（国民经济和社会发展第十一个五年规划）专项规划编制工作的部署和要求，省人事厅将省"十一五"人才规划名称及编制工作方案报送省发展和改革委员会。5月，省人事厅与省委组织部、福州大学软科学研究所共同抽调人员，联合组成课题组，开展"福建省'十一五'期间实施'人才强省'战略基本思路研究"。5月下旬，课题组先后赴上海、浙江以及福州、厦门、泉州等地

进行实地考察。省人事厅与省委组织部联合部署开展信息、石化、机械三大主导产业及部分县域产业集群人才状况调查，为"十一五"人才规划的研究编制奠定数据基础。11月23日，省政府办公厅转发省发展和改革委员会关于组织开展福建省"十一五"专项规划编制工作的意见，正式将人才发展规划列入全省34个重点专项规划之一，并明确由省人事厅牵头组织编制。

2004年11月，省委组织部、人事厅、发改委转发中组部、国家人事部《关于开展"十一五"人才规划编制工作的通知》，明确福建省"十一五"人才规划编制工作的指导思想、工作任务、进度安排和组织领导。12月10日，省委组织部、人事厅下文成立福建省"十一五"人才规划编制工作领导小组。领导小组成员由省委组织部、宣传部、人事厅、发改委、劳动和社会保障厅、财政厅、农办、经贸委、教育厅、科技厅、统计局、工商局12个部门的有关领导组成，组长由省委组织部副部长、人事厅厅长陆志华担任，领导小组办公室设在省人事厅政策法规处。

2005年2月，成立省"十一五"人才发展规划研究编写小组。编写小组由省委组织部、省人事厅、福州大学软科学研究所的有关人员组成。编写小组负责规划的编写、总纂和修改等工作，并部署开展10个专题研究。由省委组织部和人事厅牵头，宣传部、统战部、教育厅、科技厅、劳动保障厅、农办、农业厅、林业厅、经贸委、国资委、统计局、海洋渔业局、省侨办、工商局、社科联、福州大学软科学研究所等部门共同参与，开展党政人才、专业技术人才、企业经营管理人才、哲学和社会科学人才、非公有制经济和社会组织人才、高技能人才、农村实用人才、海外华人华侨人才及留学回国人才、教育、科技人才队伍的培养等专题研究。同时建立福建省"十一五"人才规划编制工作领导小组成员单位联络员工作制度，成立联络员工作小组。

2005年3月15日，省委组织部、人事厅联合下文成立福建省"十一五"人才发展规划专家组。专家组由省内高校，科研院所，企业中的自然科学、社会科学研究专家和省有关部门领导共17人组成，负责规划起草过程中的咨询和论证工作，组长由省社科院院长严正担任。5月，编写小组完成规划初稿编写任务。随后，省人事厅多次召集省直有关部门和专家组成员进行讨论，并向省人大常委会财经委和省发改委报送《福建省"十一五"人才发展规划编制工作情况汇报》，省人大常委会财经委和发改委对规划编制工作及时提出指导意见。同时，省人事厅还以书面征求省委组织部、宣传部、发改委、经贸委、教育厅、科技厅、财政厅、劳动保障厅、农业厅、工商局、农办、人大常委会财经委、政协教育卫生体育委员会和各设区市委组织部、人事局的意见。11月30日，福建省"十一五"人才规划编制工作领导小组组织12位专家对《福建省"十一五"人才队伍建设专项规划（2006—2010）》进行论证。12月29日，福建省"十一五"人才规划编制工作领导小组召开会议，审议规划，上报省发改委。

（二）规划指导思想和总体目标

1. 指导思想

"十一五"期间，福建省人才队伍建设坚持以邓小平理论和"三个代表"重要思想为指导，以科学发展观统领经济社会发展和人才工作全局，紧紧围绕海峡西岸经济区建设，紧密服务社会主义新农村建设、新型工业化发展、创新型省份建设、海洋经济强省和文化强省建设等重大战略决策，深入实施科教兴省战略和人才强省战略。树立科学人才观，切实贯彻尊重劳动、尊重知识、尊重人才、尊重创造的方针，坚持党管人才原则。树立人才资源是第一资源的观念，以人才资源能力建设为核心，以培养引进高层次人才为重点，着力培养学科带头人和领军人才。大力培养和吸引创新型人才，以改革创新体制机制为动力，以优化结构、改善环境为主线，以市场配置人才资源为基础，以加大人才投入为支撑，紧紧抓住培养、吸引、用好人才三个环节。加强党政人才、企业经营管理人才和专业技术人才队伍建设，抓紧培养专业化、高技能人才和农村实用人才。坚持产业聚才、项目引才，形成人才、项目、技术、资本对接机制。营造人才辈出、人尽其才的社会氛围，为全面推进海峡西岸经济区建设和构建社会主义和谐社会提供坚强的人才保证和智力支持。

2. 原则要求

——坚持人才资源开发与经济社会发展相协调，把科学发展作为人才工作的根本出发点，促进经济社会协调发展和人的全面发展。

——坚持与构建海峡西岸经济区九大支撑体系和八项举措相结合，与实施项目带动战略相结合，突出科技前沿，突出基础研究和基层人才工作，改革创新人才引进工作机制，有针对性地做好人才培养、引进和储备。

——坚持以培养和吸引创新型人才为重点，推动人才队伍整体素质和创新能力的提高，大力培养和吸引高层次创新人才和创新团队，充分发挥人才在自主创新中的关键作用，促进创新型省份建设。

——坚持扩大人才总量与调整人才结构、提高人才素质相结合，加大人才培养和结构调整力度，不断优化人才队伍结构和布局。

——坚持整体性人才资源开发与加强高层次人才队伍建设相结合，统筹各类人才的培养、吸引和使用，推进各类人才队伍协调发展。以中高级领导干部、优秀企业家和各领域高级专家为重点，大力加强高层次人才队伍建设。着眼于产业发展和社会主义新农村建设，抓好高技能人才和农村实用人才队伍建设。

——坚持省内培养和国内外引进相结合，大力开发利用国内国际两种人才资源，把人才资源开发的着力点放在省内，同时积极引进省外和海外人才智力资源。

——坚持改革创新与完善体制机制相结合，继续深化干部人事制度改革，突破束缚人才成长、阻碍人才流动、妨碍人才创新活力发挥的体制性、政策性障碍。既要充分发挥市场机制作用，又要加强和改进宏观调控，造就有利于人才脱颖而出、健康成长的良好环境，充分发挥各类人才的积极性、主动性和创造性。

3. 总体目标

"十一五"期间，人才资源开发进展明显，人才队伍规模进一步壮大，整体素质明显提高；人才结构逐步优化，人才的学科结构、知识结构、职称结构、年龄结构逐步改善；紧缺人才培养引进工作显著加强，主导产业、高新技术产业、产业集群急需的人才基本得到满足；人才在区域、城乡、产业和不同所有制间分布逐步趋向合理；人才政策比较完善，与社会主义市场经济体制相适应的人才工作体制机制基本健全，形成有利于激发人才创造活力和发挥聪明才智的社会环境。到2010年，全省党政人才、企业经营管理人才、专业技术人才总量由2005年末的214万人增加到280万人；专业技术人才总量由2005年末的143万人增加到190万人；高级专业技术人才由2005年末的8.3万人增加到12.5万人，高、中、初级结构比例由1∶4.6∶8.4改善为1∶4.2∶7.4；一、二、三次产业人才分布比重调整为4.5%、35.0%、60.5%，信息、石化、机械三大主导产业人才加快增长；国民平均受教育年限从2005年末的8.5年提高到9年；从事研究和实验开发活动的科学家与工程师全时人员达到3.6万人/年以上；新增高技能人才23万人，其中高级工20万人，技师、高级技师3万人；新增农村实用人才50万人。

"十一五"期间，在人才事业发展中统筹女性人才资源的建设和发展，重视女性人才的培养、使用、配置和管理，女性人才比重增加，新增数十万女性人才，促进大批女性拔尖人才和专门人才成长。

表7-1　　　　　　　　"十一五"期间人才队伍建设的主要目标

指　　标	"十一五"规划目标	属性
三支队伍人才总量(万人)	280	预期性
人才总量年均增长(%)	5.5	预期性
专业技术人才总量(万人)	190	预期性
专业技术人才总量年均增长(%)	5.8	预期性
高级专业技术人才总量(万人)	12.5	预期性
高级专业技术人才总量年均增长(%)	8.5	预期性
专业技术人才高、中、初级结构比例	1∶4.2∶7.4	预期性
大专及以上学历占三支队伍人才总量比重(%)	65以上	预期性
大专及以上学历公务员占公务员总量比重(%)	85以上	约束性

续表 7-1

指　　标	"十一五"规划目标	属性
专业技术人才接受继续教育面(%)	95 以上	约束性
一、二、三次产业人才分布结构(%)	4.5∶35.0∶60.5	预期性
信息、石化、机械三大主导产业人才拥有量(万人)	11.14/7.05/20.83	预期性
国民平均受教育年限(年)	9	预期性
从事研究和实验开发活动的科学家和工程师全时人员(万人/年)	3.6	预期性
新增高技能人才(万人)	23	预期性
其中：高级工(万人)	20	预期性
技师、高级技师(万人)	3	预期性
新增农村实用人才(万人)	50	预期性

注：预期性指标是指在现有基础上经过 5 年规划期的努力，预计可达到的目标。约束性指标是指应当达到的目标。

三、福建省国家公务员"十五"培训规划

2002 年 8 月，省人事厅制定《福建省国家公务员"十五"培训规划（2001—2005）》。

（一）培训目标与任务

1. 加强政治理论教育

教育和引导公务员解放思想、更新观念、开拓创新，树立正确的世界观、人生观和价值观，增强全心全意为人民服务的宗旨观念和廉洁自律意识。

2. 开展公务员各类培训

初任培训 全面实施新录用公务员的初任培训，做到先培训后上岗。初任培训的内容突出适应性，保证新录用公务员尽快适应政府行政机关工作要求，提高处理行政事务的能力。

任职培训 新晋升领导职务的公务员在任命后半年内接受任职培训，因特殊原因不能及时参加培训的可延期半年参加培训。任职培训根据所任层次进行，重点提高新担任领导职务公务员的政治思想素质、道德修养以及组织、决策、协调和依法行政能力，使其适应新的领导职位要求。

更新知识培训 围绕政府中心工作和优化公务员队伍的知识结构，确定两至三门课程，作为公务员更新知识培训的主要内容。突出前瞻性和适用性，重点培训现代行政管理、现代经济知识、现代科技知识与中国行政改革等，抓好信息技术与电子政务、公务员

公务活动常用英语等方面的技能培训。

专门业务培训 按照公务员队伍专业化的要求，规范专门业务培训内容，重点抓好窗口行业的培训。结合本系统、本专业的特点，至少确定两门以上专业课程，使公务员精通与工作领域相适应的专业知识、专业技能。

3. 开展依法行政培训

2002年起，用3年时间，在全省各级公务员中普遍开展依法行政培训，提高公务员学法用法和依法行政的能力。培训内容包括通用法律知识和专门法律知识。全省每年组织一次通用法律知识考试。

4. 开展中青年公务员教育培训

根据不同层次、不同职位公务员发展阶梯和目标，培养一批精通现代管理知识和具有专业化知识，德才兼备，有发展潜力的年轻公务员。有计划地选派政府机关中有培养前途、年龄40岁以下、素质优良、表现突出的公务员到福建行政学院参加脱产学习培训，使之成为能担任县处级以上领导的后备人才。

5. 开展分流人员培训

针对全省机构改革分流人员的特点和社会经济发展急需专业的要求，组织分流人员进行以定向专业培训和学历教育为主要形式的培训，充实到各行各业。

6. 开展东西部公务员对口培训

"十五"期间，为西部省、区培训300名副处级以上骨干公务员，加强东西部公务员培训工作和人才的合作交流。

7. 开展公务员学历教育

根据全省公务员队伍文化学历层次和专业结构的现状，按照"学用一致"的原则，有计划地指导和鼓励公务员，特别是年轻公务员参加学历教育。到2005年，全省各级国家行政机关45岁以下公务员基本上达到大专以上文化程度，省级国家行政机关公务员大专以上文化程度力争达到95％，市级国家行政机关公务员大专以上文化程度达到80％，县乡国家行政机关公务员大专以上文化程度达到60％以上。鼓励在职公务员攻读研究生或第二学历，开展公共管理硕士（MPA）专业学位教育，培养一批高素质、复合型的行政管理人才。

8. 组织出国（境）培训

为适应改革开放和现代化建设需要，结合福建省经济、社会发展和公务员队伍建设实际，学习和借鉴世界发达国家先进管理经验，重点学习国外政府公共管理、公务员管理制度及法规、公务员培训与管理、人力资源开发等内容。开辟国（境）外培训渠道，争取与发达国家建立培训合作关系。确定培训基地，有计划地选拔有发展潜力的中青年公务员出国（境）培训。

（二）培训措施

1. 公务员培训纳入全省干部教育培训总体规划

省人事厅负责公务员培训的综合管理工作，各设区市的政府人事部门是本地区公务员培训的主管部门。各级政府人事部门履行职责，加强对公务员培训工作的指导，抓好规划制定、政策研究、督促检查、质量评估、工作协调等宏观管理工作，结合实际，制订实施方案。

2. 建立公务员培训激励机制

建立和完善公务员培训的考试考核制度，加强公务员培训证书管理，坚持先培训后上岗。落实培训与使用相结合的原则，把培训的经历、学习表现和培训考试考核结果作为公务员考核、任职、定级和职务晋升必备条件之一。

3. 保证培训质量

坚持分类培训的原则，针对不同职位、不同层次公务员的能力标准，制定不同的培训目标、内容；根据行业系统的特点实行分类指导和实施，逐步形成以需要为导向，计划调训、自主择训、竞争参训相结合的培训机制。建立国家公务员培训年度计划备案制度，各级政府人事部门在每年12月，将本年度培训情况、下年度培训计划一并报上一级政府人事部门备案。完善公务员培训质量效益评估制度，确立科学、合理的评估体系。建立培训信息管理网络，及时把握培训信息，加强对培训信息的统计、分析和研究，提高培训的预测、规划和决策水平，实现培训教育管理现代化。加强培训教材建设，建立统一、规范、配套的教材体系。"十五"期间组织编写一套具有一定前瞻性和具有福建特色的公务员培训系列教材，以适应全省公务员培训工作发展需要。

4. 加强培训基地建设

福建行政学院是全省培训公务员的重要基地，要充分发挥对各地行政学院（分院）的示范和教学指导作用。各级行政学院（分院）要坚持正确的办学方向，坚持理论联系实际的办学原则，确定和完善主体班次设置和教学计划，做到以培训为主，教学、科研、咨询三位一体，逐步形成具有福建特色、适应公务员培训需要的培训教学体系。在教学内容、教学方法等方面加大开拓创新力度，增强培训的针对性和有效性。推广运用多媒体等现代教学技术手段，发展以信息技术为基础的远程教育，推进公务员培训基地的信息化建设。各级政府人事部门加强对培训基地的业务指导，根据培训需要，逐步调整公务员培训基地的布局和规模，建立以行政学院（分院）为主，其他施教机构为补充的国家公务员培训施教体系。

实行公务员培训施教机构资格认定制度，有计划地对现有干部院校、培训中心和有条件承担公务员培训任务的普通高等院校及其他培训机构进行资格认定。

5. 加强培训师资队伍建设

建立教师进修培训制度，增加投入，为教师的学习培训、学术交流和开展教研活动提供必要的保障。加强教师的实践锻炼，定期或不定期选派教师到行政机关挂职锻炼，熟悉政府的管理方式和运行程序，提高教师的素质和能力。根据公务员培训基地实际和公务员培训的特点，适当扩大兼职教师的比例，加强兼职教师的动态管理，有计划地选聘具有较高理论水平与丰富实践经验的领导和专家学者担任兼职教师。组织有关部门及公务员培训施教机构设立全省公务员培训师资库，实现师资资源共享。加强培训管理者的培训，培养一批能胜任现代培训要求的培训管理骨干。"十五"期间，有计划地开展培训教育基础理论、国家公务员培训实务和现代培训技能等知识的培训，加强研究公务员培训规律、原则、内容和方法，提高培训管理者的组织管理能力。

6. 保证公务员培训经费投入

各级政府财政部门将公务员培训经费列入同级政府财政预算，对重要培训项目给予重点保证。对培训经费必须编制使用计划，专款专用。

四、专业技术人员继续教育"十五"规划纲要

2001年，省人事厅编制《福建省专业技术人员继续教育"十五"规划纲要（2001—2005年）》。

（一）主要目标

1. 推进继续教育法制化建设

深入贯彻落实《福建省专业技术人员继续教育条例》，健全完善与《条例》相配套的督导制度、执法责任制、证书登记制度、统计制度、奖惩制度、评估制度、继续教育与使用挂钩制度。

2. 加大中青年专业技术人才培养力度

全省以40岁以下的高级专业技术人员和30岁以下的中级专业技术骨干作为继续教育的重点对象，根据不同层次学术和技术带头人的特点，结合跨世纪人才培养规划，开展以博士后工作站、高级研修示范班为主要形式的高层次继续教育活动，培育造就一大批追踪现代科技前沿的中青年学术技术带头人。加紧培养急需的紧缺人才，特别是生物工程、海洋工程、新材料技术、信息技术、光机电一体化和环保等紧缺专业人才。

3. 扩大继续教育的受益面

围绕"新理论、新技术、新技能、新信息、新知识、新方法"，开展形式多样又行之有效的继续教育活动。继续推广"读书研讨""读书考试"和刊授等方法，加大对各类知

识的更新力度。开展以计算机应用能力、WTO知识、知识产权保护、创造力开发为主要内容的公共必修课学习，提高专业技术人员参与国际竞争的能力和基本技能，提高继续教育的科技效益、人才效益和社会效益。发展现代远程教育网络，应用现代教育技术手段，向全省各行业的专业技术人员提供高质量的继续教育课程，解决山区和基层专业技术人员继续教育的问题，构建终身教育的环境和条件。"十五"期间，全省专业技术人员每年接受继续教育面不少于80%。到2005年，全省专业技术人员接受继续教育面达到90%以上。

4. 开展高、中级继续教育研修示范活动

"十五"期间，组织举办150期高级研修班，强化示范和辐射作用。

5. 推进非公有制经济单位的专业技术人员继续教育工作

"十五"期间，在试点工作的基础上，引导和推动非公有制经济单位继续教育的工作，保证非公有制经济单位专业技术人员接受继续教育的权利和义务。

6. 加强对外合作与交流

组织实施国内外合作人才培养计划，通过各种方式，密切与国内外继续教育机构、团体的联系，探索利用国内外继续教育资源培养急需人才的路子。参与继续教育的国内、国际交流，及时了解国内外继续教育发展动态，学习借鉴有益经验，拓展渠道，举办国（境）外培训考察活动，增进双边或多边交流和合作。

（二）主要措施

1. 加大继续教育宣传力度

突出宣传继续教育在经济建设、社会发展和科技进步方面的典型事例，提高全社会特别是企事业单位和广大专业技术人员对继续教育的认识，营造良好的社会氛围。

2. 加大《福建省专业技术人员继续教育条例》的执行力度

严格执行《福建省专业技术人员继续教育条例》的有关规定，保证专业技术人员接受教育的时间和接受继续教育期间依法享受工资福利待遇。从2003年起，全省各行各业的专业技术人员每年接受继续教育学时作为聘任、续聘或晋升专业技术职务和取得执业资格再次注册的必备条件。

3. 探索继续教育的体制创新

加快继续教育体制的创新，形成国家、单位、个人、外资等多元参与的新格局。提高继续教育的社会化程序，逐步培育继续教育培训市场。引导继续教育各主体要素进入市场，通过市场交换培训的供求信息，实现继续教育资源的优化配置。在试点的基础上，逐步开放培训市场。鼓励社会、单位和个人向继续教育投资，按照责任共担、利益共享原则，开拓继续教育的市场，吸引更多的社会资源投入到继续教育中。

4. 加强基地建设

利用高等院校、科研院所、企事业单位、培训机构等现有继续教育基地的办学条件，建立健全省、设区的市、县（区）三级培训基地网络，发挥基地在人才培养、新知识传播及科技成果转化中的示范和辐射作用。基地建设坚持面向市场，引入市场机制，遵循优胜劣汰的规则。逐步完善基地的自我约束、自我管理机制，按需办学、按需施教，充分挖掘基地的培训潜力。利用网络、远程教育等现代教学手段，提高办学质量。拓宽高等院校、科研院所继续教育服务的渠道，促进开展"产、学、研"有机结合。

5. 推进教学改革

加强继续教育的理论研究，以改革创新的精神，探索适应社会主义市场经济体制的继续教育模式和教学方法。以需求为导向，增强培训教学内容的针对性、实用性和先进性。根据不同学科、专业和行业领域的发展趋向以及对专业技术人员素质的要求，编制科目指南和教材，确定继续教育导向性培训内容。

6. 多渠道解决经费问题

争取同级财政部门对继续教育经费的支持，多方筹集继续教育经费，改革继续教育费用承担方式，实行国家、用人单位和接受继续教育者共同合理负担。各级政府财政部门根据财力和继续教育工作的发展需要，将继续教育主管部门的工作经费列入年度财政预算。

7、加强继续教育管理队伍的建设

"十五"期间，对继续教育管理的人员分期分批进行系统培训，提高他们的管理能力和执法水平，培养一支政治素质高、业务能力强、作风扎实、求实创新的继续教育管理队伍。

8. 总结推广继续教育先进经验

加强继续教育理论研究，增进继续教育信息交流。各级人事部门经常检查各地、各部门继续教育情况，及时总结经验，表彰先进，指导和推动继续教育的健康发展。

五、福建省博士后工作"十五"规划

2001年，省人事厅制定《福建省博士后工作"十五"规划（2001—2005）》。

（一）发展目标

站点建设预期目标：到2005年末，全省博士后科研流动站和企业博士后科研工作站的总数达到44个以上，在现有基础上至少翻一番。

人才培养、使用预期目标：到2005年末，全省博士后科研流动站和工作站站点招收博士后总数累计324个，在原有基础上至少翻一番。出站博士后80%留省就业。"十五"期间，在站博士后每人承担2项以上重要研究项目，其中国家级项目占50%以上；每人发表在省级以上核心刊物上的论文总数不低于4篇；全省博士后专利成果和重要科技成果总量达44项以上，博士后科技成果转化率达到30%。

管理体制改革预期目标：初步建立起政府宏观调控、分级分类管理、运转高效灵活、服务及时周到、适应社会主义市场经济发展要求、具有福建特色的博士后管理体制和运行机制。

（二）主要措施

1. 加强站点建设

鼓励支持国有大型企业、民营企业、股份制企业、外国独资企业、留学回国人员创业园、生产型事业单位申请建立企业博士后科研工作站。对条件较差的山区地（市）申请建立企业博士后科研工作站给予更多的政策倾斜。进一步发挥博士后科研工作站的桥梁和纽带作用，逐步形成企业与高校、科研院所的合作机制，促进更多的企业实现"产、学、研"紧密结合。

2. 建立多渠道投入机制

增加政府投入 "十五"期间，省政府投入博士后工作的预算内经费不低于华东地区中等水平。主要用于：福建省自筹经费招收的博士后日常经费从原来的每人每年2万元提高到3万元；每年给予新建博士后站点一定的工作启动费，给予博士后人员开展课题研究一定的资助；根据中央给予福建省博士后公寓建设费的数量按1∶1的比例给予配套经费。各级政府每年拨出一定的预算内经费，支持当地博士后事业的发展。

争取社会资金投入 有条件的地（市）或部门设立专项资助资金，由出资者自行决定投入方式、受益人及使用条件。鼓励博士后站点与企事业单位联合招收、定向培养博士后。加强同科研、教育、产业管理部门的联系，配合国家重大项目研究工作（如国家科技攻关项目、自然科学基金项目、"863"项目等）和高新技术产业发展战略，依据研究项目解决经费问题。积极向国家申请博士后科学基金资助。

3. 深化管理体制改革

调整管理权限 争取国家人事部把福建作为管理体制改革试点省份，增强省一级博士后主管部门在博士后管理工作上的综合协调作用。

构建多种招收、管理模式 扩大省财政自筹经费招收博士后的规模，改革其管理方式，逐渐变直接报批为数量条件控制、备案审核登记，调动设站单位积极性。

建立考核评估体系和激励机制 对连续两年招收不到博士后或管理混乱的站点单位，亮黄牌，限期整改，整改无效的取消设站资格。对年度考核不合格或学术水平低下的博士后人员，减少或取消对其经费支助，延长出站时间。对优秀站点单位和博士后人员，经费上给予倾斜。对承担国家、省重点科研课题或高新技术开发项目的，省级主管部门要给予重点支助。

制定《福建省博士工作规定》 规范博士后工作的管理措施和办法。

4. 完善服务体系

加快博士后公寓建设 "十五"期间,采取中央和省各出一部分的方式,在博士后站点相对集中的福州地区集中建造30~40套博士后公寓。各地各站点单位采取措施,建造博士后公寓,解决博士后住房问题。

推进社会保险和住房保障制度改革 把博士后纳入统一的社会保障体系,建立起以失业、医疗、养老等社会保险为主,以商业保险为补充的保障体系。结合住房制度改革,将博士后住房公积金收缴、住房补贴发放等纳入明确、统一的制度规范中。

建立面向社会的服务系统 开拓博士后服务于经济建设主战场的新途径,促进各设站单位、博士后研究人员和社会各方面广泛参与,建立起博士后面向社会的服务系统,为博士后科技成果评价、转让、孵化等服务。利用博士后人才资源开展科技咨询、讲学、企业诊断、项目承接,服务社会。

加快信息网络建设 "十五"末期,初步建成与全国联网的博士后信息网络系统,建立起博士后站点库、博士后人才库、研究项目库、科研成果库,实现博士后供求、进出站管理、经费拨款、基金评审、项目招标与洽商、质量评估、经验交流等的信息化、自动化、网络化。

5. 开展招收博士后工作

定期举办面向全国的网上招收博士后工作。定期组织博士后站点赴省外高校或科研机构考察招收博士后,并与之建立长期的合作关系。采取措施,吸引海外留学博士回国做博士后。鼓励有条件的地区和单位招收外籍博士来闽做博士后,开拓利用国际人才参与福建省经济建设渠道。

6. 加强领导

把博士后工作纳入地方和部门的经济与社会事业发展的范畴,摆上议事日程,及时研究解决重要政策性问题,特别是难点、重点问题。对涉及多个部门的政策和业务,做好协调工作。新闻单位做好宣传报道,广造社会舆论,为博士后工作创造良好的外部环境。

第二节 科 研

一、项目研究

1998—2005年,省委组织部、省人事厅、省科技厅等相关部门组织开展人事人才项目研究，为福建省发展和海西建设提供智力支持和保障。

（一）人才教育与培养

主要项目有：1999年"关于加强高层次人才培养、引进工作研究"；2000年"21世纪初期福建中高级人才培养及智力引进问题研究"；2001年"面向知识经济社会福建省高等学校人才培养质量保证体系研究"等。

（二）绩效考核与工资制度

主要项目有：1999年"国有企业经营者报酬制度研究"；2000年"论人力资源考核系统"；2001年"企业高级雇员报酬激励研究"；2002年"浅析民营企业员工激励机制"等。

（三）就业与配置

主要项目有：1997年"论中国劳动力资源的市场配置"；2000年"完善人才市场体系，推进人才资源市场化配置""福建省机构改革和企事业单位人事制度改革过程中人才资源的优化配置研究"；2004年"福建省自然科学研发人员就业问题研究"等。

（四）人才流动与引进

主要项目有：1999年"关于加强高层次人才培养、引进工作研究"；2000年"21世纪初福建中高级人才培养及智力引进问题研究"；2002年"福建省智力引进方式与政策创新研究""福建吸引与使用留学人才的对策研究""适应人才国际化趋势，适度开发留学人才资源研究""福建省引进人才工作的问题与对策建议"；2003年"加强留学归国人员统战工作研究"等。

（五）人才交流与合作

主要项目有：2002年"加强省际人才交流合作的思路与对策"；2004年"增进闽港人才合作的思路、措施与建议""闽台科技与人才交流合作研究"等。

（六）人才资源开发

主要项目有：1998年"关于开发退休科技人才资源为社会再作贡献的探讨"；1999年"加快福建跨世纪人才资源开发"；2002年"科技特派员制度的实践与探索""加入WTO后我国人才资源开发面临的挑战与机遇""论人才资源开发体系建设""建立健全多渠道筹集资金的机制促进福建省人才资源开发健康发展""福建非公企业人才资源现状分析""福建省企业人才发展问题研究""福建省技术工人培养与使用问题的研究"；2003年"福建省农村妇女科学素质状况及其提高对策研究""人力资源开发与福建全面建设小康社会战略关系研究"等。

（七）人才评价与选拔

主要项目有：1998年"福建省公开选拔领导干部考试题库研究"；2001年"深化改革

构建具有生机与活力的选人用人机制";2002年"关于建立选人用人公正机制问题研究的调研报告""关于建立完善干部选拔任用工作监督机制的调研报告";2004年"关于完善干部选任机制提高党的执政能力的若干思考"等。

（八）经济发展与人才支撑

主要项目有：2005年"深化人事制度改革推进人才资源开发为海峡西岸经济区建设提供智力支撑""海峡西岸经济区建设的人力资源支撑体系研究"等。

（九）人才队伍建设

主要项目有：2000年"福建跨世纪高层次人才队伍建设研究""加快福建技术创新人才队伍建设的若干建议";2002年"福建省科技人才队伍建设研究"。

（十）人才战略

主要项目有：2001年"加快建设福建人才高地";2002年"福建人才战略研究";2004年"福建省'十一五'期间实施人才强省战略面临的突出问题研究"等。

二、课题调研

2000年8月24日，省人事厅下发《关于开展深化事业单位人事制度改革调研工作的通知》，组织开展深化事业单位人事制度改革专题调研。10月17日，省人事厅下发《关于开展人事调研工作的通知》，确定10个调研课题，各课题承担单位组织力量，开展调查研究。12月14日，省委组织部、人事厅、工商局转发中组部、人事部、国家工商局《关于开展非公有制企业管理人员及专业技术人员调查工作的通知》，部署对福建省非公有制企业管理人员及专业技术人员进行全面调查。各市人事局负责本地非公有制企业管理人员及专业技术人员情况调查，按要求汇总本地《非公企业管理人员及专业技术人员情况调查表》，报送本地非公企业管理人员及专业技术人员情况分析报告和开展调查工作的书面总结。

2001年7月，省人事厅向国家人事部报送《加强政府宏观调控，推进毕业生资源的市场化配置》《完善人才市场体系，推进人才资源市场化配置》《福建技术创新体系的人才支撑研究》《福建省机构改革和企、事业单位人事制度改革过程中人才资源的优化配置研究》4篇调研报告。

2001年8月22日，省委组织部、人事厅、工商局下发《关于非公有制企业管理人员及专业技术人员调查调研工作的通知》，再次部署开展非公有制企业管理人员、专业技术人员状况专题调查研究。调研选取福州、厦门、泉州为调研地点，采取召开座谈会与典型企业实地调查相结合的办法进行，每个地点挑选10家有代表性的非公企业参加座谈会，典型企业实地调查。上报人事部调研报告和论文有6篇，其中《福建省非公有制企业人才资源现状分析》《福建省人才政策落实调研报告》和《福建省经贸企业引智工作研究报告》被人事部评为优秀调研报告,《福建省高校毕业生就业制度改革研究》和《国家机关事业单位养老保险制度的改革探索》分别获二、三等奖。

2002年7月25日,省人事厅办公室下发《关于开展人事调研工作的通知》,部署开展调研工作,确定13个课题的调研计划和承办单位。12月9日,向国家人事部报送《福建省人才政策落实情况调研报告》《深化人事制度改革,完善公务员管理制度,建立能上能下、严进宽出机制》《适应新形势要求,加强和改进军转培训工作》《福建等沿海地区自主择业军转干部偏少的原因及其对策》《福建省经贸企业引智工作研究报告》和《福建省非公有制企业人才现状分析》等6个课题调研成果。是年,省人事部门还完成《拓宽福建对内连接通道问题研究》和《加强省际人才交流合作的思路与对策》等课题报告,对省际人才交流合作进行理论与实践探讨。

2003年,完成福建省文化事业单位人事制度改革课题调研。同时,到部分高校、科研单位和省重点项目单位调研人才需求。4月,省人事厅领导带领有关处室负责人到福建工程学院、福建电子信息集团、福建炼化有限公司、泉港石化基地、福建高速公路股份有限公司等在建重点项目单位进行座谈,共同商讨高层次人才引进、培养、使用的措施和办法,并逐步建立经常性的联系制度。5月,又由厅领导带队,分4个调研组,与各设区市人事局负责人分赴有关县、市(区)开展调研,商讨为加快县域经济发展服务的措施、办法和对人才配置的要求。5月19日,省人事厅转发国家人事部办公厅《二○○三年人事政策调查研究提纲》。6月18日,省人事厅办公室下发《关于开展人事调研工作的通知》,确定14个课题的调研任务及承办单位,组织开展调研工作。在第三届全国人事科研成果评审中,省人事厅选送的《加快建设人才高地课题研究报告》获三等奖。2004年2月9日,向人事部政策法规司报送2003年度人事调研成果,即《加快发展福建博士后事业的若干思考》《建立健全事业单位激励约束机制和思路与对策》《构筑人才高地,促进龙岩市高层次人才引进》《关于龙岩市农村农业专业技术人才紧缺之现状、原因及对策的探讨》等4篇调研文章。

2004年,完成"搭建闽港人才合作平台"和"关于加强农村和山区人才工作的若干意见"的课题研究。省人事厅向国家人事部上报4个调研课题名称。是年,参与"依靠科技进步,推动海峡西岸经济区建设"课题研究,省人才研究所完成2个子课题调研,刊发在福建省政府发展研究中心《研究报告》2005年第18、第19期上。在第四届全国人事科研成果评审中,省委政策研究室、人事厅选送的《福建发展对人才需求与结构变化的预测分析研究报告》获课题报告类二等奖。

2005年2月,省人事厅向国家人事部政策法规司报送调研成果:《福建省"十一五"

期间实施"人才强省"战略问题研究》、《人事争议仲裁立法若干问题研究》、《福建省民营企业引智政策研究》、《认真研究解决军转安置工作中的突出矛盾和问题,进一步深化军转安置制度改革》等4篇研究文章。省人事厅协同省科技厅共同完成2005年度省重点课题、省软科学研究重大项目"增强构建社会主义和谐社会能力"的研究。子课题报告《坚持"四个尊重"方针,增强福建人才、科技创造活力》被省委政研室、省政府发展研究中心评为二等奖。

附：2004年三大支柱产业人才结构调查

2004年,根据省委组织部、省人事厅《关于开展三大主导产业人才状况调查的通知》,对福建省电子信息、机械、石化三大支柱产业人才状况进行调查。

在被调查的企业中,从业人员18.37万人,其中,管理人员1.27万人,占从业人员的6.91%;专业技术人员3.94万人,占从业人员的21.45%;工人13.16万人,占从业人员的71.64%。

（一）管理人员结构调查

1. 学历结构

被调查企业的管理人员中,研究生学历占6.09%,大学本科学历占34.23%,大学专科学历占27.98%,中专学历占23.31%,高中及以下学历占8.40%。

表7-2　　　　　　　　三大支柱产业管理人员学历情况表

单位：人，%

项目	总数	研究生 人数	研究生 占比例	大学本科 人数	大学本科 占比例	大学专科 人数	大学专科 占比例	中专 人数	中专 占比例	高中及以下 人数	高中及以下 占比例
电子信息	10435	730	7.00	3652	35.00	2713	26.00	2505	24.01	835	8.00
机械	403	28	6.95	169	41.94	115	28.54	39	9.68	52	12.90
石化	1909	18	0.94	542	28.39	738	38.66	427	22.37	184	9.64
合计	12747	776	6.09	4363	34.23	3566	27.98	2971	23.31	1071	8.40

2. 年龄结构

被调查企业的专业技术人员中,35岁及以下占15.37%,36~45岁占27.14%,46~54岁占32.36%,55岁及以上占25.13%。

表7-3　　　　　　　　　　　三大支柱产业管理人员年龄情况表

单位：人，%

项目	总数	35岁及以下 人数	占比例	36~45岁 人数	占比例	46~54岁 人数	占比例	55岁及以上 人数	占比例
电子信息	10435	1148	11.00	2608	24.99	3652	35.00	3027	29.01
机　械	403	122	30.27	145	35.98	101	25.06	35	8.68
石　化	1909	689	36.09	707	37.04	372	19.49	141	7.39
合　计	12747	1959	15.37	3460	27.14	4125	32.36	3203	25.13

（二）专业技术人员结构调查

1. 学历结构

被调查企业的专业技术人员中，研究生学历占4.47%，大学本科学历占36.07%，大学专科学历占25.07%，中专学历占22.54%，高中及以下学历占11.86%。

表7-4　　　　　　　　　　三大支柱产业专业技术人员学历情况表

单位：人，%

项目	总数	研究生 人数	占比例	大学本科 人数	占比例	大学专科 人数	占比例	中专 人数	占比例	高中及以下 人数	占比例
电子信息	34785	1739	5.00	12523	36.00	8348	24.00	7653	22.00	4522	13.00
机　械	1498	12	0.80	814	54.34	417	27.84	228	15.22	27	1.80
石　化	3084	9	0.29	861	27.92	1104	35.80	992	32.17	118	3.83
合　计	39367	1760	4.47	14198	36.07	9869	25.07	8873	22.54	4667	11.86

2. 年龄结构

被调查企业的专业技术人员中，35岁及以下占18.97%，36~45岁占18.33%，46~54岁占32.92%，55岁及以上占29.79%。

表7-5　　　　　　　　　　三大支柱产业专业技术人员年龄情况表

单位：人，%

项目	总数	35岁及以下 人数	占比例	36~45岁 人数	占比例	46~54岁 人数	占比例	55岁及以上 人数	占比例
电子信息	34785	5218	15.00	5913	17.00	12174	35.00	11480	33.00
机　械	1498	1013	67.62	318	21.23	107	7.14	60	4.01
石　化	3084	1235	40.05	984	31.91	678	21.98	187	6.06
合　计	39367	7466	18.97	7215	18.33	12959	32.92	11727	29.79

3. 职称结构

被调查企业的专业技术人员中，高级职称占7.94%，中级职称占31.20%，初级职称占58.67%，未评定职称占2.18%。

表7-6 三大支柱产业专业技术人员职称情况表

单位：人，%

项目	总数	高级职称 人数	高级职称 占比例	中级职称 人数	中级职称 占比例	初级职称 人数	初级职称 占比例	未评定职称 人数	未评定职称 占比例
电子信息	34785	2887	8.30	10957	31.50	20941	60.20	—	—
机械	1498	63	4.21	320	21.36	679	45.33	436	29.11
石化	3084	177	5.74	1007	32.65	1477	47.89	423	13.72
合计	39367	3127	7.94	12284	31.20	23097	58.67	859	2.18

（三）工人结构调查

1. 学历结构

被调查企业的工人中，大学本科学历占0.25%，大学专科学历占5.64%，中专学历占13.23%，高中及以下学历占80.88%。

表7-7 三大支柱产业工人学历情况表

单位：人，%

项目	总数	研究生 人数	研究生 占比例	大学本科 人数	大学本科 占比例	大学专科 人数	大学专科 占比例	中专 人数	中专 占比例	高中及以下 人数	高中及以下 占比例
电子信息	—	—	—	—	—	—	—	—	—	—	—
机械	6889	—	—	26	0.38	220	3.19	1560	22.64	5083	73.78
石化	9719	—	—	16	0.16	717	7.38	637	6.55	8349	85.90
合计	16608	—	—	42	0.25	937	5.64	2197	13.23	13432	80.88

注：信息产业部的普查没有涉及工人的学历、年龄及技术等级构成数据，因此，工人的构成情况只有机械、石化两个产业。下同。

2. 年龄结构

被调查企业的工人中，35岁及以下占51.52%，36~45岁占27.95%，46~54岁占14.59%，55岁及以上占5.94%。

表7—8 三大支柱产业工人年龄情况表

单位：人，%

项目	总数	35岁及以下 人数	占比例	36~45岁 人数	占比例	46~54岁 人数	占比例	55岁及以上 人数	占比例
电子信息	—	—	—	—	—	—	—	—	—
机　　械	6889	4869	70.68	1275	18.51	674	9.78	71	1.03
石　　化	9719	3687	37.94	3367	34.64	1749	18.00	916	9.42
合　　计	16608	8556	51.52	4642	27.95	2423	14.59	987	5.94

3. 技术等级结构

被调查企业的工人中，高级技师占0.03%，技师占0.77%，高级工占8.68%，其他占90.52%。

表7—9 三大支柱产业工人职称情况表

单位：人，%

项目	总数	高级职称 人数	占比例	中级职称 人数	占比例	初级职称 人数	占比例	未评定职称 人数	占比例
电子信息	—	—	—	—	—	—	—	—	—
机　　械	6889	5	0.07	48	0.70	351	5.10	6485	94.14
石　　化	9719	—	—	80	0.82	1090	11.22	8549	87.96
合　　计	16608	5	0.03	128	0.77	1441	8.68	15034	90.52

第八章 机构与人事基础工作

第一节 机 构

一、省级机构

（一）行政机构

1998年，省人事厅内设办公室、综合处、考试录用处、考核任免处、培训教育处、工资福利处、保险退休处、流动调配处、专家处、职称处、军官转业安置处、引进海外智力办公室、人事处（机关党委）。另设置派驻监察室，履行行政监察职责。

2000年8月，省委办公厅、省政府办公厅批准省人事厅职能配置、内设机构和人员编制方案，省人事厅设办公室、政策法规处、专业技术人员管理处、专家工作处（福建省博士后工作管理协调委员会办公室）、公务员管理处（福建省国家公务员测评办公室）、考核奖惩培训处、流动调配处（福建省人才市场管理办公室）、工资福利与退（离）休处、军官转业安置处（福建省军队转业干部安置工作领导小组办公室）、引进海外智力办公室（挂"福建省外国专家局"牌子）、人事处（机关党委）11个职能处（室）。派驻的纪检组与监察室合署办公。

省人事厅机关行政编制为50名。其中，厅长1名、副厅长4名、纪检组长（副厅级）1名；处级领导职数23名（含机关党委专职副书记1名），其中正处级12名、副处级11名；机关工勤人员核定事业编制8名。省博士后工作管理协调委员会办公室、省人才市场管理办公室、省国家公务员测评办公室挂靠省人事厅，核定机关事业编制12名。9月，省纪委、省监察厅派驻省人事厅纪检组、监察室行政编制核定为4名，处级领导职数为2名，其中，纪检组副组长兼监察室主任1名，监察室副主任1名。12月，省委编办重新核定省人事厅离退休干部工作人员编制7名（含司机编制）。

2004年1月14日，省委编办和省人事厅机构分开设置。至2005年底，省人事厅内设14个行政处室、16个直属单位。其行政处室为：办公室、政策法规处、专业技术人员管

· 145 ·

理处、专家工作处、公务员管理处、考核奖惩培训处、流动调配处、工资福利与退（离）休处、军官转业安置处、引进海外智力办公室（加挂"福建省外国专家局"牌子）、人事争议仲裁委员会办公室、人事处、机关党委、监察室。

2005年5月，划入省委编办离退休老干部工作人员编制2名。至2005年底，因加强军转干部安置工作及自主择业军转干部管理服务工作需要，省人事厅机关行政编制增至65名，工作人员共89名。其中，厅级6名，办公室8名，政策法规处4名，专业技术人员管理处5名，专家工作处（省博士后工作管理协调委员会办公室）4名，公务员管理处（省国家公务员测评办公室）6名，考核奖惩培训处5名，流动调配处7名，工资福利与退（离）休处6名，军官转业安置处（省军队转业干部安置工作领导小组办公室）6名，引进海外智力办公室（省外国专家局）5名，人事争议仲裁处4名，人事处（含老干科）7名，机关党委1名，监察室3名，工勤人员12名。厅直属事业单位工作人员67名。直属单位详见本节一（二）目。

表8-1　　　　　　1998—2005年省人事厅副厅长以上干部名表

姓名	职务	任职时间
林国清	厅　长	1994.11.19—2000.4.1
	巡视员	2000.4.7—2004.6.15
骆烟良	巡视员	1997.12.30—2002.10.16
黄昌平	副厅长	1994.11.20—2000.4.7
陈芝如（女）	副厅长	1994.11.20—2000.4.7
	助理巡视员	2000.4.7—2002.6.17
颜黎明	副厅长	1996.1.25—2004.1.20
林光大	纪检组长	1997.8.15—2002.5.15
陆志华	副厅长	1997.12.30—2000.4.7
	厅　长	2000.4.7—
丛远东	副厅长	2000.4.7—
汤昭平	副厅长	2000.4.7—
吴钦霖	副厅长	2002.6.6—
董建洲	纪检组长	2002.5.15—

附：稽查特派员

1998年7月3日，《国务院稽查特派员条例》（以下简称《条例》）颁布，并正式施行。《条例》指出：稽查特派员由国务院派出，代表国家对国有重点大型企业行使监督权力；

稽查特派员成员由部级、副部级国家工作人员担任；其工作情况直接向国务院汇报。

1998年5月—2000年9月，根据中央企业工委和人事部的部署，省委组织部、人事厅、经贸委联合开展国有大中型企业稽查特派员试点工作，以省人事厅为主，试点办公室设在省人事厅，下设4个办事处，主要任务是对全省10个国有大中型企业财务状况开展稽查。每个稽查特派员配助理4人，负责5个企业的稽查工作。稽查员不参与、不干涉企业生产经营活动，主要职责是通过财务稽查，发现问题，防止国有资产的贬值和流失，并以财务分析为基础，对经营者的经营业绩作出评价。

（二）事业单位

省人事厅直属事业单位有：

省军队转业干部接待站　1982年3月成立，核定事业编制10名，行政编制3名。实行企业化管理。至2005年不变。

省人事干部学校　前身为1983年12月成立的福建省人事干部培训班。1985年1月，更名为福建省人事干部学校。2001年2月，内设5个科室。2004年8月，加挂"福建省公务员培训中心"牌子，实有编制14名，至2005年不变。

省人才交流服务中心　前身为1984年6月以省人才交流引进办公室为基础成立的福建省人才交流服务中心。1986年3月，省政府同意省人事局内设引进国外智力办公室，省人才交流服务中心对外保留牌子，原承担的工作任务属于国外部分的归并引进国外智力办公室，属于国内部分的归并省人事局干部调配处。所属的人才研究所亦归省人事局领导。事业编制15名归省人事局统一使用。至2005年不变。

省人才研究所　1985年1月成立。2000年12月，依照国家公务员制度管理，内设3个科室，核定事业编制10名。2005年6月，省人事厅党组决定：不再依照国家公务员制度管理，恢复为按事业单位人事管理有关规定进行管理。

省人事厅人事信息中心　前身为1985年1月省人事局新增的下属机构人才数据库。2000年8月，更名为福建省人事厅人事信息中心，事业编制15名，其中，管理人员3名，专业技术人员10名，工勤人员2名。经费由省财政实行定额或定项补助，机构规格相当副处级，配备领导职数正职1名（副处级），副职1名（正科级）。2001年2月，省人事厅党组明确其主要职责是负责全省人事管理软件及其他软件的推广、培训和管理，承担统计、预测等为机关和社会服务的具体工作。内设3个科，至2005年不变。

省军队转业干部培训中心　1986年10月成立。核定事业编制35名。至2005年不变。

省退休干部咨询服务中心　1988年1月成立，为独立核算、自负盈亏的事业单位，不定机构级别，不列编制。至2005年不变。

省人事考试中心　1990年3月成立，核定事业编制5名。2000年5月增加事业编制

10名。增编后事业编制计20名,其中,行政管理人员2名,专业技术人员16名,工勤人员2名,经费自给,至2005年不变。

省退休干部管理服务中心 2002年11月,由省退休干部活动中心更名为省退休干部管理服务中心,配备正、副处级领导各1名。至2005年不变。

省专家服务中心 1992年3月成立,核定事业编制20人,实行企业化管理,至2005年不变。

省留学回国人员工作站 1992年5月人事部批复成立。1995年1月确定为隶属省人事局的事业单位,核定事业编制5名,经费实行差额补助,至2005年不变。

省机关事业单位工人考核管理中心 1995年12月成立,核定人员编制6名,经费实行差额拨款。经过2年,自收自支。1999年10月,明确经费收支纳入预算管理,核定收支,实行定额或定项补助。至2005年不变。

省三峡库区移民海沧培训中心 1997年12月30日成立。2005年核定编制20名,正、副处级干部各1名。

省人才智力开发总公司 1998年撤销。

省冠豸山干部培训休养中心 1998年1月成立,配备副处级职数1名,至2005年不变。

省留学人员创业园管理中心 1999年3月成立,核定事业编制6名。至2005年不变。

机关事业保险局 2000年,职能和机构划转省劳动和社会保障厅。

省国际人才交流中心 2001年8月成立,核定事业编制5名,其中行政管理人员1名,专业技术人员4名,正、副处级领导各1名,经费由财政定额补助,至2005年不变。

(三)社团机构

省人才研究会 成立于1984年12月。业务主管部门为省科协。1984年12月,召开第一届理事会,高胡担任理事长。1990年,召开第二届理事会,高胡连任理事长。1996年,召开第三届理事会,林国清任理事长。主要业务范围是:理论研究、人才培养、编辑出版、学术交流。

省干部学校系统教育研究会 成立于1988年8月。2000年,召开第四次会员代表大会,选举产生新一届理事会。其中,名誉理事长、理事长各1人,副理事长6人,秘书长1人,常务理事长11人。陈芝如担任名誉理事长,理事长由林传德担任。2004年11月,召开第五次会员代表大会,选举产生第五届理事会,其中名誉理事长、理事长各1人,副理事长6人,秘书长1人,常务理事13人。会员单位代表73人。名誉理事长由吴钦霖担任,理事长由唐华苏担任。

省国际人才交流协会 成立于1992年。2004年9月召开会员代表大会,选举产生新一届理事会。由王建双担任名誉会长，陆志华担任会长，省政府、省委组织部、人事厅、科技厅、教育厅、外事办各有1名副厅级干部任副会长，协会理事单位代表64人，会员单位近120个。理事单位由省直各厅局相关业务部门及一些在国际人才交流领域贡献较大或在福建省经济建设方面较有影响的企事业单位组成；会员单位由福建省专门从事或热心于国际人才交流活动的部门、团体、企事业单位及专家学者组成。

省专家联谊会　成立于1994年2月。1998年5月，召开第二次会员代表大会，选出新一届理事会，由34名理事组成，其中常务理事23人。会长谢联辉，会员300人。2003年12月，召开第三次会员代表大会，选出新一届理事会，由58名理事组成，其中常务理事32人。会长谢联辉，会员300人。

省人才交流协会　成立于2000年5月。骆烟良任会长，有厦门大学、华侨大学等16家单位理事。

省大中专毕业生就业创业促进会　成立于2003年12月。2004年1月，召开第一届会员代表大会，与会的单位会员68个，个人会员22人。选举理事会常务理事、理事长、副理事长、秘书长、副秘书长。丛远东担任理事长。2005年3月，召开第一届理事会第二次会议。根据人事变动，调整部分副理事长、常务理事、理事。

二、设区市级机构

（一）福州市人事局

1998—2001年承袭1997年机构设置。2002年机构改革，内设办公室（监察室）、专业技术人员管理处、公务员管理处（市国家公务员测评办公室）、调配处（市人事争议仲裁委员会办公室、市人才市场管理办公室）、工资福利与退（离）休处、军官转业安置处（市军队转业干部安置工作领导小组办公室）、人才引进处（市外国专家局）。2003年4月，设立市人事争议仲裁委员会办公室，挂靠市人事局，对内称人事争议仲裁处。至2005年不变。

直属事业单位有：福州市毕业生就业指导中心、福州市留学回国人员工作站、福州市军队转业干部培训中心、福州市干部培训中心。

2004年12月，福州市干部培训中心更名为福州市人事考试中心。

2005年12月，福州市人事局系统有干部275名，其中市人事局85名。

（二）厦门市人事局

1998—2001年承袭1997年机构设置。2002年机构改革，内设办公室、政策法规处、专业技术人员管理处（市职称改革领导小组办公室）、公务员管理处、人才开发处、培训与军转处（市军官转业安置工作领导小组办公室）、事业改革处、工资福利退休处、引进海外智力办公室（厦门市外国专家局）、机关党委、派驻纪检组和监察室，至2005年不变。

挂靠单位：市人事争议仲裁委员会办公室、市企业博士后工作管理办公室、市人才市场管理办公室。

直属事业单位：厦门市人才服务中心、厦门市人事考试测评中心、厦门市军队转业干部服务中心、厦门市留学人员服务中心、厦门市企业经营管理人才评价推荐中心。

2005年，厦门市人事系统有干部153名。

（三）漳州市人事局

1998—2001年承袭1997年机构设置。2002年机构改革，内设办公室、综合科、专业技术人员管理科、公务员管理科、调配科、工资福利与退休科、引智与专家工作科、考核奖惩培训科、仲裁科、审核审批科、机关党委、派驻市机关纪检和监察室，至2005年不变。

直属事业单位：漳州市人才交流中心（漳州市人事人才公共服务中心）、漳州市人事考试中心（漳州市人事局干部档案管理室）、漳州市机关事业单位工人考核管理中心（漳州市机关事业单位工人考核管理办公室）、漳州市自主择业军转干部管理中心、漳州市军转接待站。

2005年，漳州市人事系统有干部165名。

（四）泉州市人事局

1998—2001年承袭1997年机构设置。2002年机构改革，内设办公室、政策法规科（人事争议仲裁委员会办公室）、工资福利与退离休科、公务员管理科、考核奖惩培训科、专业技术人员管理与专家工作科、流动开发科。至2005年不变。

直属事业单位：泉州市人事考试中心、泉州市机关事业单位工人考核管理中心、泉州市军队转业军官（退休干部）服务中心、泉州市人才交流服务中心（2002年更名为泉州市人才智力开发服务中心）。

2005年，泉州市人事系统有干部284名。

（五）三明市人事局

1998—2001年机构承袭1997年机构设置。2002年机构改革，内设办公室、专家引智科（挂"市人事争议仲裁委员会办公室""市引进海外智力办公室"牌子）、公务员管理科、专业技术人员管理科、流动调配科（加挂"市军队转业干部安置工作领导小组办公室""市人才市场管理办公室"牌子）、工资福利与退休科、机关党委、派驻的纪检组与监察室（合署办公），至2005年不变。

直属事业单位：三明市人才服务中心、三明市机关事业单位工人考核管理中心。

2005年，三明市人事系统有干部175名，其中市人事局33名。

(六) 莆田市人事局

1998—2001年承袭1997年机构设置。2002年机构改革，内设办公室、综合规划科、专业技术人员管理科、公务员管理科、考核奖惩培训科、流动调配科（市人才市场管理办公室）、工资福利与退休科、军官转业安置科（市军队转业干部安置工作领导小组办公室）、引进海外智力科〔市引进国（境）外智力办公室、专家办〕。至2005年不变。

直属事业单位：莆田市人才中心、莆田市继续教育中心、莆田市工考中心（莆田市人事考试中心）、莆田市档案室、莆田市计算站。

2005年，莆田市人事系统有干部185名。

(七) 南平市人事局

1998—2001年承袭1997年机构设置。2002年机构改革，内设办公室、专业技术人员管理科、专家工作科（市引进海外智力领导小组办公室）、公务员管理科、考核奖惩培训科、流动调配科（市人才市场管理委员会办公室）、工资福利科。挂靠单位：市退休工作管理委员会办公室、市人才争议仲裁委员会办公室、市军队转业干部安置领导小组办公室。2004年4月增设人事争议仲裁科，与市人事争议仲裁委员会办公室合署办公。至2005年不变。

直属事业单位：南平市人才服务中心、南平市人才测评考试中心、南平市军转培训中心（南平市自主择业军转干部管理服务中心）、南平市人才计算站、南平市干部档案室、南平市人才市场（闽北农村人才市场）。

2005年，南平市人事系统干部有151名，其中市人事局33名。

(八) 龙岩市人事局

1998—2001年承袭1997年机构设置。2002年机构改革，内设办公室、政策法规科、公务员管理科、流动调配科（与市军队转业干部安置工作领导小组办公室合署办公）、专业技术人员管理科（与市引进海外智力领导小组办公室合署办公）、工资福利科、退休干部管理科，增设派驻市人事局的纪检组和监察室。2003年4月，设立市人事争议仲裁委员会办公室，挂靠市人事局，对外加挂"龙岩市人事局考试中心"牌子。至2005年不变。

直属事业单位：龙岩市人才服务中心、龙岩市机关事业单位工人考核管理中心、龙岩市军转接待站。2003年4月，龙岩市机关事业单位工人考核管理中心对外加挂"龙岩市人事考试中心"牌子。

2005年，龙岩市人事系统干部有165名，其中市人事局35名。

(九) 宁德市人事局

1998年，名为宁德地区人事局，承袭1997年机构设置。2000年11月，宁德地区撤地设市，改称宁德市人事局。2002年机构改革，内设办公室、军队转业干部安置工作领导小组办公室、引进海外智力领导小组办公室、专业技术人员管理科、公务员管理科、考核奖惩培训科、调配科、工资福利计划科、退休干部管理科。2003年11月，市人事争议仲裁委员会办公室挂靠市人事局。至2005年不变。

直属事业单位：宁德市人才服务中心、宁德市毕业生就业指导中心（与宁德市人才服务中心合署办公）、宁德市军队干部培训中心、宁德市人事考试中心、宁德市机关事业单位工人考核管理中心（与宁德市人事考试中心合署办公）。2004年10月，设立宁德市人事信息中心，宁德市机关事业单位工人考核管理中心改为单独设置。2005年11月，成立宁德市自主择业军队转业干部管理中心。

2005年，宁德市人事系统有干部197名，其中市人事局33名。

三、县（市）区级机构

1998年，县（市、区）人事局一般设有办公室及职称、工资、退休、考录、教育等机构。2000年11月，撤销宁德地区，设立省辖市宁德市，原宁德市人事局改为蕉城区人事局。2002年，撤销莆田县，成立荔城区人事局、秀屿区人事局。2003年，厦门市思明区、开元区、鼓浪屿区合并为思明区，成立思明区人事劳动和社会保障局。撤销杏林区，分别并入集美区和海沧区，原海沧区管理委员会人事劳动局更名为海沧区人事劳动和社会保障局。同安县改县设区，更名为同安区人事劳动和社会保障局，原同安县划出一部分行政区域设立翔安区，新设翔安区人事劳动和社会保障局。至2005年不变。

第二节 人事基础工作

一、干部统计

1998—2003年，省人事厅每年按中组部、人事部统一部署开展干部统计工作。

2004—2005年，根据中组部、人事部、劳动和社会保障部、农业部、国家统计局下发的《关于做好全国人才资源统计调查工作的通知》，开始按照新的统计指标体系开展人才资源统计调查工作。新的人才资源统计指标体系为框架式组合结构，以从业岗位为统计划分标准，体现人才的知识、能力、业绩等内容，全面反映人才的数量、质量、分布、结构，以及人才培养、吸引、使用等基本情况，统计范围覆盖全社会各类别、各层次的人才。新的统计指标体系打破人才的身份和所有制界限，把传统的干部人事统计拓展到人才资源统计，使人才资源总体规模、层次、结构和分布的统计更加准确。统计对象分为党政人才、企业经营管理人才、专业技术及事业单位管理人才、技能人才、农村实用人才等5个类别。指标体系共分总量、分布、结构、流动、培养、使用、奖惩等7大指标。实行新的人才资源统计指标体系后，福建省还对负责人才资源统计的部门职责重新进行分工。省人事厅负责全省事业单位管理人才资源、公有制经济企业经营管理人才资源和企事业单位专业技术人才资源统计调查工作的组织实施，并负责全省人才资源统计汇总工作。

二、档案管理

（一）馆藏档案

1989年，全省各设区市和县（市、区）级人事管理部门均建立档案室，基本形成省、地（市）、县（市、区）三级人事管理档案网络。各档案室制定管理、使用等制度。是年，馆藏文书档案653卷，其中，永久卷446卷，长期卷62卷，短期卷145卷。另有会计档案114卷，基建档案3卷。是年，借用档案250人次、615卷次。

20世纪90年代，各地档案室实行集中统一管理。省级档案馆配备两名专职专档管理人员。市、县级配备专职或兼职档案员。大多档案员均经过档案业务培训，有的档案员还获得档案系列初、中级专业技术职务。

1998年，省人事厅档案室承担各处室文书档案的接收、整理、保护、开发利用等工作。经整理归档，有文书档案804卷，会计档案262卷，音像档案62卷，编研资料4册、132.44万字。借用档案351人次、845卷次。

2002年前，省人事厅档案室除有部分会计档案外，大部分移交省档案馆保存。

2003年，省人事档案馆馆藏档案866卷，其中，永久卷377卷，长期卷210卷，短期卷279卷。另有会计档案313卷，照片31张，编研资料12册、476.89万字。

2005年，省人事厅档案室有文书档案989卷，会计档案334卷，照片55张，编研资料3册、68.13万字。是年，借阅档案989人次、1228卷次。

（二）流动人员档案

1998年，中国海峡人才市场代理人事档案3.2万份，同时制定流动人员档案管理范围，要求大中专院校在毕业生离校时必须做好毕业生档案的收集与整理。

1999年，除宁德地区外，全省8个设区市均有固定的人才交流场所代理人事档案保管。是年，全省代理人事档案5.75万份。

2000年，全省有5479家单位在人才中心委托人事代理。人才中心为15.77万流动人才达成初步就业意向，为7787人办理职称评定，为3651人调整档案工资。

2001年，福建省根据人事部在全国开展流动人员人事档案管理检查的通知进行部署。

在各人才中介机构普遍自查的基础上,由省人事厅、省人才市场管理办公室有关人员分两个检查小组,从8月底至10月中旬,先后对九个设区市和省直人才中介机构流动人员人事档案进行抽查。省监察厅驻省人事厅监察室全程介入抽查工作。抽查重点是设区市所属人才机构,并在每个设区市再随机抽查两个县区级人才中介机构。同时,还重点抽查部分省直人才中介机构。检查小组共抽查37家人才中介机构,召开37场汇报座谈会,随机抽查近500份人事档案。检查结果:设区市档案管理工作做得比较好的有厦门、漳州、三明;县、区中做得比较好的有龙岩市的新罗区、宁德市的蕉城区、福州市的马尾区;省直人才中介机构中档案管理做得比较好的有省邮电人才服务中心、省交通人才服务中心等。

截至2001年7月底,全省人事部门所属的人才机构共管理流动人员人事档案17.97万份。其中,中国海峡人才市场9万份、福州市1.5万份、厦门市3.09万份、漳州市1.18万份、泉州市0.85万份、莆田市1.1万份、三明市0.78万份、南平市0.11万份、宁德市0.05万份、龙岩市0.31万份。基本建立起一支由69人组成的专兼职的人事档案管理队伍。

2002年至2005年底,全省人事部门所属的人才机构管理的流动人员人事档案分别为:20.45万份、28.09万份、34.89万份、42万份。

全省各级人事部门建立健全档案管理查(借)阅制度、保密制度、转递检查核对制度、档案管理工作人员守则等制度,开展人事代理、户口落户、职称评定、出国政审等多方面业务。在自查和抽查中,未发现涂改、抽取、销毁或伪造档案材料情况,也没有发现档案丢失和乱收费等情况。各级各类人才中介机构按照省人事厅颁发的福建省人才中介服务机构许可证所规定业务范围开展活动。

三、行业报刊

(一)《福建人才报》

1. 报　况

1998年1月,《福建人才报》由原四开四版扩大为对开四版,后又扩大为对开八版,增加省委组织部为主办单位,是全省唯一以宣传组织人事工作为主要内容的专业报。

1999年4月,在原有14人组成的编委会的基础上作了重新调整,增加1名编委会副主任。编委会主任由省委组织部副部长陈世谦出任,副主任由省人事厅副厅长骆烟良、省人事厅纪检组长林光大出任。先后制定《福建人才报通联工作站管理暂行办法》和《福建人才报特约记者、通讯员管理暂行办法》。该报版面第一版为"要闻",第二版为"综合新闻",第三版为"理论政策",第四版为"副刊"。7月起,经省新闻出版局批准,与福建省人才市场管理办公室合办"福建人才市场"专版。重点刊登人才"政策咨询""最新招聘信息""人才市场动态分析""行业新姿""企业人力资源""择业指南"等信息,开设"当公仆、办实事""组织部长、人事局长话席""组织人事部门职业道德建设大家谈""做人民满意的公务员""飘扬的旗帜""青春回眸"和"科教闽星"等栏目。

2000年12月,根据省新闻出版局《关于福建省第二批报刊调整方案的批复》的精神,《福建人才报》建制归中国海峡人才市场主管、主办,不再由省委组织部、省人事厅主管。

2. 发 行

按照新闻出版部门要求,1998年,《福建人才报》每期出版后都向北京图书馆和中国版本图书馆分别缴送样报3份、1份。每期平均发行量为2.8万份。1999年,计划发行30550份。为确保计划落实,采取委托各地(市)人事部门组织征订、邮政部门引导读者自行订阅和报社自办发行相结合的方法。第一季度发行量达29900余份,第三季度发行25165份。其中各市(地)完成17506份,报社、邮局发行12450份。漳州、泉州、莆田市人事局连续三年完成发行计划。开拓自办发行市场,在全国32个省、市、自治区邮政局建立邮发业务,在福州、厦门、莆田等沿海地区布设零售网点。每期报纸面市,读者都能在当地买到当期的报纸。

3. 宣传网络

1998年,在全省各地重新设立通联工作站,由各地(市)组织人事办公(研究)室主任担任负责人。在省直机关部、委、厅、局、办、公司、人民团体等单位的干部(人事)部门、办公室挑选一批特约记者和通讯员构建通联网络,开展组稿工作,每月通报各地来稿用稿情况,并主动到各地组稿。还加强与北京报协供稿中心、新华社福建分社、福建日报等建立供稿关系,与专业技术人员比较集中的教育、文化、卫生、科研、高校等系统和单位建立联系,与华东地区六省一市行业报刊沟通联系,与省政府驻京、穗等地办事处开展信息往来,扩大稿件来源渠道。还组织全省部分地、市通联工作站的骨干赴省内外学习取经。采取以会代训形式,举办3期短期新闻培训班,提高特约记者、通讯员的业务水平。

(二)《福建人事信息》

该刊物于1996年创办,系省人事厅内部刊物,每月出刊2期,全年24期。主要栏目有:"重要言论""工作部署""工作通报""市县区信息""政策之窗""问题与建议""观察与思考""省外信息"和"简报"等。1998年,发表350条信息,被省委办公厅、省政府办公厅、人事部办公厅和《中国人事报》等报刊采用140条。该刊主要栏目有:"工作动态""经验介绍"和"他山之石"等。2000年,刊载信息25条。2001年,国家人事部部长张学忠来闽调研期间,为《福建人事信息》题写刊名。是年,刊载各类信息44条。2003年,刊载信息23条。2004年,在保证编发期数的同时,采编重点转向专报,其中有关军队转业干部安置、解困维稳工作、毕业生就业信息由省政府办公厅转报国务院办公厅并被采用。专报信息在省政府办公厅的《今日要讯》中采用总积分属"中游"。是年，被省政府办公厅授予信息专报先进单位。2005年，省人事厅在福州召开各设区市人事局办公室主任会议，讨论《福建人事信息》刊物宣传工作及评比事宜。

四、信息化建设

20世纪80年代以来，随着信息化工作的深入开展，省人事局及南平、三明、宁德等地（市）先后成立专职的信息化机构。尚未成立机构的市、县，将信息化工作职能归入人事部门的办公室、法规科（股）等业务部门。1988年，省人事局组织开发应用"人员信息数据库"软件，先后在泉州市直单位、莆田县、永安市、福清市、福州台江区等单位进行试点与应用。通过数据库，生成年度干部定期统计报表。

1989年，宁德地区人事局组织人员开发"人事工资管理系统"软件。该系统为宁德地直及各县（市）人事部门年度干部、工资统计及日常人事工资管理工作提供服务。该系统在1993年工资制度改革调研中，先后四次为省人事厅测算复杂的工资套改增资情况，为全省机关事业单位近100万在职和离退休人员的工资制度改革提供信息化服务。

1994年，省人事厅、财政厅联合开发"福建省机关事业单位工资制度改革套改软件"。该软件通过输入单位和人员等十几项最基本指标，实现机关、事业单位不同工资制度下的在职、离退休人员新工资标准的复杂套改。

1995年，省人事厅组织人员开发推广"福建省机关事业单位人事工资信息管理软件"。通过软件对全省机关事业单位各类人员的工资福利、年度统计、数据提取与分析等进行日常化管理。

1998年，省政府大院8号办公楼装修时，将网络系统作为装修工程项目列入基建，隐埋铺设超五类线等网络设施，建成以机房为中心的物理网络系统。在厅工资处配置交换机、服务器一台。

1999年，开发使用"电子触摸屏信息管理系统"。通过触摸屏发布"人事政策""工作动态"和"办事指南"以及全省考试、任职资格与评审等有关信息。

2000年，开发出"福建省人事信息系统"软件，并在全省范围推广使用。功能包括工资福利、公务员、专业技术人员、考核奖惩、数据统计等管理。分布式建设全省100多万人的人员信息基础数据库，工资处配置服务器一台。是年10月，开通福建人事人才网（www.fjrs.gov.cn），网站开设"人事人才政策法规""招考公告""人事新闻"和"办事指南"等栏目，可进行网上问卷调查、软件资料下载等。

2001年，开展"福建省人事信息网络一期工程"项目建设，投入40万元。工程包括：

将原物理网络线路改造为内网与外网两套系统，内网连接省政务网，外网连接国际互联网。分布各处室的终端工作电脑，通过"网络安全隔离卡"实现内外网物理隔离。中心机房配置交换机3台、服务器2台、不间断电源（UPS）1台、防火墙2台。

2011年，开发"福建省工勤人员技术等级考核管理软件"，实现全省机关事业单位工勤人员技术等级考核业务的统一、集中、电子化管理，功能涵盖报名、资格审核、准考证号生成、成绩切线、分数转换、数据交换、复合查询、报表生成等业务全过程。11月，开通福建省政务信息网人事厅站点（www.rst.fj.cn）。网站开设"单位介绍""新闻报道""工作动态""文件汇编""法律法规""分析研究""综合信息""人事仲裁""福建专家"和"银色人才"等栏目，通过网站发布有关人事人才的工作文件、新闻等信息。12月，开通福建省录用国家公务员考试网（www.fjkl.gov.cn），实现在互联网上发布公务员招考信息、政策公告、招考职位，让考生查询、选择和填报个人报考信息，对考生信息进行远程审核、反馈和准考证打印，发布审核结果、录取线、考试成绩等，并通过招商、建设银行的网上"一卡通"实现远程缴纳报考费用。考生除按指定的地点、时间参加笔、面试外，其他过程均可不受地域与空间的障碍，通过网站直接进行。

2002年，开展"福建省政务信息共享平台人事人才专题信息改造工程"项目建设。以已有的信息资源为基础，对数据进行标准化、网络化、空间化改造和更新，建立各数据库的数据字典，为政务信息共享平台提供人事人才专题数据。同时，对现有的业务运行系统进行改造和接入，实现界面清晰、更新容易、安全稳定的信息共享和检索查询。改造整合的数据库包括：人事政策法规库、专家数据库、省级职称数据库、毕业生数据库、工勤人员技术等级考核数据库，以及宁德市、三明市、南平市及省直单位人才数据库。10月，开发"福建省专业技术职务评委库"管理软件，创建各类评委人员信息数据库，按要求随机遴选评委会、评委组、评委成员，为公平、公正开展专业技术职务评审提供条件。

2003年，为配合全省工资标准调整等业务管理工作，升级开发"福建省人事信息系统"软件功能。增加在职、离退休人员工资待遇的自动生成，体现各市、县各单位津贴、补贴的模块化、个性化管理功能。为推广软件，向全省各市、县（区）人事局，省直各单位、中央在闽单位人事（干部）部门发出《关于加快福建省机关事业单位人员信息基础数据库建设的通知》，要求市、县（区）人事局负责本级各单位人员库建设的组织、实施、协调等工作，有关科（股）室根据职责分工，分别负责公务员、专业技术人员、管理人员、工勤人员、工资信息等数据的采集、录入、审核、验收等工作。省直各主管单位人事（干部）部门负责本部门及所属单位人员库建设工作。推广期间，举办多期软件操作使用培训班。5月，开通福建省人事考试网（www.fjpta.com）。网站开设栏目有"考试信息""政策法规""培训信息""社会化考试""网上报名""成绩查询""网上论坛"等。

2004年，开展"福建省人事人才信息综合管理系统（一期）工程"项目建设。工程包括：将网络系统扩展到8号楼二层和六层的5个房间。配备小型交换机、集线器，增加网络接点数量。中心机房增配交换机2台、服务器3台、不间断电源（UPS）1台、防火墙1台、立式空调1台。大楼二层增加楼层交换机1台。公务员管理处、工资处、法规处等各增配服务器1台。1月，开通福建省毕业生就业公共网（www.fjbys.gov.cn）。该网站面向省、市、县（区）三级政府人事部门、大中专院校、用人单位和毕业生，是集毕业生就业指导、双向交流、政府人事服务和宏观决策管理等功能于一体的跨区域、跨行业的毕业生就业公共服务平台，是"数字福建"的重点建设项目之一。年内，开发出"福建省年度考核与绩效考评信息系统"。该系统部署在人事厅内部网络局，可以导入和设置考评人、被考评人、考评项目及其分值或等次，通过个人密码登入局域网络进行考评操作，适时汇总与输出考评结果。是年起，省人事厅机关每年年度考核（绩效考评）优秀人选建议名单均由系统自动产生，全部参评人员以无记名点击投票方式，对被评人员按照名额限定要求进行推荐，按得票多少排序，供领导研究参考。

2005年，升级开发"福建省人事信息系统"软件功能，增加人事主管与单位之间的人事业务流程化报批、人员数据审核校对、特殊岗位津贴补贴自动生成等管理功能，开发与财政厅国库统发软件的数据接口。为推广"福建省人事信息系统"软件，厅人事信息中心组织人员下基层宣传，演示软件功能，举办软件操作使用培训班。2000—2005年，厦门、泉州、福州等市、县（区）人事部门先后建成各具特色的人事人才网站和各类人事管理应用系统。

附　录

一、大事年表

1998 年

1 月 30 日　根据国家人事部和省人事厅规定，开始从全省地税系统中考录公务员。

2 月 8 日　'98 福建省大中专毕业生供需见面、双向选择大会在福州举行，450 多个部门单位参加见面会，提供有 1.2 万条就业信息。

2 月 28 日　在北京举行慰问在京闽籍中科院、工程院院士座谈会，省委书记陈明义、省长贺国强、副省长潘心城、省人事厅等省直有关部门的负责人及全国人大常委会副委员长、中科院院士卢嘉锡出席。

3 月 21 日　国家人事部与省政府联合组建的国家级专业性人才市场——中国海峡人才市场在福州举行开业典礼。林国清兼任中国海峡人才市场副董事长，骆烟良任中国海峡人才市场总经理。

3 月 28—31 日　在福州举办第二期整体性人才资源开发骨干培训班。全省有 70 多人参加培训。

3 月　中国海峡人才市场信息网络正式开通。中国海峡人才市场首届人才招聘大会和福建人才市场建设成果展览在福州举行。

5 月 7 日　省人事厅作出《关于严格控制机关事业单位人员增长的通知》。

5 月 13 日　省人事厅下发《关于 1998 年福建省考试录用党群机关工作人员和国家公务员工作有关问题的通知》。

5 月 19 日　全省军转干部安置工作会议在福州召开，陈明义、贺国强出席会议。各地（市）分管领导和组织、人事、劳动、军转办负责人，省直单位、中央驻闽单位人事（干部）处长，军队移交组和驻榕三军、武警干部处长等 400 多人参加会议。

5 月 22 日　省人事厅召开 1997 年享受政府特殊津贴专家颁证座谈会，公布表彰 1997

年度全省 75 位享受特贴专家。

6月12—14日 国家人事部在广东省湛江市举办公务员录用考试试题库建设的命题和审题技术培训班。省人事厅派员参加培训，接受 1500 道命题任务。

6月16日 省人事厅、计委、教委在福州联合召开全省大中专毕业生就业工作会议。各地市人事局、计委、教委的领导和有关负责人，省直单位、中央驻榕单位有关负责人 400 余人参加会议。

7月3日 省委宣传部、省人事厅联合转发中宣部、人事部关于开展"做人民满意的公务员"活动的通知。

7月14日 省委组织部、省人事厅联合下发中组部、人事部关于对公务员法规执行情况进行检查的通知，开始对全省公务员法规执行情况进行检查。

7月21日 1998 年福建省优秀毕业生计划协调会在福州召开。60 家省直、中央在榕单位参加协调会。

7月25日 贺国强在《福建人才报》发表《努力建设高素质公务员队伍》署名文章，强调要健全制度，严格公务员管理，完善公务员录用等制度。

7月28日起 全省开展人事执法大检查。

9月22日 省人事厅下发《关于颁发福建省国家公务员任命书的通知》。

10月3日 为期 40 天的稽查特派员及其助理人选培训班在福州开学。

10月12日 省人事厅下发《关于申报 1999 年引进国外技术和管理人才及选派出国培训人员计划的通知》。

10月15日 在全国"人民满意的公务员"先进事迹电视电话报告会上，福建选派的南安市地税局在会上被授予"人民满意的公务员集体"称号，漳州市公安局巡警支队直属大队长李铁军在会上被记一等功。

10月21日 省人事厅印发《关于省直在榕机关、事业单位工作人员提高考勤奖和离退休人员增发生活补助费的通知》。

10月22日 省人事厅转发人事部关于充分发挥职能作用，为灾后恢复生产、重建家园提供人事人才保证的通知。

10月 福建省 5 人入选国家"百千万人才工程"第一、二层次人员。

10月29日 陈明义、贺国强在福州市会见"人民满意的公务员集体"南安市地税局代表陈连泰和"人民满意的公务员"蓝秀珍。

11月13日 省人事厅下发《关于加强机关事业单位干部调配宏观调控有关问题的通知》。

11月19日 召开稽查特派员及其助理座谈会。

11月26日 省人事厅在福州举行特邀人事监督员聘任仪式,聘任6位民主党派人士为省特邀人事监督员。

11月27日 省人事厅任命17位稽查特派员助理。

11月30日起 稽查特派员及其助理集中办公,开展稽查工作。

12月7日起 全省开展"百千万人才工程"人选考核工作。

1999年

2月4日 省人事厅调高离休干部遗属定期定额生活补助费标准。

2月6日 在福州举办'99福建省非师范大中专毕业生供需见面双向选择大会。近3万名毕业生及430家用人单位参会,大会提供1.1万多条就业信息。

2月8日 省人事厅会同省委组织部等11个部、厅、委联合举办全省知识界"谈科教、议兴省"新春茶话会。在榕的国家有突出贡献中青年专家、省委省政府表彰的优秀专家、享受政府特殊补贴的专家和学者代表、留学回国人员代表、省青年科技奖获得者、特级教师代表、教授级高级工程师、高等院校领导、科研院所负责人和无党派知名人士等500多人参会。

2月28日至3月1日 召开全省人事工作会议。

3月 出台《福建省级政府机关人员分流安排实施办法》《福建省级政府机关人员定编定岗实施办法》等机构改革配套文件。

3月15日 省人事厅下发《关于印发专业技术人员因私出国(境)政审归口管理实施办法的通知》。

4月起 向全省各级各类人员发出公务员考录调查问卷A、B类5000份,10月收齐统计。赞同公务员考录制度占98%,赞同凡进必考占84%。

5月7日 省人事厅颁发《关于机关事业单位工作人员死亡抚恤待遇有关问题的处理意见》和《关于机关事业单位部分工作人员若干工资问题的处理意见》。

5月20日 召开全省军队转业干部安置工作会议。陈明义、贺国强出席会议。

5月21日 召开全省专家工作经验交流会。

5月27日 省人事厅、省博士后管委会办公室在福州为新(增)设的5个国家博士后科研流动站举行授牌仪式。

5月 林光大等45人被聘请为第一批全国专业技术人员资格考试监督巡视员。

6月13日 省人事厅印发《福建省接收普通大中专学校毕业生暂行办法》。

6月14日 省人事厅下发《关于加强专业技术职务聘约管理的通知》。

7月10日 福建省首次面向全国考选32个职位的企业高级经营管理者。考后,22名来自省外人员入选。

8月25日 "人民满意的公务员"先进事迹报告会在京举行，福建省晋江市市长龚清概获一等功奖励，并出席大会。

8月31日 省委六届十次全会通过《关于加快实施科教兴省战略的决定》，对加快全省专业技术人才队伍建设和培养引进科教兴省急需人才提出明确要求。

9月3日 省人事厅下发《关于选拔高校毕业生到农村基层工作有关问题的通知》。

9月 按照国务院办公厅增资实施方案，全省各级各部门均按规定于9月15日前全部完成审批兑现。省人事厅会同财政厅、劳动厅、民政厅等单位组成联合调查组，分赴各地督查落实调资任务。

9月17日 下达1999年国家公务员录用计划。

9月20日 国家人事部在福州召开全国公务员分等分类试题研讨会，省人事厅副厅长陆志华向大会介绍福建省两次研讨会成果。

9月24日 省委组织部、人事厅通过考试录用185名优秀村主干为乡镇机关公务员。

9月27日 省人事厅会同省委组织部、宣传部、文明办在福州召开"人民满意的公务员"表彰大会。省人事厅为"人民满意的公务员"晋升奖励职务工资。

10月27日 福州大学校长、教授、中国工程院院士魏可镁获国家人事部授予"杰出专业技术人才奖章"。

12月1日 召开"杰出专业技术人才奖章"获得者魏可镁院士先进事迹报告会。潘心城宣读省委、省政府表彰决定，号召全省专业技术人员和干部向魏可镁同志学习。

12月28日 省委组织部、人事厅召开公务员考录理论与实践研讨会。国家人事部发来贺电。

是年 全省事业单位进人开始实行公开招考。

2000年

1月18日 省人事厅下发《关于提高党校教师退休金补助的通知》。

1月27日 省人事厅与海峡人才市场联合举办"福建省2000年非师范类大中专毕业生供需见面、双向选择大会"。

2月1日 省人事厅、工商局联合下达工商系统从基层工商行政管理所公务员职位上工作的工人身份的人员中录用国家公务员专项增干指标1120名。

3月 组织部分地（市）人事局和企事业用人单位分赴北京、天津、大连、沈阳、长春、南京、武汉、重庆、成都等地招聘高学历层次毕业生和具有中、高级职称的专门人才。组织企业博士后工作站有关专家赴浙江、上海、山东、深圳等省（市）考察学习，并分别与浙江大学、上海交大就联合培养企业博士后及技术合作等建立关系。

3月28日 省人事厅下发《福建省市（地）、县（市、区）所属事业单位专业技术职务结构比例规定》。

3月29日 省委决定，陆志华任中共福建省人事厅党组书记。

3月31日 省人事厅发出《关于职称改革若干具体问题处理意见的通知》。

4月3日 陆志华任省人事厅厅长。

4月5日 省委办公厅、省政府办公厅印发《关于福建省人民政府机关人员定编定岗实施办法》和《关于福建省人民政府机关人员分流安排实施办法》。

4月7日 省政府印发《关于加快福建留学人员创业园建设与发展的实施意见的通知》。

4月30日 全省78名全国劳动模范和先进工作者由北京归来。5月1日，省委、省政府在福州召开欢迎座谈会。

5月10日 晋江市高科技园区博士后科研工作站举行授牌仪式，这是中国首家设在县（市）的企业博士后科研工作站。

5月20日 省委、省政府颁发《关于引进高层次人才和青年专业人才的若干规定》。

5月25日 与省委组织部联合召开全省党政机关推行竞争上岗工作会议。各地（市）党委组织部领导、党群科科长、各地（市）人事局领导、考核任免科科长、省直各单位人事（干部）处长参加。厦门市委组织部、省检察院、省政府发展研究中心分别就推行竞争上岗试点工作介绍经验。

5月31日 省人事厅与省财政厅、人行福州中心支行联合印发《福建省各级机关实行国库统一支持工资管理暂行办法》。

5月31日 福建人才交流协会成立。

6月1日 省人事厅与省委组织部联合发出《关于做好福建省2000年录用党群机关工作人员和国家公务员考试考务工作的通知》，全省计划录用国家公务员和党群机关工作人员2032名，主要用于补充新增编和缺编较多的政法、经济监督部门。

6月5日 陈明义主持召开省委常委会议，听取人事厅的《关于全国军队转业干部安置工作会议主要精神及我省传达贯彻意见》的汇报，会议就2000年军队转业干部安置任务作了部署。

6月5日 省人事厅机关投诉中心正式挂牌。

6月14日 下发《关于下达2000年公安、交警、监狱、劳教、工商、地税等系统录用国家公务员计划的通知》，共下达录用计划1234人。

6月19日至7月14日 省人事厅与省委组织部、科技厅、卫生厅、教育厅先后联合转发中组部、人事部等部门关于深入开展科研、卫生事业单位和高等学校人事制度改革的实施意见。

6月19日起 组织农村优秀人才推荐选拔工作。福建省推荐的兰帝明、王云、邱瑞荣在全国农村优秀人才表彰会上获一等功。

6月20日 在福州举行"2000年省直部分单位军转干部计划分配供需见面报名会"，省高级人民法院等12家单位和进福州安置的500多名转业干部参加报名会。

6月26日 召开由省委组织部、人事厅、计委、经贸委、公安厅、教育厅、劳动厅、科技厅、外贸厅、建设厅、外办、侨办、工商局、地税局14个部门领导参加的协调会，贯彻落实省委、省政府《关于引进高层次人才和青年专业人才的若干规定》。

7月7日 省人事厅与省委组织部、财政厅联合下发《省级党政机关分流人员定向专业培训及出国（境）学习实施方案》。

8月14日 省人事厅与省委组织部联合转发中组部、人事部《关于加快推进事业单位人事制度改革的意见》。

8月24日 省人事厅与省委组织部、老干局、财政厅联合发出《关于事业企业单位离休干部离休费和各种生活补贴问题的通知》。

9月1日 省人事厅下达公安部所属院校毕业生录用国家公务员专项计划25名。

9月13日 省人事厅与省委组织部、老干局、省财政厅、劳动厅联合下发《关于企业、事业单位5·12退休干部退休费和各种生活补贴问题的通知》。

9月18日 省委、省政府召开先进模范表彰大会，288名劳动模范和先进工作者在会上受到省委、省政府表彰。省长习近平主持会议，陈明义作讲话。

9月20日 省人事厅下达2000年选拔高校毕业生到农村基层工作的计划。

9月21日 省委组织部、省人事厅决定由副厅长丛远东带队进藏，对福建省第二批援藏干部进行考核。

10月17日 在福州召开2000年享受国务院政府特殊津贴人选评审会，会议推荐58名享受国务院政府特殊津贴人员以省政府名义上报国家人事部。

10月24日 与省委组织部、中国海峡人才市场联合举行福建省赴省外、海外招聘高层次人才新闻发布会。新华社、人民日报、光明日报、福建日报、香港大公报等20多家新闻单位参加发布会。

10月25日 省人事厅下发《关于提高省直在榕机关、事业单位人员福州地区补贴标准的通知》。

10月26日 省人事厅和中国海峡人才市场领导组织44家用人单位赴成都、西安、沈阳、合肥招聘人才，先后举办5场专场招聘会，近5000名省外专业人员参加招聘活动。

11月3日　以省政府名义组团，由陆志华带队赴美国参加在华盛顿举行的"北美洲首届中国留学人员人才交流大会"，并在纽约、洛杉矶举行两场海外学子座谈会。代表团与150多位留学人员直接接触、洽谈。

11月　科技部、教育部、人事部正式批复将福建省留学人员创业园列入全国9个示范点之一。省计委批准创业园建设立项，计划征地220亩，省政府投入资金3000万元。

11月29日　省人事厅与财政厅联合下发《关于调整省直机关事业单位工作人员福利费标准的通知》。

11月30日　省人事厅下发《关于"两院"院士科研活动经费发放管理有关问题的通知》。

12月21日　省委组织部、人事厅、工商局在福州召开非公有制企业管理人员及专业技术人员调查工作会议，对全省非公人才资源调查工作作部署。

12月28日　省委组织部、人事厅在福州召开考录理论与实践研讨会。国家人事部发来贺信称：福建省公务员考试录用工作一直走在全国前列，为全国考试录用工作提供宝贵经验。

12月28日　对省人事厅机关1980—1999年期间制定的规范性文件清理结束。向省政府法制办上报《关于报送规范性文件清理结果的函》。省人事厅共清理规范性文件729件，其中，予以废止的280件，予以修改的6件，予以保留的443件。

2001年

1月21日　省委书记宋德福到省人事厅看望干部职工时说，福建公务员考录工作一直做得比较好，在全国有一定影响。要继续发挥人事部赋予的考试录用综合试点作用（即1995年5月人事部确定福建省为考试录用综合试点），继续为全国提供经验。

3月2日　福建省留学人员创业园投资有限公司正式营运。

3月14日　省人事厅下发《面试教官管理暂行办法》。

3月15日　福建、吉林、辽宁、北京、天津等5省（市）公共科目题库方案论证会在北京举行，并签署联合开发协议书。

5月12日　国家人事部向福建留学人员创业园授牌。

5月27日　计划录用2642名工作人员和国务公务员。

7月1日起　启动"全国普通高等学校本专科毕业生就业报到证"和"全国毕业研究生就业报到证"。"就业通知书""待就业证明"同时停止使用。

7月　省人事厅和中国海峡人才市场在福州举办2001年职业技术类毕业生供需见面、双向选择大会。100多家单位与5000多名毕业生进行洽谈。

8月6日 国家人事部部长张学忠到福建视察，指出"福建公务员考录是全国的一面旗帜""军转干部安置工作也做得好"。

8月27日 省人事厅印发《福建省录用国家公务员特殊考试暂行办法》，对录用高学历、急需的专业人才实行特殊考试程序。

9月8日 国家人事部人才交流中心与中国海峡人才市场、厦门市人事局联合举办的高级人才招聘会被列入2001年'98厦门中国国际投资贸易洽谈会重大活动之一，被评为2001年中国人才市场十大新闻。

9月4—11日 省委组织部、人事厅等单位联合组织新世纪、兴科教闽籍院士八闽行活动。有11位在省外工作的闽籍中科院、中国工程院院士以及部分省内院士，先后在厦门、泉州、三明、福州等地参加考察、调研活动。

9月20日 省教育厅、省人事厅、省财政厅联合印发《福建省中小学教师继续教育规定》。

9月20日 副省长贾锡太应邀在全国公务员管理大会上介绍福建省公务员考试录用试点经验。

11月25日 全省煤炭系统考录公务员112名。

12月5日 省人事厅决定，从是年起，公务员招考每年分春、秋两季进行。

12月 组织有关部门和用人单位参加第四届中国留学人员广州科技交流会、第二届北美中国留学人员人才交流大会。

是年 中共福建省第七次代表大会作出"实施新世纪人才战略"的决定。

是年 省委组织部、人事厅、财政厅联合发出《关于贯彻执行〈省委、省政府关于引进高层次人才和青年专业人才的若干规定〉的意见》。

省人事厅下发《关于进一步加强人事考试管理严肃考风考纪的紧急通知》，要求各单位加大力度，严肃查处考试违纪违法行为。

省人事厅编制《福建省专业技术人员继续教育"十五"规划纲要》。

省人事厅编制《福建省博士后"十五"规划》。

2002年

2月8日 省委组织部、人事厅下发《关于进一步加强考务管理工作的通知》。

3月24日起 中组部邀请省人事厅卢绍武以公务员研究专家和管理工作者身份，进京参加中组部、人事部举办的公务员法专题研究班，参与起草《公务员法》。

4月3日 全省药监药验人员考录公务员228名。

4月4日 在全省国家公务员中开展世界贸易组织知识培训。

4月23日 国家人事部在福州召开部分省市公务员考录工作座谈会,陆志华在会上发言。

4月26—28日 中央组织部、人事部《公务员法》起草组到厦门、晋江、福州征求《公务员法》稿意见,省人事厅派人随同调研座谈。

5月14日 省长习近平签发省政府第77号令,内容为"《福建省国家公务员培训规定》已经2002年5月13日省人民政府第42次常务会议通过,现予以公布,自2002年7月1日起施行"。

5月15日 董建洲任省人事厅党组成员、驻厅纪检组长。

5月17日 省委组织部、省人事厅召开援疆干部选派工作会议。会后,有选派任务的设区市和省直机关中1813名干部报名。

5月31日 省第九届人大常委会第32次会议通过《福建省人才市场管理条例》。

6月6日 省政府任命吴钦霖为省人事厅副厅长。

6月18日 省人事厅下发《关于开展在职公务员远程学历教育的通知》。全省依托福建师大开展国家公务员远程学历教育。

7月1日 施行《福建省国家公务员培训暂行规定》

7月26日 省委副书记卢展工和有关部门负责人领送40名援疆干部抵达乌鲁木齐。

8月 省直机关46个单位实行竞争上岗人事制度改革。

8月22—24日 国家人事部在青岛召开WTO与公务员队伍建设研讨会。卢绍武、冯伟福的论文在会上交流,并收入人事出版社出版的《优秀论文集》。

10月10—18日 省委组织部、人事厅、宣传部等有关部门联合举行"院士八闽行"活动。活动以"自然资源、环境保护、生命科学"为主题,共邀请28位省内外院士、专家参加。活动重点为基层考察、技术指导、洽谈项目合作、讲学等。

12月28日 在福州召开党群机关工作人员和国家公务员考录理论与实践研讨会。

是年 成立福建省大中专毕业生就业工作领导协调小组。

是年 组织福建省用人单位赴京参加全国人才交流大会暨第三届高级人才洽谈会。

2003年

4月23日 黄小晶主持召开专题会议,听取省人事厅关于事业单位人事制度改革工作情况汇报,并就有关事项进行研究。会议同意成立福建省事业单位人事制度改革领导小组和福建省人事争议仲裁委员会。

5月15日 全省事业单位人事制度改革工作座谈会在福州召开,会议研究部署事业单位试行人员聘用制工作。陆志华作题为《点面结合,分类指导,稳步推进事业单位试行人员聘用制度工作》的讲话。各设区市人事局长、负责事业单位人事制度改革的科（处）长和工资科（处）长参会。

6月1日 省属事业单位补充工作人员开始公开招考。

6月2日 省人事厅印发《录用公务员面试考官守则》。

6月9日 从全省技术监督管理部门考录公务员165名。

6月11日 福建省人事争议仲裁委员会成立。成员由省委组织部、人事厅、教育厅、科技厅、监察厅、司法厅、财政厅、劳动和社会保障厅、卫生厅、总工会、政府法制办等部门领导和法律专家组成。办公室设在人事厅。

6月24日 省人事厅、省财政厅联合下发《关于深化我省事业单位内部收入分配制度改革的指导意见》。

7月15日 全省人事系统自身建设工作座谈会在福州召开。会议围绕建立和完善教育培训、能力提升、行为规范、作风建设和竞争激励等5个机制进行座谈。

7月16日 中国留学人员回国创业协会访闽团一行来闽考察。

7月 省委组织部、人事厅、省委宣传部联合在《福建日报》刊出"纪念《国家公务员暂行条例》实施十周年征文活动"，收到论文35篇，评出优秀论文10篇。

8月12日 省政府在福州举行纪念《国家公务员暂行条例》颁布实施十周年大会。

8月23日 举行2003年秋季全省录用国家公务员考试。全省计划招收公务员2141人，18709人报名参加考试。

10月18—23日 省委组织部、人事厅等13家单位联合举办2003年"院士八闽行"活动。活动以"建设科技合作通道、提高公众科学素养"为主题，以"大型综合活动"和"小型专项活动"相结合的形式进行。"大型综合活动"于10月18—23日开展，共邀请院士、专家27位；"小型专项活动"分别于9月中旬和11月上旬进行，共邀请院士、专家九位。前来参加活动的36位院士、专家中，闽籍院士、专家18位。

10月22日 福建—甘肃东西部公务员对口培训班在福州举行，参训人数40人。

10月23日 国家人事部批准福建省新设7个博士后科研流动站。

11月3日 省人事厅和农业厅在福州联合举办福建—宁夏东西部食用菌新技术高级研修班。参训人数127人。

11月26—29日 人事部党组成员、纪检组长李有慰一行4人来闽调研，实地考察福州市人才储备中心、省留学人员创业园和晋江市博士后流动科研工作站。

11月27日 省政府召开电视电话会议，部署调整机关事业单位工作人员工资标准和增加离退休人员离退休费工作。

12月15日 陆志华兼任中共福建省委组织部副部长、部务委员。

12月24日 省人事厅传达全国人才工作会议和全国人事厅局长会议精神。直属单位主要负责人参加会议。

2004年

1月5日 省人事厅下发《关于人事人才工作为实施项目带动战略和加快县域经济发展服务的若干意见》。

1月13日 全省春季录用国家公务员考试笔试开考。16440名考生参加1789个职位的角逐。

1月14日 福建省2004年非师范类大中专毕业生供需见面双向选择大会在福州举行。536家用人单位、3.2万名大中专毕业生参加大会。

1月16日 福建省大中专毕业生就业创业促进会在福州成立。

2月20日 国家人事部聘福建卢绍武为国家公务员录用考试专家,并颁发聘书。

3月24日 省人事争议仲裁委员会举行第一次会议。会议审议通过《关于人事争议仲裁若干问题的规定(试行)》等5个规定,并决定从5月10日起正式受理人事争议仲裁案件。

4月12日起 全省开展考试录用制度执行情况检查工作。

6月23日 全省引智成果基地工作会议在罗源县召开。

7月31日 福建省2004年度夏季大中专毕业生供需见面双向选择及人才交流大会在福州举行。210家用人单位、1.1万大中专毕业生参加大会。

9月4日 2004年秋季录用公务员考试笔试开考。全省9221名考生参加1303个职位的角逐。

9月13日 全省人才工作会议在福州召开。会议对《中共福建省委、福建省人民政府贯彻〈中共中央、国务院关于进一步加强人才工作的决定〉的实施意见》(讨论稿)进行讨论。

10月15日 福建省国际人才交流协会换届大会召开。

10月18—25日 启动以院士专家进校园为特色的"院士八闽行"活动,有7位院士专家到福州、厦门、三明等地15所中学和10所高校演讲,学生听众3万多人。

10月28日 省委、省政府下发《贯彻落实〈中共中央、国务院关于进一步加强人才工作的决定〉的实施意见》。

11月17日 省政府召开《福建省事业单位聘用合同暂行办法》论证会。

11月27日 中央国家机关2005年招考公务员笔试开考。5596名考生参加福建考点考试。

11月30日 省人事厅下发《关于改进专业技术职称工作的若干意见》《福建省实行聘

用制事业单位工作人员考核办法（试行）》。

12月24日 依托互联网，开通由6800多名70周岁以下高、中级退休专业技术人员组成的"福建省银色人才信息库"。

2005年

1月17日 省人事厅下发《福建省省属事业单位公开招聘工作人员考试暂行办法》。

1月19日 省人事厅下发《福建省录用公务员和机关工作人员笔试突发事件处理预案》和《福建省录用公务员和党的机关工作人员笔试应试人员违反考试纪律处理办法》。

1月23—25日 国家外专局副局长李兵来闽调研福建省外国专家管理制度。

1月29—30日 2005年春季录用国家公务员和党的机关工作人员笔试开考，28307名考生参加1193个职位的角逐。

3月21日 省人大常委会在省人事厅召开《终身教育促进条例》视察论证会。

4月15日 国家人事部与厦门市政府共建的中国厦门留学人员创业园举行揭牌仪式。

5月13—16日 国家人事部在厦门市分别举办中央国家机关面试主考官培训班和地方面试考官培训班。福建省各地市人事局考录科长参加培训。

6月21日 福建—黑龙江公务员对口培训班开班。

8月8日 国家人事部人才流动开发司在福州召开人才市场与毕业生就业调研座谈会。

8月22日 省政府办公厅印发《福建省大中专毕业生就业工作任务分解方案的通知》。

8月24日 全省清理津贴、补贴工作会议在福州召开。

8月29—31日 人事部党组副书记、副部长、国家外专局局长、党组书记万学远（正部长级）来闽调研引智工作，与省委书记卢展工会谈，为省委中心组举行学习讲座，并赴省农科院、新大陆环保科技有限公司、南平南孚电池有限公司调研引智项目。

9月4日 举行2005年秋季录用党群机关工作人员和国家公务员笔试。有25452名考生参加987个职位的角逐。

9月19日起 在全省机关事业单位优秀工人中开展选拔高级技师试点工作。

10月 省政府办公厅印发《福建省2005—2006年度紧缺急需人才引进指导目录》。

11月17日 全省引智财务业务培训班举行。

11月23日 省人大常委会第20次会议审议通过《福建省事业单位人事争议处理规定》。

11月29日 省长黄小晶批示：我省外国专家管理体制按照"三定"方案理顺，由省人事厅作为全省外国专家对口管理部门。

12月9日 省政府办公厅正式行文省人事厅、省外事办，明确省人事厅作为全省外国专家对口管理部门。

二、重要文献选录

中共福建省委、福建省人民政府关于引进高层次人才和青年专业人才的若干规定

第一条 为大力吸引我省经济建设、社会发展急需的高层次人才和青年专业人才，为新一轮创业提供有力的人才保证和人才储备，根据《中共福建省委、福建省人民政府关于加快实施科教兴省战略的决定》（闽委发〔1999〕10号），特制定本规定。

第二条 引进高层次人才的学科、技术的主要专业领域是我省急需的高新技术产业、支柱产业、新兴产业、重点工程，重点是生物工程、海洋技术、农业新技术、环保技术、新医药技术、新材料技术、光机电一体化、电子信息、金融管理、外经外贸等。凡我省急需紧缺的青年专业人才，不受专业限制均可引进。

第三条 本规定所称高层次人才是指具有高级职称或博士学位，在学术、技术领域具有较高造诣和较突出成果的专业人才。重点对象是：学术技术水平处于国内外领先的学术技术带头人和优秀拔尖人才，年龄一般在60岁以下；博士学位获得者，年龄一般在45岁以下；懂技术、善管理的高级企业经营管理人才，年龄在55岁以下；拥有专利、发明或专有技术并属国内先进水平的人才；其他具有特殊才能或重大贡献的人才。青年专业人才主要指我省急需紧缺的具有本科（含本科）以上学历的重点大学应届毕业生、35岁以下具有本科（含本科）以上学历且有中级职称或40岁以下具有高级职称的专业人才。

第四条 本规定所称用人单位，是指我省具有用人自主权和独立法人资格的各类单位及具有用人自主权的中央及外省市单位在闽分支机构。引进人才的主体是用人单位，用人单位承担人才引进的主要责任，政府及各职能部门主要是提供政策支持、经费资助和相关服务。用人单位同意录用或聘用的，由用人单位到政府人事部门办理有关引进手续。

第五条 高层次人才和青年专业人才按"双向选择"的原则，自愿选择适合自己专业特长的单位。可以调动、兼职、讲学、从事科研和技术合作、技术入股、投资兴办企业、担任顾问或咨询专家等形式，来我省长期工作或短期服务。

第六条 财政拨款的事业单位引进高层次人才，可不受编制、增人计划和工资总额的限制。具有硕士（含硕士）以上学位的专业人才可通过特殊考试办法录用为国家公务员或党群机关工作人员。

第七条　引进到企业、事业单位的高层次人才和青年专业人才，工资待遇由用人单位与本人协商确定，可实行年薪制。可以专利、发明、专有技术等要素参与分配或技术转让，分配比例或转让费由受益单位和引进人才协商确定。

（一）引进的高层次人才和青年专业人才运用其专利、技术、管理等知识为单位创造的经济效益，3年内按其新增税后留利的10％～30％提成给予奖励。

（二）引进人才科研成果成功投产后，受益单位3年至5年，从该科技成果的年净收入中，提取不低于10％的比例奖给引进人才。

（三）对为我省高新技术企业作出突出贡献的科技人员实行重奖，允许企业按实际创造的效益（税后利润）提取3％～10％作为奖励。

引进人才携带的高新技术成果可作价入股，其技术成果价值占注册资金的比例可达35％，成果完成人和成果转化的主要实施者根据其实际贡献，可获得与之相当的股权收益。属于非职务发明的，所占比例不受限制；属于职务发明的，从项目实施起，成果完成人享有的该成果股权收益最高可达50％。成果转让时，成果完成人可享有不低于20％的转让净收入；获奖人在取得股份、出资比例时，不缴纳个人所得税，取得按股份、出资比例分红或转让股权、出资比例所得时，相关政策按照中央和省政府有关文件执行。

第八条　引进的高层次人才和青年专业人才从事技术转让收入以及与技术转让、技术开发相关的技术咨询、技术服务收入免征营业税。

第九条　积极扶持福州、厦门等有条件的中心城市创办留学人员创业园，鼓励留学人员携带科技成果来闽从事高新技术产品开发和生产。简化留学人员来闽创办企业审批手续。凡获得国外长期（永久）居留权或已在国外开办公司（企业）的来闽创办企业，经省人事厅进行身份认定并经省外经贸委批准，按外商投资企业登记注册，注册资金额可按《公司法》规定的最低限额，注册后可享受本省外商投资企业的优惠政策；其他留学人员经省人事厅进行身份认定，按内资企业登记注册，属高新技术企业的可享受本省有关优惠政策。政府在项目扶持、实验设备、技术入股、土地使用等方面提供优惠条件。留学人员在本省兴办高新技术企业可享受项目立项、贴息贷款、风险投资和融资担保等优惠待遇；鼓励留学人员来闽承包、租赁各种经济实体和研究开发机构。

第十条　引进人才的科研、技术开发等经费原则上由用人单位支付，并进入成本。高层次人才来闽进行科研和从事新产品、新技术开发的，用人单位应提供优惠的工作和生活条件，视其学科领域研究项目的情况，提供与之相适应的工作条件，每年资助一定数额的资料费，配备助手，提供工作用车，提供参加国际学术技术交流与合作的差旅费。引进的高层次人才进行科学研究和从事新产品、新技术开发等，属于填补国内空白或本省急需的科研项目、课题、高新技术，可按有关规定优先予以立项并申请科研项目择优资助经费和课题经费。

建立人才引进专项资金，重点资助国有企业和科研、教学及医疗卫生单位引进高层次人才。每引进一名中国科学院院士、中国工程院院士，从专项资金中提供不少于 200 万元支持其从事发明创造、技术创新，支持其在省内高校兼职并带博士生，培养学科带头人；每引进一名国家重点学科带头人，提供 50 万元科研启动费；每引进一名省部级重点学科带头人，提供 20 万元科研启动费；每引进一名获得博士学位的优秀留学人员，提供 10 万元科研启动费。引进人才及有关部门要加强对科研启动费的管理，提高经费使用效益。

第十一条 调入我省工作的高层次人才和青年专业人才，其本人及其配偶、未成年人子女需迁移户口的，公安、粮食部门依据当地政府人事部门认定的证明文件办理有关户口、粮食迁移落户手续，不受任何指标限制，各地一律不得收取城市增容费或类似的费用。高层次人才和青年专业人才的配偶、未参加工作的子女可随调或随迁，人事、劳动、教育等部门应及时帮助办理其配偶、子女的调动安置、入学、就业及"农转非"。引进人才的子女入托及其义务教育阶段的入学，当地教育部门应根据就近原则和家长意愿安排，并不得收取以赞助为名的各种费用。

第十二条 国有企业、事业单位引进的高层次人才可享受购买、租赁微利房待遇。引进高层次人才根据同类人员的住房标准，按当地政府、用人单位、个人各出资 1/3 比例进行一次性购房或租赁，如属购房，引进人才工作满五年后产权归其所有。对来闽工作的两院院士，由当地政府提供一套不少于 150 平方米的住房。各地、各部门要多方筹措资金，建设人才公寓，或视需要拨款购置，供短期来闽服务的高层次人才租住以及为引进的高层次人才提供周转用房。引进的青年专业人才享受我省同类人员住房的同等待遇。

第十三条 对来闽定居的高层次人才，用人单位一次性发给 3 万~5 万元的安家费，并帮助解决本人及随迁家属子女的来闽单程旅费。对来闽定居的具有本科（含本科）以上学历且有中级职称的青年专业人才，用人单位发给一定数额的生活补助费。

第十四条 引进到国有企、事业单位和政府部门的两院院士可享受副省级领导干部的医疗保健待遇。

第十五条 对引进到国有企业、事业单位的两院院士、国家人事部"杰出专业技术人才奖章"和一等功奖励获得者、国家人事部表彰的有突出贡献中青年专家以及进入国家"百千万人才工程"的第一、第二层次者，省政府每月分别发给 5000 元、4000 元、2000 元、1000 元生活津贴。省内产生的上述高层次人才享受与引进人才同等的津贴待遇。对其他引进到国有企业、事业单位的高层次人才和具有博士学位的留学回国人员，省政府每月发给 500 元生活津贴。

第十六条 对辞职来闽工作的高层次人才和青年专业人才，按引进人员办理户粮迁入手续，承认其原身份、行政职务级别和专业技术职务任职资格，工龄连续计算。对保留当地户口和人事关系来闽工作的高层次人才和青年专业人才,享受与调进我省的高层次人才和青年专业人才的同等待遇。获得硕士、博士学位的引进人才,其攻读硕士、博士学位的时间可计算为连续工龄。

第十七条 对来闽、回闽工作的留学人员,公安、外事部门应简化环节,优先办理出入国(境)手续,保证其来去自由;出国(境)留学人员在闽创办高新技术企业,经省科委认定并颁发了高新技术企业证书的,其企业有关人员可向外事部门办理1～3名香港多次往返签证;需要经常出国(境)人员,可根据有关文件办理一次审批、一年内多次有效的出国(赴港澳)审批手续(属因公证明办理)。引进人才需要出国(境)接受培训、参加学术交流、从事经贸活动等,外事部门根据有关规定及时办理手续。

第十八条 对引进的高层次人才和青年专业人才,专业技术职务可由用人单位自主聘任,不受岗位职数限制。有突出贡献的,可破格晋升专业技术职务。出国留学的高层次人才,可不受来闽工作时间、出国前职称和任职时间的限制,按本人实际专业技术水平和我省专业技术职务评聘有关文件的精神,申报评聘相应的专业技术职务,用人单位可先聘相应的专业技术职务,一年内如按评审程序通过专业技术职务任职资格评定,任职时间可从单位聘任时间算起,评定职称时外语可免试。

第十九条 省政府根据我省经济社会发展和现代化建设的需要,面向国内外大学和科研单位,选聘包括两院院士、重点学科带头人、海外著名专家与学者、博士生导师等高层次人才为我省客座专家,聘期内签订工作目标责任书,每月分别发给1500元、1000元、500元生活津贴。

第二十条 省政府建立专业技术人才专项奖励资金,完善奖励制度,定期对我省经济建设和社会发展作出重要贡献的引进人才和用人单位予以表彰,颁发有突出贡献的引进人才证书,发给一次性奖金,奖金免征个人所得税。

第二十一条 建立国内外高层次人才信息库和联系网络。在国际互联网上发布我省企业技术难题、岗位需求、我省高新技术和支柱产业的攻关项目以及有关人才政策,向海内外人才提供信息服务。加强与国内外大学、科研机构、人才中介机构、留学生组织、海外华人社团以及我驻外机构的联系,建立工作网络,掌握人才信息。

第二十二条 引进华侨、华裔专家和港、澳、台专家,参照引进高层次留学人员的有关优惠政策办理。

第二十三条 经同级人民政府侨务办公室依法认定华侨华人身份的海外高层次人才,视同归侨享受有关法律法规和政策所赋予的权利和待遇,依法维护其合法权益;来本省创业期间,受《福建省保护华侨投资权益的若干规定》等法律、法规的保护。

第二十四条 福建省人事厅是我省引进人才工作归口管理部门,负责制定高层次人才和青年专业人才资格的认定办法并负责组织实施。各地市、各部门可根据本规定制定更加优惠的实施办法，为高层次人才和青年专业人才来闽工作提供最大的方便和最优质的服务。

第二十五条　本规定由福建省人事厅负责解释。

第二十六条　本规定自发布之日起施行。

二〇〇〇年五月二十日

福建省国家公务员培训规定

福建省人民政府令（第77号）

《福建省国家公务员培训规定》已经 2002 年 5 月 13 日省人民政府第 42 次常务会议通过，现予以公布，自 2002 年 7 月 1 日起施行。

省　长　习近平

二〇〇二年五月十四日

福建省国家公务员培训规定

第一条　为加强和规范国家公务员培训工作，提高国家公务员的政治和业务素质，建设廉洁、勤政、务实、高效的国家公务员队伍，根据《国家公务员暂行条例》，结合本省实际，制定本规定。

第二条　本省行政区域内的国家公务员培训活动适用本规定。

第三条　省人民政府人事行政部门应根据经济、社会发展和行政管理的需要，按照职位设置和职业发展的要求，制定全省的国家公务员培训规划，报省人民政府批准后组织实施；并对全省国家公务员培训工作进行指导、检查和监督管理。

设区的市、县（市、区）人民政府人事行政部门，负责本行政区域内国家公务员培训的组织实施和管理工作。

县级以上人民政府工作部门应按照本规定，负责本部门国家公务员培训的实施和管理工作。

第四条　国家公务员培训实行理论联系实际、学用一致、按需施教、讲求实效的原则。

国家公务员有参加培训的权利和义务。

第五条　国家公务员培训分为四类：初任培训、任职培训、专门业务培训、更新知识培训。

第六条　初任培训是对各级国家行政机关新录用担任主任科员以下非领导职务人员的培训。

经过初任培训，应达到下列培训目标：

（一）提高政治素质；

（二）增强职业道德修养，熟悉国家公务员行为规范；

（三）了解国家行政机关的职能、运作过程和任职环境，初步掌握工作方法、程序和基本技能。

第七条　初任培训应在试用期内进行，培训时间不少于10日（60学时）。培训成绩作为试用期考核的内容之一。

第八条　任职培训是对晋升领导职务的国家公务员按照相应职位的要求进行的培训。对晋升非领导职务的国家公务员，参照任职培训的规定执行。

经过任职培训，应达到下列培训目标：

（一）提高政治、业务素质；

（二）提高组织、决策、协调、创新能力；

（三）拓宽和补充必要的新知识和新技能。

第九条　任职培训应在任命后半年内完成，任职培训时间不少于30日（180学时）。因特殊原因不能及时参加培训的，由所在单位向省、设区的市人民政府人事行政部门申请延期培训，延期最长时限为半年。

第十条　专门业务培训是根据不同的工作业务对国家公务员进行专门知识和业务技能的培训。

经过专门业务培训，应达到下列培训目标：

（一）提高专业化水平；

（二）掌握业务工作领域所需要的相关专业知识和技能；

（三）及时了解业务工作的现状，把握其发展趋势。

第十一条　专门业务培训的时间、方式根据工作需要由省人民政府各工作部门确定，报省人民政府人事行政部门备案。

第十二条　更新知识培训是对国家公务员进行以增新、补充、拓宽相关知识为目的的培训。

经过更新知识培训，应达到下列培训目标：

（一）及时掌握新知识、新理论、新信息、新技能；

（二）适应经济、社会发展和政府行政管理改革的需要。

第十三条　更新知识培训每3年为一个周期，周期内培训时间累计不少于21日（126

学时），可以集中时间培训，也可以分散培训。各单位各部门每年参加更新知识培训的人数应平均不少于三分之一。

第十四条 经培训合格的国家公务员，由省人民政府人事行政部门核发《福建省国家公务员培训证书》，由所在单位将学习期间的成绩和表现记入个人档案。

第十五条 国家公务员按规定参加培训期间，其工资和各项福利待遇不变。

第十六条 国家公务员培训分类分级组织实施。

县级以上人民政府人事行政部门制定初任培训、任职培训、更新知识培训的培训计划并组织实施。各级人民政府工作部门负责制定本部门专门业务培训的方案和年度计划，并组织实施。

第十七条 国家公务员培训课程应包括公共必修课、专业必修课和选修课。不同类型的培训在课程设置上应有所侧重。

第十八条 公共必修课应包含政治理论，法律知识，现代科学技术知识，市场经济知识，现代管理科学，公共行政管理知识和国家公务员行为规范等内容。

专业必修课应包含相关业务工作需要的专业知识和技术内容。

选修课应包含新知识和新技能相关的内容。

第十九条 国家公务员培训应采用指定教材。

公共必修课教材和选修课教材由省人民政府人事行政部门指定或组织编写；专业必修课采用国务院相关工作部门组织编写的教材、大纲或由省人民政府人事行政部门商省人民政府相关工作部门指定。

第二十条 省人民政府人事行政部门应根据本省国家公务员培训工作的需要，统一规划，建立以省、市行政院（校）为主，其他培训机构为补充的国家公务员培训施教网络。

第二十一条 承担国家公务员培训任务的教学机构实行资格认可制度。

依法设立的教学机构，具备下列条件的，经省人民政府人事行政部门统一资格确认后，方能承担国家公务员培训任务：

（一）有健全的国家公务员培训组织机构、规章制度和专职管理人员；

（二）具备相应培训场所和设施；

（三）具备与国家公务员培训任务相适应、专兼职结合的师资队伍。

第二十二条 各类承担国家公务员培训任务的教学机构，应接受同级人民政府人事行政部门指导，并严格按照同级人民政府人事行政部门制定并经同级人民政府批准的国家公务员培训计划实施培训教学活动；开展培训需求调研、培训效果评估、教学改革和科研活动；开展国内外的学术、信息交流与合作。

第二十三条 各级财政部门要将国家公务员培训经费列入预算，保证国家公务员培任务的完成。对重要培训项目,要给予重点保证。对培训经费必须编制使用计划,保证专款专用。

第二十四条 县级以上人民政府工作部门有下列情形之一的,由同级人民政府予以通报批评:

(一)未按规定开展国家公务员培训工作或未完成培训任务的;

(二)没有正当理由未按规定选送培训对象的。

第二十五条 国家公务员未经初任培训或培训不合格的,不能任职定级。不服从所在单位安排参加任职培训的,当年年度考核不得定为基本称职以上等次。不服从所在单位安排参加更新知识培训的,在培训周期的最末一年年度考核不得定为基本称职以上等次。未经专门业务培训或培训不合格的,不得从事专门业务工作。

第二十六条 各级人民政府工作部门应保障国家公务员享受培训权利。

国家公务员培训权利受到侵害时或者对前条的处理不服的,有权向同级人民政府人事行政部门提出申诉,人事行政部门接到申诉后应在7日内做出受理或不受理的决定。对受理申诉的,应在接到国家公务员的申诉后30日内做出处理决定;对不予受理申诉的,应书面通知申诉人并说明理由。

第二十七条 承担国家公务员培训任务的教学机构未按县级以上人民政府人事行政部门和各级人民政府工作部门的培训计划实施培训的,由县级以上人民政府人事行政部门责令改正;对拒不改正,情节严重的,由省人民政府人事行政部门取消其承担国家公务员培训任务的资格。

第二十八条 违反本规定,未经省人民政府人事行政部门认可,擅自从事国家公务员培训活动的,由县级以上人事行政部门责令停止该违法活动,退还所收的培训费用,并处以1000元以上1万元以下的罚款。国家公务员参加其培训期间的学习成绩不予确认。

第二十九条 本规定自2002年7月1日起施行。

福建省人才市场管理条例

(2002年5月31日福建省第九届人民代表大会常务委员会第三十二次会议通过;根据2004年7月22日福建省第十届人民代表大会常务委员会第十次会议《福建省人民代表大会常务委员会关于修改〈福建省人才市场管理条例〉的决定》修正)

第一章 总 则

第一条 为了规范人才市场活动,加强人才市场管理,维护人才、用人单位和人才中介机构的合法权益，实现人才合理、有序的流动和人才资源的科学开发配置，促进经济建设和社会发展，根据国家有关法律、法规，结合本省实际，制定本条例。

第二条 在本省行政区域内人才中介机构从事人才中介服务、用人单位招聘人才和人才应聘以及与之相关活动的管理，适用本条例。

劳动力市场管理，按照国家及本省有关规定执行。

第三条 本条例所称人才，是指具有承担专业技术工作、管理工作相应资格或者能力的人员。

第四条 人才市场活动应当遵守国家法律、法规，坚持公开、公平、公正和诚实信用的原则，保障个人自主择业、单位自主用人。

第五条 县级以上地方人民政府应当加强人才市场建设，促进人才市场发展。

第六条 地方各级人民政府应当创造条件，吸引国外、省外人才以调动、兼职、咨询、讲学、科研和技术合作、技术入股或者担任顾问、咨询专家等形式，来本省工作或者提供服务。地方各级人民政府应当采取措施，促进人才向国家、省重点加强的产业、重点发展的领域和经济欠发达地区流动。

第七条 省人民政府人事行政部门负责本条例的组织实施。县级以上地方人民政府人事行政部门负责本行政区域内的人才市场的指导、管理、检查、监督。

工商、公安、财政、价格、劳动和社会保障等相关行政部门按照各自职责，实施本条例。

第二章 人才中介机构

第八条 本条例所称人才中介机构，是指为人才和用人单位提供中介服务及其他相关服务的组织。

第九条 设立人才中介机构应当具备下列条件：

（一）注册资本（金）或者开办资金不少于人民币十万元；

（二）有与开展人才中介服务相适应的场所和设施；

（三）有不少于五名大专以上学历的专职工作人员；

（四）有规范的名称和章程；

（五）有独立承担民事责任的能力；

（六）法律、法规规定的其他条件。

第十条 设立人才中介机构应当向人事行政部门提交下列申请材料：

（一）申请报告；

（二）人才中介机构章程；

（三）办公或者服务场所所有权或者使用权证明；

（四）验资证明；

（五）法律、法规规定的其他条件所需资料。

人事行政部门应当在接到申请材料之日起三十日内进行审查，符合条件的，予以批准，发给《人才中介服务许可证》（以下简称《许可证》）；不符合条件的，不予批准，并向申请人说明理由。

人事行政部门对人才中介机构实行《许可证》年度验证制度。

第十一条　省直单位、中央在闽单位、省外单位设立人才中介机构以及设立冠以福建省名称的人才中介机构，必须经省人民政府人事行政部门批准。其他人才中介机构的设立，必须经所在地的设区的市人民政府人事行政部门批准。

外国的公司、企业和其他经济组织以及香港特别行政区、澳门特别行政区、台湾地区的投资者，在本省行政区域内从事人才中介服务的，按照国家有关规定办理。

第十二条　互联网信息服务提供者专营或者兼营人才信息网络中介服务的，必须申领《许可证》。

第十三条　人才中介机构设立分支机构的，应当依法报请原批准机关批准。

第十四条　取得《许可证》的人才中介机构，按照国家有关规定办理登记手续后，方可从事人才中介服务。

人才中介机构改变名称、住所、经营范围、法定代表人以及停业、终止的，应当向原批准机关办理变更或者注销登记手续。

第十五条　人才中介机构可以依法从事下列服务：

（一）发布人才供求信息，提供择业指导和咨询服务；

（二）接受用人单位书面委托招聘人才；

（三）向用人单位推荐人才；

（四）组织人才培训；

（五）人才素质测评；

（六）经批准举办人才交流会；

（七）法律、法规规定的其他服务项目。

第十六条　人才中介机构可以在规定业务范围内接受用人单位和个人委托，从事人事代理服务。

开展下列人事代理业务，必须经过省或者设区的市人民政府人事行政部门授权：

（一）流动人才和大中专毕业生人事档案管理；

（二）申报或者组织评审专业技术职务任职资格；

（三）其他需经授权的人事代理事项。

第十七条　人才中介机构应当在服务场所公开服务内容和程序，向社会公布收费项目和标准。收费的项目和标准必须符合国家和本省的规定。

第十八条 人才中介机构不得提供虚假或者过时的信息，不得以招用人才为名谋取不正当利益。

第十九条 人才中介机构可以依法建立行业组织。行业组织应当加强行业自律，促进公平竞争，维护行业成员的合法权益。

第三章 人才招聘

第二十条 用人单位招聘人才可以选择下列方式：

（一）委托人才中介机构；

（二）参加人才交流会；

（三）发布人才招聘信息；

（四）运用人才信息网络；

（五）法律、法规允许的其他方式。

第二十一条 本条例所称人才交流会，是指举办人才集市、人才招聘会、毕业生供需见面双向选择会等人才交流活动。

第二十二条 举办人才交流会，必须具备下列条件：

（一）具有人才中介服务资格；

（二）有与交流会规模相适应的社会需求；

（三）有相适应的场所、人员和服务设施；

（四）有完善的组织方案和安全措施。

第二十三条 举办人才交流会，须经县级以上地方人民政府人事行政部门批准。

跨行政区域举办人才交流会，由共同的上一级人民政府人事行政部门批准；举办冠以福建省名称的人才交流会，由省人民政府人事行政部门批准。

未经批准，任何单位和个人不得举办人才交流会。

第二十四条 举办人才交流会，应当向相应的人事行政部门提出书面申请。人事行政部门应当在收到申请之日起十五日内，作出是否批准的决定。不予批准的，向申请单位说明理由。

第二十五条 人才交流会的举办单位，应当对招聘单位的主体资格、招聘行为的真实性进行审查，对招聘中的各项活动进行管理，并接受有关行政部门的监督。

第二十六条 用人单位发布的人才招聘信息应当真实。

用人单位招聘人才，不得向应聘人员收取报名费、押金及其他费用，不得扣压应聘人员的任何证件，不得侵犯应聘人员和其他单位的合法权益。

用人单位委托人才中介机构代理招聘的，应当签订委托合同。

第二十七条　用人单位不得聘用下列人员：

（一）正在承担国家和本省重点工程、重点科研项目的主要技术人员和管理人员，未经原单位同意应聘的；

（二）从事国家机密工作或者曾经从事国家机密工作尚在规定的保密期限内的；

（三）法律、法规规定暂时不能流动的其他人员。

第四章　人才应聘

第二十八条　人才应聘不受单位性质、个人身份、户籍和性别等方面的限制。法律、法规另有规定的除外。

第二十九条　应聘人员应聘时，提供的居民身份证、护照、学历证书、学位证书、专业技术资格证书等有关材料必须真实、有效。

第三十条　在职人员需要解除合同或者辞职的，应当提前三十日向所在单位提出书面申请，所在单位应当在收到申请书之日起三十日内作出答复，对符合国家和本省有关规定的，应当予以同意，并自同意之日起十日内办理相关手续；逾期未予答复的，视为同意。法律、法规另有规定的，从其规定。

第三十一条　应聘人员离开原单位时，应当按照与原单位签订的合同、协议或者国家和本省的有关规定处理有关事宜。原单位不得在国家和本省的规定之外另行设置限制性条件。

应聘人员离开原单位时，不得带走原单位的科研成果、技术资料和设备器材等；不得泄露国家秘密和原单位商业秘密；不得侵犯原单位的合法权益。

第三十二条　应聘人员离开原单位时，按照规定需要办理转递人事档案和转移社会保险关系的，原单位和有关社会保险经办机构应当在应聘人员离开原单位之日起三十日内，分别按照人事档案和社会保险管理的有关规定予以办理。

聘用单位没有人事档案管理职能的，原单位应当向人事行政部门授权管理人事档案的人才中介机构移交人事档案。逾期不移交人事档案的，人事行政部门可以直接调转。

原单位或者经授权管理人事档案的人才中介机构应当维护人事档案的真实、完整，不得出具虚假的证明和材料。

第三十三条　用人单位和应聘人员经双向选择达成意向后，根据平等自愿、协商一致的原则，依法签订聘用合同或者劳动合同，约定双方的权利和义务。

第五章　人才流动争议处理

第三十四条　处理人才流动争议，应当按照合法、公正、及时的原则，维护当事人的合法权益。

第三十五条　当事人因流动而发生争议的，应当按照法律、法规规定或者合同的约定处理。没有规定或者约定的，当事人双方可以协商解决，也可以向人事行政部门申请调解处理。

当事人向人事行政部门申请调解处理的，人事行政部门应当在收到申请之日起三十日内调解处理。

第六章　法律责任

第三十六条　违反本条例规定，有下列行为之一的，由县级以上地方人民政府人事行政部门按照下列规定处罚：

（一）无《许可证》从事人才中介服务的，责令立即停止活动，没收违法所得，并可处以一万元以上五万元以下的罚款；

（二）人才中介机构超越"许可证"核准的服务范围从事人才中介服务的，予以警告，没收违法所得，并可处以五千元以上二万元以下的罚款；情节严重的，吊销"许可证"；

（三）人才中介机构未经批准举办人才交流会的，责令停办，没收违法所得，并可处以五千元以上三万元以下的罚款；情节严重的，吊销《许可证》；

（四）人才中介机构提供虚假信息、作出虚假承诺的，予以警告，没收违法所得，并可处以二千元以上二万元以下的罚款；情节严重的，吊销《许可证》；

（五）用人单位在招聘活动中向应聘人员收取报名费、押金等费用的，予以警告，责令退还，并处以违法收取金额一倍以上三倍以下的罚款；

（六）用人单位违反本条例第二十七条规定，招聘不得聘用的人员的，责令改正；故意招聘的，并处以三千元以上一万元以下的罚款。

第三十七条　在人才招聘、应聘和中介服务中，侵害其他单位或者个人的合法权益并造成损失的，应当依法承担赔偿责任；构成犯罪的，依法追究刑事责任。

第三十八条　有关单位和应聘人员在招聘、应聘活动中提供虚假材料的，由有关部门依法予以查处。

第三十九条　人才中介机构违反国家和本省有关规定收费的，由财政、价格行政部门依法查处。

第四十条　人才中介活动违反工商行政管理规定或者其他法律、法规的，由工商行政管理部门或者其他相关部门予以查处。

第四十一条　国家机关工作人员在人才市场管理工作中玩忽职守、滥用职权、以权谋私，侵犯应聘人员、用人单位和人才中介机构合法权益的，由所在单位或者主管部门给予行政处分；构成犯罪的，依法追究刑事责任。

第七章　附　则

第四十二条　本条例自 2002 年 8 月 1 日起施行。

中共福建省委　福建省人民政府
贯彻落实《中共中央、国务院关于进一步加强人才工作的决定》的实施意见

各市、县（区）委和人民政府，省直各单位：

为认真贯彻落实《中共中央、国务院关于进一步加强人才工作的决定》（中发〔2003〕16号）精神，实施人才强省战略，培养和造就数量充足、结构合理、素质较高，适应建设海峡西岸经济区需要的人才队伍，特提出如下实施意见。

一、实施人才强省战略，切实把人才工作摆在建设海峡西岸经济区的重要战略位置

1. 人才是关系建设海峡西岸经济区的决定性因素。发展大计，人才为先；小康大业，人才为本。本世纪头20年，是我省发展的重要战略机遇期。在经济全球化进程加快、科技进步日新月异、区域经济竞争日趋激烈的新形势下，人才资源已成为最重要的战略资源。加快建设海峡西岸经济区，形成"延伸两翼、对接两洲，拓展一线、两岸三地，纵深推进、连片发展、对外开放、服务全局"的发展态势，实现比全国提前三年全面建设小康社会的奋斗目标，关键在人才。

我省历来高度重视人才工作，特别是改革开放以来，先后实施了"以智取胜"、"科教兴省"、"人才强省"战略，不断改革和创新人才工作机制，促进了人才总量的增加和素质的提高，人才工作取得了显著成效。但也存在人才总量不足、结构不合理、人才素质不适应发展要求，特别是高层次、高技能、创新型和复合型人才短缺；人才观念创新不够，人才政策不够落实，人尽其才的用人机制有待完善。加快建设海峡西岸经济区，人才工作面临新机遇、新挑战。各级党委、政府必须从战略和全局的高度，深刻认识人才资源开发是推动可持续发展的第一动力，积极开发人才资源，走人才强省之路，努力开创人才工作新局面。

2. 指导思想：坚持以邓小平理论和"三个代表"重要思想为指导，牢固树立和认真落实科学发展观和科学人才观，以能力建设为核心、改革创新为动力、市场配置为基础、结构调整为主线，大力开发国内国际两种人才资源，紧紧抓住培养、吸引、用好人才三个环节，着力建设党政人才、企业经营管理人才、专业技术人才和高技能人才队伍，努力把各类优秀人才聚集到海峡西岸经济区建设的各项事业中来，为全面建设小康社会提供强有力的人才保证和智力支持。

3. 基本要求：

——服务发展大局。坚持把促进发展作为人才工作的根本出发点和落脚点，紧紧围绕改革开放和现代化建设，紧密联系全面建设小康社会和建设海峡西岸经济区战略部署，确定人才工作目标，制定人才政策措施，推进人才资源规划、开发、配置、利用，以发展成果检验人才工作的成效。

——坚持唯才是举。坚持人才资源是第一资源、人人都可以成才、以人为本的科学人才观，坚持不唯学历、不唯职称、不唯资历、不唯身份，不拘一格选人才，把品德、知识、能力和业绩作为衡量人才的主要标准，尊重劳动、尊重知识、尊重人才、尊重创造，激发人的创造活力，鼓励人人都作贡献，人人都能成才。

——勇于改革创新。坚持市场配置人才资源的改革取向，努力从根本上消除人才培养、吸引和使用的体制性障碍，建立有利于各类人才成长和充分发挥作用的新机制，形成鼓励人才干事业、支持人才干成事业、帮助人才干好事业的社会环境。

——统筹资源开发。坚持把能力建设作为人才资源开发的主题，统筹人才资源与各类生产要素之间的配置，促进人才在城乡、区域、产业、行业以及不同所有制之间的合理分布和有序流动，使一切劳动、知识、技术、管理和资本的活力竞相迸发，一切创造社会财富的源泉充分涌流。

4. 目标任务：适应海峡西岸经济区建设需要，把人才作为推进事业发展的关键因素，努力培养造就数百万高素质劳动者，上百万专门人才和一大批拔尖创新人才。到2010年，使我省人才资源总量有较大幅度增加，每万人口中具有大学专科以上学历的占8%，高层次专业技术人才占专业技术人才总量的6.6%，高技能人才占技术工人总量的7%。建立与市场经济体制相配套、与经济社会发展目标相适应，政府宏观调控与市场调节相结合的人才资源开发体系，市场配置人才资源的基础性作用得到充分发挥，创业环境有较大改善，对优秀人才的吸引力显著提升，形成有利于各类人才健康成长和施展才能的平台，努力把福建建成政策配套、机制灵活、环境宽松、人尽其才的海峡西岸人才聚集区。

二、以能力建设为核心，加大人才培养力度

5. 大力发展教育事业。制定实施《福建教育振兴行动计划》。完善农村义务教育管理体制，巩固提高普及九年义务教育水平，重视发展高中阶段教育。扩大高等教育规模，提高高等教育质量，加大对8所重点建设高校的扶持力度，力争建成一两所国内外知名大学和一批国内领先水平的重点学科。到2010年，高等教育毛入学率达到25%。以就业为导向，大力发展职业教育。重点建设高等职业院校和省级以上技工学校、技师学院，加快建设具备理论和技能一体化的"双师型"教师队伍，建设一批技能型紧缺人才示范性培训基地。引入市场机制，加强政策引导，大力发展民办教育。设立政府奖学金制度。倡导企事业、社会团体和个人捐资助学。建立以学习者个人为主、用人单位支持、政府资助的继续教育保障机制。统筹协调社会教育资源，为全民学习、终身教育开辟多种渠道，努力创建学习型社会，不断提高全民素质。

6. 加强党政领导人才培养。认真贯彻落实《2004—2008年全国党政领导班子建设规划纲要》。围绕提高执政能力，创新培训方法，提高培训质量，扎实抓好党政领导人才普遍轮训工作。实施"500名党政领导人才重点培养计划"，每年选拔100名党政领导干部到国内外知名高校培训。加大培养力度，建立一支素质优良、数量充足、结构合理的后备干部队伍。重视少数民族干部、妇女干部、青年干部和非中共党员干部的培养选拔。进一步做好干部挂职锻炼工作，把选派干部支援欠发达地区建设、西部开发与培养锻炼干部结合起来，加大干部实践锻炼的力度。

7. 加强高级经营管理人才的培养。抓好500名高级企业经营管理人才的培养。遵循人才成长规律，充分发挥市场机制和政策导向作用，围绕主导产业和产业集聚建设，加快企业经营管理人才培养。通过多种方式，培养企业急需的管理人才、技术人才、营销人才。注重企业经营管理人才的职业精神培养，提高职业化水平。实施"走出去"战略，鼓励企业经营管理人才在更大范围、更广领域和更高层次参与国际国内经济技术合作与竞争，在实践中锻炼提高经营管理能力。

8. 加强高层次专业人才培养。坚持自然科学和社会科学并重。继续推进"新世纪百千万人才工程"建设，实施"155专家工程"，努力培养造就100名进入国内外科技前沿，体现国家水平的学术技术带头人；500名在某一学科或技术领域有较高造诣，代表我省先进水平的学术技术带头人；5000名在各领域起骨干作用的优秀人才。实施"三个一百"培养计划，每年选送100名学术技术带头人到国内外著名机构和省外院士专家身边进修深造、开展合作研究与学术交流；资助100名学术技术带头人参加国家继续教育研修活动；支持100名中青年骨干人才开展科研创新活动。充分发挥企业在技术研发中培养人才的作用。设立青年博士科研启动专项经费，对在企事业单位从事科学研究和技术开发工作的博士毕业生首次申请科研项目，经业内专家评议，由省政府科技部门和用人单位按1:1比例给予科研启动经费。加强博士后工作，支持博士后站点建设。实行首席科学家和首席专家课题管理制度。推行课题招标制度，政府出资的重大研究课题，符合条件的面向国内外公开招标。实行学术休假制度。深化"院士专家八闽行"活动。加强科技副职选派工作，推广专家服务团做法。关心和爱护理论工作者，培养和造就一批中青年理论人才。

9. 加强高技能人才培养。大力实施高技能人才培训工程和技能振兴计划，采取政府推动、社会广泛参与、学校教育培养、个人岗位提高相结合的方式，加快高技能人才培养。到2010年，新培养200万名技术工人，其中高级工20万人，技师、高级技师3万人。充分发挥企业培养高技能人才的主体作用，强化岗位技能考核，组织技术革新和工艺攻关，开展班组技术比赛和岗位技能竞赛，促进岗位成才。

三、创新引进方式，促进人才聚集

10. 制定人才引进专业目录。根据全省经济社会发展和重大建设项目对人才需求，加强对紧缺急需人才的预测和规划，每年编制发布人才引进专业目录。各级政府对依据目录引进的人才，按每人每月800元标准逐年发放5年生活津贴。引进的急需紧缺人才购买住房，由各级政府按当地商品房中等价格和相应面积标准给予购房款总额的三分之一补贴，由个人自行选购房源。发挥用人单位主体作用，为引进人才提供良好的工作、生活条件。专业目录中急需的博士毕业生，愿意到企业工作又希望保留事业人员关系的，可委托人才储备中心管理，编制部门相应划出机动编制，三年内，根据本人意愿，或将关系转到企业、或推荐到事业单位工作。

11. 实施人才居住证制度。对符合我省经济社会发展需要，具备相应的学识、技术和能力，以不改变户籍、国籍的形式来我省工作或者创业的国内外优秀人才，发放《福建省引进人才居住证》。持证者可以受聘担任企事业单位领导职务；符合公开选拔领导干部资格条件的，可以参加公开选拔党政领导干部；其子女入学入托与本地居民享有同等待遇；可以在本省办理养老和医疗社会保险、住房公积金、专利申请、外汇兑换、公安部授权允许的有关出入境事务及其他商务活动等相关事务。

12. 积极引进留学人员和海外人才智力。坚持"引进来"和"走出去"，加强两岸三地人才交流，搭建闽港人才合作平台，选派业务骨干赴港研修，聘请技术和管理专家到福建工作，实现互补互惠。政府引导、聚集社会力量，加大留学人员创业园投入，为留学人员来闽创业提供良好服务。举办中国留学人员（福建）创业项目竞赛活动，经专家评审确认的优秀项目，省里给予配套资金支持，帮助其落地发展。建立海外人才信息库，加强与海外华人华侨社团、留学生团体、专家组织和国际友好城市的联系，支持高层次人才筹办国际学术会议，积极引进海外人才智力。

13. 提高人才引进服务质量。依托福州、厦门等地优质中小学创办国际学校或双语班级，为引进的海外留学回国人才和华侨、外国专家子女提供与国际接轨的教育服务。对重点建设工程、重大科研项目引进的核心人才，可根据需要配备特别行政助理。鼓励市县建立人才储备中心，在人才比较集中的中心城市建设博士后公寓和人才公寓。建立健全人才引进协调服务机构，建立人才引进快速通道。

四、完善使用机制，营造优秀人才脱颖而出的环境

14. 推进党政干部选拔任用制度改革。认真贯彻中央《党政领导干部选拔任用工作条例》和省委《建立选人用人公正机制的若干规定》，坚持德才兼备、注重实绩、群众公认，坚持任人唯贤、公道正派，继续推行和完善民主推荐、民主测评、考察预告、差额考察、任前公示、公开选拔、竞争上岗、全委会投票表决、党政领导干部辞职等制度。建立符合科学发展观要求的干部政绩考核体系和考核评价标准。机关内设机构职位空缺原则上采取竞争上岗，把竞争上岗与试用期制、任期制有机结合起来，推动干部能上能下、能进能

出。进一步拓宽各类优秀人才进入党政领导岗位的渠道，选择一批职位，面向社会公开选拔领导干部。严格控制选任制领导干部任期内的职务变动。健全公务员制度，探索政府雇员制度，行政机关可根据工作需要选聘特殊人才承担专门工作。制定并实施优秀人才破格选拔使用办法。健全党政机关、企事业单位之间领导人才交流制度。

15. 改革和完善国有企业经营管理人才选拔任用方式。完善公司法人治理结构，积极探索国有控股公司治理模式，实行出资人代表委派制或选举制，建立管人与管资产、管事相结合的管理体制。坚持市场配置、组织选拔和依法管理相结合，改进国有企业经营管理人才选拔任用方式，逐步实现由组织配置为主向市场配置为主转变。推行社会化职业经理人资质评价制度，加快培育职业经理人才市场，推进职业经理人才的市场化配置。

16. 推进事业单位改革。加快事业单位机构改革和人事制度改革步伐。根据事业单位承担的职责任务，进行科学分类，制定出台相应的管理办法，逐步取消事业单位行政级别。全面推行按需设岗、竞聘上岗、以岗定酬、合同管理、严格考核的事业单位人员聘用制度。落实用人单位用人自主权，打破身份限制，实行自主聘任。坚持和完善事业单位补充工作人员实行考试考核、公开招聘制度。对机关事业单位工勤人员实行聘用合同制。建立和完善人事争议仲裁制度，维护个人和用人单位的合法权益。制定完善事业单位专业技术人才兼职兼薪的管理办法。

五、改进评价方式，充分调动人才积极性

17. 深化专业技术职称改革。全面推行专业技术职务评聘分开，打破专业技术职务终身制。坚持以能力和业绩为依据，修订和完善专业技术资格评价标准，根据各专业技术岗位特点，在资格申报评审中对外语提出不同要求。符合条件的专业技术人才可申报评审多种专业技术资格，积极培养复合型人才。具有博士学位授予权的高校可自行评审相应学科教授、研究员资格。在专业技术岗位上工作的工人和农村实用人才可以申报相应的专业技术资格。对确有真才实学的各行业实用型人才，可不受学历和从事技术工作时间的限制，申报高一级专业技术资格。

18. 创新技能人才评价方式。对企业高技能人才的职业资格考评，打破年龄、资历、学历、身份限制，重在业绩和企业认可。加大考核鉴定力度，探索成果鉴定、实物鉴定和企业认定等办法，开展企业高技能人才评价办法改革试点。建立和完善省、市、县三级职业技能鉴定工作网络，下放职业技能鉴定管理权限，全面推行职业资格证书制度。

六、加强人才市场建设，推进人才合理流动

19. 构建统一开放的人才市场体系。做大做强综合性人才市场，办好各类专业人才市场，大力发展网上人才市场。整合人才市场和劳动力市场信息资源，建立市场供求、薪酬信息发布制度，推动人才市场和劳动力市场信息联网贯通和业务联合，加快建设统一的人才市场。拓展人才派遣、劳务派遣服务项目。按照管办分离、政事分开原则，推进政府所属人才服务机构的体制改革，积极发展民营、中外合资人才中介机构，培育"猎头"机构。建立社会化的人才档案公共管理服务体系，推进人才市场信用体系建设。实施《福建省人才市场管理条例》和《福建省劳动力市场管理条例》，加强人才市场监管与调控。

20. 促进人才合理有序流动。打破人才流动中城乡、区域、部门、行业、身份、所有制限制，疏通党政人才、企业经营管理人才、专业技术人才之间，公有制和非公有制经济组织及社会组织之间，不同地区之间的人才流动渠道，解决人才流动中涉及的相关权益问题，保证人才流动的开放性和有序性。鼓励专业技术人才通过兼职、定期服务、技术开发、项目引进、科技咨询方式进行流动。试行高校毕业生自主创业小额贷款担保制度，鼓励高校毕业生自主创业。

七、建立有效的激励和保障机制，激发人才的创造力

21. 完善分配激励机制。建立公务员工资与国民经济发展相协调、与物价指数变动相适应、与企业相当人员平均工资大体持平的工资水平决定机制。根据财力增长情况，逐步提高地区附加津贴标准。改革事业单位工资分配制度，对财政拨款的事业单位，逐步推行编制内工资总额包干，推动省属高校财政拨款体制改革，制定按生均教育费和实际在校生数核定教育事业费办法，建立激励与约束相结合、绩效贡献与薪酬相统一的内部收入分配机制。构建以经营业绩为核心，与企业资产规模、效益、资产保值增值相联系，以年薪制、股权、期权等多种形式为内容的多元化的国有企业经营管理者分配体系。探索产权激励机制和生产要素参与分配，完善技术、专利等知识产权入股制度和技术创新人才持股制度，实行技术成果按收益提取奖励的分配制度。

22. 健全人才奖励制度。坚持物质奖励和精神鼓励相结合的原则，充分发挥经济利益和社会荣誉双重激励作用。省委、省政府设立人民满意的公务员、杰出科技人员、突出贡献企业家、突出贡献高技能人才、优秀回国留学人员人才表彰制度，每三年评选表彰一次，对获得奖项的各类人才给予重奖。各级党委、政府也要建立符合本地区实际的人才表彰奖励制度。定期评选表彰一批重才爱才的先进单位和个人。鼓励和支持国内外组织、华侨、华人和知名人士设立人才奖项。

23. 建立健全人才保障制度。完善机关、事业、企业之间人才流动的社会保险衔接办法。省直党政机关事业单位流动到企业的人才加发养老保险一次性补贴费，其标准为：本人离开机关单位时上年度月平均工资×在机关单位工作年限×0.9%×120。建立个人缴费窗口，为离开机关事业单位到企业工作的人才接续社会保险关系。鼓励企业建立年金制，

提高高层次、高技能和急需人才的保障水平。建立对家庭经济困难人才、残障以及患有其他身体缺陷的人才的救济救助制度。实施高层次人才特殊保障津贴制度。重要高层次人才特殊保障津贴的标准为每人每年1万元,并分类予以体现。特殊保障津贴分别按各50%的比例记入养老、医疗个人账户,并由相应的社会保险经办机构管理,按养老、医疗的相关规定办理记账和享受待遇手续。

八、克服体制性和政策性障碍,开发非公有制经济组织和社会组织人才资源

24. 把非公有制经济组织和社会组织人才纳入工作范畴。建立组织人事部门与工商联等相关部门联席会议制度、联系重点非公有制经济组织和社会组织制度、非公有制经济组织和社会组织人才调查统计制度,及时掌握人才资源的变化和发展需求。党校、行政学院、社会主义学院和高等院校要积极为非公有制经济组织和社会组织高级经营管理人才、民营企业家的培训创造条件、提供服务。做好非公有制经济组织和社会组织人才的职称评定工作。支持有条件的非公有制经济组织成立研发机构、博士后科研工作站。进一步改进非公有制经济和社会组织人才办理出国(境)手续的办法。

25. 对非公有制经济组织和社会组织人才一视同仁,平等对待。坚持把非公有制经济组织和社会组织中发展党员与人才培养有机结合起来。重视推选符合条件的非公有制经济组织和社会组织优秀人才作为党代表、人大代表、政协委员、劳动模范的人选,选拔德才兼备、业绩突出的优秀人才担任各级领导职务。非公有制经济组织和社会组织人才同等享受政府各种表彰奖励、特殊津贴评定、各种"人才工程"人选的选拔、面向社会的培训项目、基金、课题评审、信息服务以及政府出台的各项人才激励政策。鼓励机关事业单位人员到非公有制经济组织创业,对辞职人员发给相应的辞职补助费。

九、加强帮扶工作,进一步推动欠发达地区人才工作

26. 扶持人才资源开发。省级财政对经济欠发达地区的拔尖人才津贴、引进急需人才生活补贴和高层次人才特殊保障津贴给予适当补贴。充分考虑欠发达地区的实际和特点,在专业技术资格评审、科研项目立项、引智项目申报、优秀人才评选、人才开发基金方面,给予优先考虑、适当倾斜。鼓励欠发达地区与发达地区科研机构、高等院校和企业联合承担项目。完善沿海发达地区与欠发达地区对口帮扶机制,鼓励发达地区科研院所、学校、医院等与欠发达地区的对口单位开展技术、人才协作。鼓励发达地区企业与欠发达地区结成用工和职业培训联盟,把劳动用工与人才培养、扶贫工作紧密结合。发达地区政府部门和用人单位要从全省发展大局出发,不得采用重新建档等方式吸纳欠发达地区的人才。加强乡镇农业科技推广队伍建设,充分发挥现有农业技术人才作用,积极推广科技特派员制度,推进农村社会服务联动网建设,大力开发农村实用型人才。

27. 加强智力支持。引导、鼓励大学毕业生到基层工作。高校毕业生到基层单位工作

的，可将户口落在工作单位所在地的设区市的城区，也可留在家庭所在地。逐步实行省、市党政机关补充工作人员主要面向具有大专以上学历、在基层工作二年以上的各类人员招考。实施"大学生志愿服务欠发达地区计划"。继续做好选派优秀大学毕业生到基层锻炼的工作。落实高校毕业生自主创业、自谋职业和灵活就业的有关政策。鼓励高校毕业生到基层工作，从 2005 开始，对全日制普通高校毕业生在欠发达地区的非城区乡镇工作满 5年、表现突出的给予一定奖励。组织省直单位和沿海地区专业技术人才到欠发达地区定期服务。继续选派党政机关优秀年轻干部到相对落后村任职。对自愿到欠发达地区创业的高层次人才、特殊人才，可根据本人意愿办理择地落户手续，工作地区应为其提供人事代理服务。

十、坚持党管人才原则，切实加强对人才工作的领导

28. 构建人才工作新格局。成立省委人才工作领导小组及其办公室，建立省委人才工作联席会议制度。各市、县（区）委也要成立相应机构，配备工作力量，加强对人才工作的领导。组织部门要做好牵头工作，当好党委的参谋助手，落实好党委对人才工作的各项部署。有关部门要各司其职，密切配合，形成人才工作整体合力。加强人才工作队伍建设，加大对人才资源开发和人才工作的研究力度，抓紧制定"十一五"人才规划。加快人才环境建设，加大人才宣传力度，办好"人才活动周"。建立高层次人才库，健全和完善领导干部联系优秀企业家和学术技术带头人制度。

29. 加大对人才工作的投入。建立政府引导、分级负担、社会参与、多元投入、利益共享的人才资源开发经费保障机制。2005 年省级财政增加 2000 万元，统筹用于人才资源开发的新增经费支出，此后随财力的增长而逐年增加。各级政府都要建立人才资源开发专项资金，用于高层次人才培养、高技能人才培养、欠发达地区人才开发、人才智力引进等项工作。强化用人单位主体作用，鼓励用人单位加大对人才开发的投入。企业及企业化管理的事业单位用于人才引进、培养和奖励等方面的工作经费，可设立独立科目，计入经营成本。加强对资金使用的监督管理，提高人才投入效益。

30. 抓好人才工作的落实。坚持"一把手"抓"第一资源"。各级党委要定期研究人才工作。人才工作领导小组每年要制定人才工作要点并分解立项，实行人才工作目标责任制，把人才工作作为考核各级领导班子和领导干部政绩的一项重要内容。做好各项人才政策完善和衔接工作。加强督促检查，强化责任追究，增强诚信意识，做到承诺有度、践诺有信，确保各项人才政策落实到位。

各设区的市和省直有关部门要根据本实施意见，结合实际，制定相应的配套措施和具体办法。

二〇〇四年十月二十八日

三、课题报告选录

关于加强高层次人才培养、引进工作研究

省人事厅课题组

【内容提要】本文针对我省高层次人才队伍的现状和现代化建设的需要，提出我省2005年高层次人才发展目标、对策与措施。

一、我省高层次人才队伍现状

改革开放以来，我省认真贯彻落实党中央、国务院关于"科教兴国"战略和人才工作的方针、政策，认真抓好人才预测规划，强化人才培养措施，以实施"百千万人才工程"、博士后制度、培养学术技术带头人为重点，大力加强专业技术队伍特别是高层次人才队伍建设，取得了显著成绩。

（一）高层次人才队伍不断发展。截至1998年底，全省具有高级专业技术职务的有24078人，占全省专业技术人员总数的3.7％。其中，省属国有事业、企业单位高级专业技术职务的有20763人，占省属单位专业技术人员总数的3.6％，比1991年增加0.9万人，增长72.8％；高级职务中45岁以下的有4936人，50岁以上人员所占比例由1991年的85.6％下降至62.8％；入选省"百千万人才工程"359人，同时，学术技术带头人队伍有了很大发展，已有"两院"院士8人，国家有突出贡献专家79人；国家"百千万人才工程"第一、二层次人选11人，博士生导师150多人，国务院学位委员会学科评议组成员10人，国家科技部"863"项目承担者4人，首席科学家1人，全国性学会（研究会）正副会长25人，省优秀专家265人，享受国务院津贴专家近1800人，获中国青年科技奖14人，省青年科技奖119人。我省还初步建立了"百千万人才工程"培养机制，对"百千万人才工程"人选进行强化培养。多数"人选"已成为我省学术技术骨干，有的已成为学术技术带头人，在这些"人选"中有8人入选国家"百千万人才工程"第一、二层次，7人被评为国家有突出贡献专家，76名享受国务院津贴，6名获全国青年科技奖，42名获省青年科技奖。据1998年底有关统计数据，我省学术技术带头人的绝对数居全国的中下水平，而相对于专业技术人员总数的比例，位居全国的中上水平，名列华东地区前3名。博士后工作取得突破性进展。现已设立12个博士后流动站和1个企业博士后科研工作站，截至1998年底，全首共招收101名博士后，其中已有60人出站，成为我省优秀年轻人才。

（二）部分研究成果达到国内或国际先进水平，一些学科已形成自己的学科优势。全

省共有131个项目获1978年全国科学大会奖，1981—1998年有156个项目获国家级科技奖励。1979—1998年的20年间，共获省科技进步奖2635项，其中一等奖26项，二等奖392项，解决了一批科技、经济、社会发展中重大问题，创造了良好的经济、社会效益。我省的一些学科也形成了学科优势，如在化学方面，已拥有中国科学院院士5人，工程院院士1人，博士后流动站3个，一级学科博士点1个，二级学科博士点7个；在生物学（含农业、医学、中医、海洋生物）方面，已拥有中国科学院院士2人，博士后流动站4个，一级学科博士点2个，二级学科博士点10个。

我省高层次人才队伍建设虽然取得一定成绩，但还突出存在总量偏少、分布不合理、总体年龄偏大等问题。

二、我省高层次人才队伍发展的目标

根据我省1996—2010年人才发展规划纲要确定的目标，到2000年，全省人才总量达150万人以上，平均每年增长5%。其中高级人员达3万人。高级人员中，55岁以下人员的比重由1995年的47.3%提到60%左右；农业技术、工程技术、高新技术和企业管理等专业人员比例要有较大提高。到2005年，争取在省重点学科领域，造就3～5名能进入世界科技前沿，有较大影响的杰出科学家，50名以上具有国内先进水平，保持学科优势的学术和技术带头人，500名以上在学科领域有较高学术造诣，成绩显著，起骨干核心作用的学术、技术带头人后备人选，使我省拥有各类高层次人才占专业技术人员的比重从目前的不足4%提高到6%以上，在全省140多个学科中拥有1000名以上学术技术带头人，其中有10%以上成为具有国内外先进水平的顶尖人才。全省博士后流动站和省财政拨款培养的博士后达500人左右。

三、加强高层次人才培养、引进工作的对策与措施

（一）加大实施博士后制度、"百千万人才工程"、"541人才工程"和"高层次创造性人才工程"力度，努力造就一支数量充足、门类齐全、优势明显、结构合理、素质精良的高层次人才队伍。

大力支持具备条件的高校、企业设立博士后流动站、企业博士后科研工作站。省财政为每个新设立的博士后流动站一次拨给"建站启动费"60万元，用于改善博士后流动站的科研条件，给博士后提供生活补助。加大省财政拨款招收博士后的工作力度，支持和鼓励单位自筹经费招收博士后，进一步扩大博士后招收规模。要在做好"九·五"期间每年由省财政拨款招收15名博士后的工作基础上，争取在"十五"期间每年由省财政拨款招收40名博士后，每年给每位进站博士后4万元经费补贴；创办若干个博士后科研基地，促进博士后流动站与企业、基层单位的横向联系与合作，促进"产、学、研""农、科、教"相结合。

按照公平竞争的原则，采取组织推荐、专家推荐和学术团体推荐相结合的方式，筛选确定"百千万人才工程"、"541人才工程"人选。对入选人员进行重点培养，实行动态管理。多方筹措资金，增加对实施"百千万人才工程"经费的投入。"九五"期间每年由省财政拨款200万元，"十五"期间每年由省财政拨款400万元，用于选派"人选"出国研修，开展合作研究，出版专著，跟随院士、知名专家和学术技术带头人学习，攻读博士学位，或支持他们参与重大科学研究（攻关）活动，迅速提高他们的业务素质和竞争力。每年选拔一批专业技术人员、企业经营管理者到国（境）外培训或到海外跨国公司、大财团、商务基地、国际著名中介机构就职，回来后充实到国有及国有控股大中型企业、高等院校和科研院所的相应岗位。

支持企业经营管理人员攻读工商管理硕士（MBA）学位，鼓励大型企业与高等学校联合培养硕士、博士研究生，同时建立组织选拔与市场配置相结合的选拔任用制度，大力发展高层次企业管理者和经营者人才市场，加快培养造就一批高素质、职业化的现代企业经营管理人才，培养造就一批具有创新意识、懂技术、善经营、会管理的企业家、技术创新的带头人和一大批具有专业技术知识和国际市场开拓能力的高级营销人才。

（二）积极引进海内外高层次人才，提高人才质量和使用效益。

紧紧抓住经济全球化的机遇，在充分发挥现有人才作用的同时，把招商引资与招贤引智结合起来，大力引进国外高新技术成果、资金和智力。要扩大范围，拓宽渠道，重点吸引在高新技术产业方面有影响、有造诣的专家，尤其要抓好几个具有国际领先水平，能拉动高新技术产业升级和促进成果转化，对福建经济发展有巨大推动作用的引智项目。采取聘请讲学、咨询、合作研究、参与技术诊断和设计，以及技术承包、技术入股、技贸结合等多种形式，吸引海外专家。以项目带人才面向海内外公开招标，选择高等院校、科研机构、企业部分关键岗位，公开向海内外招聘人才。视需要高薪聘请专家，实行有偿服务，帮助解决高新技术中的关键性难题。

坚持"支持留学、鼓励回国、来去自由"的原则和"回国服务、为国服务并举"的方针，继续认真贯彻落实省委、省政府闽委〔1992〕20号文件精神，围绕我省高新技术、支柱产业、重大工程和重大关键性技术领域，吸引优秀海外留学人才来闽工作。要在项目扶持、资金投入、工商注册、高新技术企业认定、技术入股、税收减免、人员出入境等方面提供优惠，努力办好"福建留学人员创业园"，吸引留学人员来闽投资兴办高新技术企业、转化科技成果，力争形成一批留学人员企业群体，培育新的经济增长点。采取多种形式、多种手段引进高层次人才智力。在课题立项、科研启动经费、职称、成果奖励等方面提供优惠，并享受高层次人才的有关待遇。对引进紧缺、急需的高层次人才，不受单位编制、增人指标、工资总额的限制。对引进的人才和从事高新技术国际合作与交流的中外人员出国（境）、公安、外事等部门要简化手续。积极引进高层次人才智力，特别是学术技术带头人，对引进的能跻身国际领先或国内一流水平的学术技术带头人，视需要拨给50万～150万元的科研启动经费。

积极吸引我省经济建设和社会发展急需的全国重点高等学校毕业生来闽工作，为我省跨世纪的发展作人才战略储备。

（三）推进与社会主义市场经济体制相配套的人才管理体制改革，创造公开、平等、竞争、择优的用人环境，为优秀人才脱颖而出创造条件。

引入竞争机制，深化人才管理体制改革，研究、建立与社会主义市场经济体制相配套的高层次人才培养引进、考核评价、管理使用、激励保障等机制。

对经营管理人员、科技人员逐步推行全员聘任制和合同化管理，全面推行岗位责任制、考核制，使考核结果与人才使用效益紧密挂钩，人员能进能出、能上能下。积极推行专业技术职务评聘分开的做法，实行竞争上岗和聘约管理，破除专业技术职务终身制，对专业技术职务聘任指标实行结构比例控制，推行企事业单位自主设岗、自主聘任制度。推行人才的社会评价、认定政策，对能进入社会化考试的系列，尽量通过考试获得执业资格。

实行重大课题公开招标与效益评估制度，面向海内外公开招聘具有领导本学科进入国际领先水平的中青年优秀创新人才担任科研机构、重点实验室、国家和省重大课题的主要负责人，国家和省给予重点资助。实行首席专家项目负责制，学术带头人在国家政策允许的范围内有人员聘用和经费使用的自主权。

（四）制定出台按劳分配和按生产要素分配相结合的有关规定，强化激励机制，真正体现一流人才、一流贡献、一流待遇，进一步调动高层次人才积极性、创造性。

根据党的十五大提出的"把按劳分配和按要素分配相结合"的原则，研究制定按生产要素分配的有关规定。对高层次人才可实行专利、技术、成果入股等政策，允许和鼓励科技成果拥有者选择适合技术特点和发展要求的收益分配方式，可将专利技术、非专利技术作价认缴企业股份。对经认定的高新技术成果，可作为无形资产折资入股，作为生产要素参与分配，作价金额占注册资金的比例最高可达35％。同时，要建立和发展知识产权中介服务机构，加强成果、专利等无形资产的评估。

探索试行市场工资机制，不断提高高层次人员待遇，使工资分配真正起到集聚人才的杠杆作用。把按劳分配和按生产要素分配结合起来，实行专利、技术等要素参与分配的办法，依照供求关系和市场机制确定其待遇。凡在我省定期或不定期工作的专业技术人员，其工资福利待遇由应聘人员与用人单位协商确定。

继续认真贯彻落实省委、省政府关于进一步做好引进省外人才和鼓励出国留学人员来闽工作的若干规定，对省外引进人才和出国留学人员来闽工作，在工资福利、职称评聘、家属安排、子女入学、住房和成果奖励等方面给予优惠待遇。对我省和来我省落户的两院院士，为其提供不少于150平方米的住房。较大幅度提高有突出贡献专家的待遇。给两院院士每人每月补贴2000元，国家有突出贡献专家、国家"百千万人才工程"第一和第二层次人选、博士生导师每人每月补贴1000元。对人事关系不在我省的两院院士，只要来闽工作3个月以上，每人每月由用人单位发给2000元补贴。对引进的高层次人才，人事部门承认其原有的国内、国外专业技术职务，并下达专项指标聘任。对以辞职身份来闽工作的高层次人才，由用人单位重新建档，按引进人才办法办理户粮迁入手续，工龄连续计算。对不转人事、户粮关系来我省工作半年以上的省外高层次人才，其工资福利、住房和家属子女就业、就学等方面享受我省同类专业技术人员的同等待遇。

强化激励机制，实行重奖政策。对在基础研究方面取得重大突破和通过研究开发新产品、推广应用新成果获得重大经济效益，以及在教育方面有重大贡献的人员给予重奖。凡在我省获得国家自然科学奖、国家发明二等奖、国家科技进步一等奖以上和国家优秀教学成果特等奖的，省政府给予重奖。对在科技成果转化中取得显著经济效益的，可以按新增税后利润提取不低于20％数额，奖励该项成果的研究开发人员。属集体成果的，首位人员奖励金额不低于资金总额的50％。

要关心高层次人才的医疗保健工作，人才所在单位要定期安排他们体检和疗养。对学术技术带头人可享受厅级干部的医疗保健待遇。

建造一批专家公寓，用以解决部分国家有突出贡献专家、省优秀专家住房困难，为我省博士后和在我省短期工作或引进的海内外高层次人才提供周转房。省里在福州建造福建省专家公寓，争取两年内建成。高等院校和科研机构比较集中、高层次人才相对密集的城市，也要投入必要财力搞好高层次人才住房建设。

（五）加强领导，确保高层次人才开发工作顺利开展。

高层次人才开发工作直接关系到科教兴省和可持续发展战略的顺利实施，关系到跨世纪的长远发展。各级党委、政府要高度重视，把这项工作摆上重要议事日程。主要领导同志亲自抓，并确定分管领导具体抓，落实人才开发工作分级负责制。要把人才开发纳入经济和社会发展的总体规划。要进一步解放思想，破除旧观念，大力培养、引进高层次人才，促进优秀人才脱颖而出。为加强领导，协调指导全省高层次人才开发工作，建议成立由省领导主持的高层次人才开发联席会议制度，定期研究协调高层次人才开发工作的有关问题。建立分工负责制，省委组织部负责制定高层次人才开发的规划和检查督促工作，省人事厅负责高层次人才的培养引进、资格认定、效益评估和咨询服务等工作。

课题指导：林国清

课题负责：陈芝如

课题组成员：侯振刚　吴瑞建　黄正风　许本章　郑亨钰　康文杰　陈国銮　梁　熙

执　　笔：郑亨钰　康文杰

（本文选录1999年12月3日省委政策研究室《调研文稿》第158期。该文于2000年3月获省调研咨询工作联席会议颁发的1999年省重点课题调研成果二等奖。）

福建技术创新体系的人才支撑研究

省人事厅课题组

【内容提要】文章分析了我省技术创新人才队伍建设的基本情况和存在的问题，提出了加快我省技术创新人才队伍建设的若干思路和对策。

一、"九五"以来我省技术创新人才队伍建设的基本情况

1999年底，全省各类人才总量达140.5万人，其中，各类专业技术人员96.5万人。全省评聘高级专业技术职务的有2.2万人，占全省专业技术人员总数的3.8%。现有两院院士11人，国务院学位委员会学科评议组成员10人，国家科技部863项目承担者4人，享受国务院津贴专家1880人，全省优秀专家265人，国家"百千万人才工程"第一、二层次人选16人，省"百千万人才工程"人选359人。全省现设12个博士后流动站和3个企业博士后科研工作站，先后招收121名博士进站工作。

我省十分重视人才预测与规划、强化人才培养和现有人才资源的开发工作。在开展人才预测与规划的基础上，制定了贯彻实施国家"百千万人才工程"培养规划的实施细则，启动"百千万人才工程"、"541人才工程"和博士后制度，加快高层次人才培养步伐。在人才和智力引进方面，1998年11月，省人事厅与中国海峡人才市场、福州市鼓楼区人民政府和福州市人事局共同组建了福建留学人员创业园，吸引留学人员入园创办企业40多家，从业人员近500人。日前科技部、教育部、人事部正式批复将福建留学人员创业园列入全国九个示范建设试点之一。1995—2000年，全省共争取国家外专局引进海外智力项目立项970个，资助引智专项经费2910多万元，聘请海外技术、管理专家900多人次，取得较好的经济和社会效益。在人才流动、配置、使用方面，福建省人民政府与国家人事部于1998年3月共同组建了中国海峡人才市场，初步形成了全省多层次人才市场服务体系框架；结合省级政府机构改革，对机关分流人员实行定向培训和学历教育，鼓励出国留学深造，引导他们投入经济建设主战场，从事专业技术工作，发挥专长，施展才华。各省属独立科研院所采取了人员分离、改革分配制度、实行企业化管理、增强成果转化和创收能力、进入经济建设主战场等改革措施，不断推进科技体制改革向纵深发展。

二、我省技术创新人才队伍建设中存在的问题

根据我省1996—2010年人才发展规划纲要确定的目标，到2005年，争取在省重点学科领域，造就3～5名能进世界科技前沿、有较大影响的杰出科学家；50名以上具有国内先进水平，保持学科优势的学术和技术带头人；500名以上在学科领域有较高学术造诣，成绩显著，起骨干核心作用的学术、技术带头人后备人选，使我省拥有各类人才200万人，全省博士后流动站和省财政拨款培养的博士后达500人以上。到2010年，人才总量比1995年增长1倍，达到240万人，平均每年增长5%左右，人才占社会劳动者比重达到11%，人才与人口的比例达到1∶16，努力建成一支适应社会主义现代化建设要求的技术创新人才队伍。

现状与目标相比，我省技术创新人才队伍建设还存在一些问题，主要体现在：

1. 总量不足

目前，我省人才与人口的比例是1∶22，约占全国各类人才总量的2.5%。其中国有企事业单位各类专业技术人员59.03万人，约占全国总量的1%。我省每万人口中拥有人才数和每万名劳动者中拥有人才数，分别低于全国平均数和我国东部地区平均数。1997年，我省每万人口中拥有专业技术干部169.3人，比全国低7.7人，比华东地区低9.7人，排在华东地区第5位；每万人拥有高、中级专业技术干部分别为5.8人、35.2人，排在华东地区的最末一位。省属国有企事业单位专业技术干部总数居全国第19位。

2. 结构、布局还不尽合理

从学历结构看，我省各类专业技术人员中有博士670多人，大专以上学历27万人，占45.7%，但有57%的人员学历在大专以下。从年龄结构看，有35岁以下者33.8万人，但55岁以上人员所占比例比全国平均水平高10%，高级专业技术人员中55岁以上人员占53%。从职称结构看，高级职称者3.8%，初级以上职称者占84.9%。高、中、初级职称比例为1∶6∶16.4，逊于全国平均结构比例1∶5∶12，比起国际通行的1∶3∶6的结构比例差距更大。从职业结构看，94.8%的专业技术人员主要集中在教育、工程技术、卫生、经济、会计、农业6个专业领域。从行业分布看，科教文卫体占73.03%。在区域布局上，科技人才主要分布在福州、厦门等沿海中心城市，山区地市科技人才相对匮乏。我省地市级及以上政府部门所属自然科学研究与开发机构近7000人员中，福州占66%，厦门占14%，其他地市共占20%。闽西北山区人才缺乏，仅占全省国有企事业单位总数的9%，一些经济欠发达的山区县高级专业技术人员更为紧缺。

3. 人才技术创新能力不足

（1）高层次人才缺乏，队伍整体素质不高

我省专业技术干部队伍中，中专及以下学历人员占54.3%，大学本科及以上学历所占

比重开始下滑。1998年专业技术干部中,大学本科及以上学历所占比重为16.24%,比1995年下降1.57个百分点。高层次人才短缺且总体年龄偏大,队伍老化,青黄不接,全国闽籍院士有97人,但在我省工作的院士很少,特别是新当选的院士不多。在基础研究和应用研究方面,缺乏具有国际先进水平的学术、技术带头人和具有创新知识和创新能力的青年科技创新人才。在科技成果推广运用和生产转化方面,缺少与我省支柱产业、重点行业相匹配的高水平专业技术人才,尤其缺乏高新技术转化、开发人才和复合型人才。在企业经营管理方面,缺乏懂技术、会管理、善经营和熟悉国际惯例、适应市场竞争的高级经营管理人才。

(2) 企业还没有成为人才开发的主体

目前,福建的科技人才绝大部分分布在高校和国有科研院所等事业单位,而企业第一线缺乏科技人才,企业还没有真正成为人才开发的主体。1999年,全省大中型工业企业319家,186家开展科技活动,占全部企业的58.3%;从事科技活动人员2.09万人,仅占单位从业人员年末人数的6.3%,比重还比较低;具有高中级职称人员和无高级职称但具有本科学历及以上人员达0.99万人,工程技术人员1.30万人;从事研究与发展人员1.02万人。我省大型工业企业共办科研机构189个,平均每个企业拥有0.59个科研机构;企业当年有获奖成果89项,专利申请和专利授权分别为136项和105项。多数企业的技术部门只能停留在为简单再生产服务的水平上,不少企业没有自己的科研机构,科技人员水平不高,自主创新能力不足。全省民营科技企业2470家,从业人员近3万人。其中,高职称科技人员达1.59万多人。1998年,我省非国有单位工业总产值4139亿元,占全省工业总产值的91.8%;从业人员150.1万人,占单位从业人员43.8%,人才总量在30万人以上,但仅相当于国有企事业单位专业技术人员总量的1/2,高层次人才和科技创新人才较为短缺。全省高新技术企业总数达356家,其中国家重点高新企业17家,高新技术产业产值达647亿元;但科技成果转化率和产业化程度不如广东、上海高,1999年全省高新技术产业产值仅占全省工业总产值的12.6%左右,全省科技成果转化率低于20%。

(3) 高校技术创新能力不足

造成我省技术创新人才队伍总量不足、素质不高、创新能力不强的原因是多方面的,主要是在科技人才培养和使用上,思想还不够解放,前瞻性不足,政策优惠不够,人才管理体制、激励机制不够灵活,如工资水平偏低,对人才的资金投入与兄弟省、市相比还有差距,"尊重知识、尊重人才"的社会氛围不够浓厚,等等。加上改革开放以前,我省地处沿海前线,经济基础差,高校数量少,办学规模小,高等教育薄弱,中专学校培养能力相对过剩。教育结构调整相对滞后,培养人才的母体先天不足,与上海、广东先进省份的差距逐步拉大。

三、加快我省技术创新人才队伍建设的若干思路和对策

（一）要在人才培养机制上创新

要从选拔、评价到管理，形成一套具有我省特色的培养制度。要加大实施"百千万人才工程"、"514人才工程"和博士后制度的力度，开展以新理论、新技术、新技能、新信息、新知识、新方法为主要内容的继续教育，重点提高专业技术人员的创新能力。加快培养、造就我省学术、技术带头人队伍和电子信息、海洋科学、生物工程、新医药、新材料和环保技术等高新技术产业人才队伍以及法律、审计、财会、金融、市场营销、国际贸易等紧缺专业人才和复合型人才队伍。加快培养能驾驭现代科技、熟悉世贸组织规则、适应国际市场竞争的高素质企业经营管理人才队伍。优化人才的专业、年龄结构，促进人才在产业、地区的合理分布。采取选派出国进修、开展合作研究、开展博士后研究或支持他们参与重大学术活动，在实践中培养人才，迅速提高他们的业务素质和创新能力。

（二）要在人才引进机制上创新

要强化用人单位的主体意识和责任意识，进一步转变引人、引智的观念，"不求所有，但求所用"，加大引进省外、海外高层次人才智力的力度。重点是吸引两院院士，国家级和省级学术技术带头人，具有专利、商标等自主知识产权的海内外高层次人才和青年专业人才来闽工作、创业，或以各种方式为闽服务。积极吸引我省经济建设和社会发展急需的省外重点高校、科研院所本科以上毕业生来闽工作，为我省跨世纪发展作人才战略储备。把招商引资与招贤引智结合起来，以项目为载体，大力引进海外高新技术成果、资金和智力。要以创新精神加快福建留学人员创业园建设。建立留学人员高新技术企业发展基金等风险投资机制，完善高新技术项目科学评估体系，同时设立担保公司，为留学人员企业贷款提供担保，为留学人员来闽创业提供有力的政策支持。通过制度、管理以及观念上的创新，为留学人员提供一个创业平台，使留学人员乐于来闽投资兴办高新技术企业、转化科研成果，从而形成一批留学人员企业群体，大力提高我省技术创新能力，使之成为福建的人才特区、创新基地，成为我省经济新的增长点。同时，围绕我省经济结构调整和高新技术产业、支柱产业、新兴产业、重点工程，积极开展引进海外智力工作，努力开拓国际人才市场，按照市场模式，进行高薪聘请海外高新技术专家的尝试，帮助提高我省技术创新能力。

（三）要在人才评价、使用机制上创新

积极推行适应社会主义市场经济要求的人才评价制度，改革职称评聘办法。在职称工作中引入竞争机制，实行评聘分开，把申报权给予个人，把评审权赋予社会，把聘任权归于单位，创造用人单位自主设岗、自主聘任、自我管理、自我约束的人才开发机制。逐步实行全员聘用制，变身份管理为岗位管理，因需设岗，因岗用人，量才使用。要强化考

核,试行人员"能上能下、能进能出",增强人才的竞争意识和危机意识,调动他们工作的积极性。要完善人才奖励表彰制度,对于有重大贡献的人才给予重赏。

(四) 要在人才流动机制上创新

要突破户籍流动的常规做法,努力做到按国际惯例运作,变户籍管理为身份管理,变人员流动为智力流动,取消人才流动中的部门界限、身份界限和地域,促进人才流动的柔性化、自主化,努力创造"进得来、留得下、用得好、出得去"的人才流动机制。要综合运用市场规律、行政手段和法律保障,建立和完善机制健全、运作规范、服务周到、指导监督有力的人才市场体系,形成有利于人才创新的机制,引导各类人才进入市场,通过市场实现人才资源的合理流动和配置。

(五) 要在分配机制上创新

要在较大幅度地提高作出突出贡献专家待遇的同时,支持高层次人才和科技创新人才到经济建设主战场施展才华。在企业建立市场工资机制,行政不再干预市场用人主体的工资分配方式,人才的价值由市场供求关系确定,工资报酬按市场机制调节。探索建立以保护知识产权为核心的分配机制,制定科学合理的以知识为基础的生产要素参与分配的操作规范,实现知识的资产化、产权化。探索建立"绩效优先"的国有单位人才收入分配机制,改变进去看学历、资历、职称的传统分配模式,转为注重实际能力和贡献,实行一流人才、一流工资制度,在工资、奖励等收益分配上向关键人才骨干倾斜。探索企业经营管理者和科技人员按要素分配机制。推行科技人员和经营管理人员、产品开发人员的技术入股、专利入股、管理要素入股、成果入股和持股经营政策。在部分国有企业试行年薪制和期权试点,采取期权、期股等各种分配激励方式,以奖励有突出贡献的科技人员和经营管理人员,使他们的薪酬水平与人才市场接轨。制定有关政策,放宽技术成果入股的比例限制。加大奖励力度,使专业技术人员的收入与岗位技能、工作业绩和经济效益紧密挂钩。

(六) 要在人才服务机制上创新

在人才培训、人才交流、人事代理服务等方面,要通过市场化运作,积极吸纳社会资源共同参与,形成产业化的人才配置服务体系。在人才布局上,积极引导人才向企业转移,特别是向高科技企业和第三企业转移。要重点发展网络人才市场,加快建立省外、海外人才信息库,不断扩大我省人才信息储备量,实现人才服务工作的信息化、网络化。加快网上招聘人才工作步伐,改进和完善网上招聘方法,使网上招聘真正取得实效。

(七) 强化机制、体制、人才三位一体的改革,加快建立、健全企业技术创新机制,政府对技术创新的支持和保障体制,以及有利于人才进行技术创新的激励机制

1. 强化人才的成本意识和投入意识,推动企业成为人才开发的主体、技术创新的主

体和技术创新投入的主体，全面提高企业创新能力。要通过体制创新，积极推动人才资源开发方式由政府为主体向企业为主体的格局转变，使企业等用人单位以及人才个体成为人才开发决策主体、执行主体和利益主体，推动人才由国家所有、单位所有向社会所有的方向转变，推动人才开发由国家统包状态向市场导向、社会化培养方向转变。积极促使一批有发展前途的符合我省产业发展方向的企业，采用市场操作方式，与国内外的科技力量开展多种形式的合作，建立企业技术创新中心。要切实落实国有企业对科研和人才开发投入的有关政策规定，促使企业加大对这方面的资金投入，培养和聚集优秀人才，探索和构筑能够长期稳定发展的科技发展机制。

2. 深化科技体制改革，促进产学研相结合，开发高新技术人才。以更优惠和宽松政策引导高校、科研院所和高科技企业、企业集团以及高新技术产业开发区紧密携手，形成以大科研凝聚和培养人才的机制，为企业特别是从事信息、生物医药、新材料等高科技产业的企业定向培养人才。

加快创建企业博士后科研基地，吸纳海内外博士到我省企业从事科学研究、技术创新工作，造就企业创新队伍，推动企业技术进步。要重点加强国有企业和高新技术产业开发区、高科技园区博士后科研工作站建设，发展非国有单位博士后科研工作站。在有条件的企业设立从事高新技术成果转化的博士后科研工作站，建立应用型科研成果转化项目博士后制度，以高新技术成果转化项目开办企业，使之成为我省发展知识经济的制高点。要积极推广高校、科研院所与企业联合招收博士后的成功经验，引导优秀青年博士进入企业，这也有利于建立以企业为科技进步主体的新体制。

3. 建立人才资源和科技资源的市场化配置机制、资金投入的多元化机制和风险投资机制、企业经营管理者和科技人员的要素分配机制、知识产权保护和市场准入机制、产学研联合和技术成果转化的"双赢"机制，形成体制合力，推动企业技术创新。

4. 鼓励和引导科技人员投入技术创新与创业活动。继续完善、落实职称、工资、津贴、住房、医疗、保障以及奖励等方面鼓励政策。在加强规范管理、保护知识产权、完善个人收入调节税征收手段的基础上，鼓励企、事业单位专业技术人员兼薪兼职，充分开发各类人才的潜能和创造性，积极为各类人才面向科技主战场创造条件。

课题负责人：汤昭平
课题组成员：郑亨钰　康文杰　梁　熙
（本文选录2000年12月29日省委政策研究室《调研文稿》第163期。该文获省调研咨询联席会议颁发的2000年省重点课题优秀调研成果三等奖。）

完善人才市场体系，推进人才资源市场化配置

福建省人事厅课题组

【内容提要】 文章调查分析了我省人才市场建设的基本状况及存在问题，提出了进一步完善人才市场体系，推进人才资源市场配置的建议。

一、发展现状

我省人才市场的孕育和发展得益于较早的对外开放政策和外向型经济战略的实施。1987年开始了人才市场的筹划与探索，1988年成立了福建人才智力开发服务公司，在全国率先打出"人才市场"的旗号。十多年来，在法规制度、市场体系、服务功能、信息网络建设等方面进行了大胆探索，取得显著成效。

（一）大力扶持、发展各类人才中介机构，建立和完善多层次的人才流动社会化服务体系

继1988年底首家省级政府人事部门所属人才流动服务机构成立之后，我省重点抓了各级政府人事部门所属人才流动服务机构建设。到90年代初，全省9个市地，83个县、市（区）人事部门都建立了人才交流服务机构。1992年邓小平同志视察南方发表重要谈话后，我省又进一步开放人才市场，鼓励其他部门成立人才中介服务机构。特别是1997年《福建省人才市场管理暂行规定》颁布后，各类人才中介机构得到较快发展。部分大型国有企业和大中专院校也相继成立了人才中介机构或毕业生就业指导机构。同时，我省对民办人才中介机构也进行了尝试和探索。人才中介机构在实践中得到较大发展，服务对象从"三资"企业、乡镇企业、私营企业等非国有单位扩大到面向各类企事业单位；服务内容从单纯的人才中介拓展到档案寄存、人事委托代理、出国政审、退休养老保险征集等系列化服务；机构建设正朝着网络化、多元化方向发展。人才市场固定交流场所和配套服务设施建设也迈出较大步伐。建筑面积1.2万平方米的福建人才大厦已经建成，市级人才市场至少拥有400平方米、县区一级至少拥有100平方米固定交流场所的目标已基本实现。厦门、泉州等市人才市场固定交流场所达到5000平方米，晋江市1500平方米的人才市场也已投入使用。

1998年3月，福建省人民政府与国家人事部共同组建了中国海峡人才市场，初步形成了我省多层次人才市场服务体系框架，标志着我省人才市场建设实现了新的跨越。同时，我省加快了声（广播）、光（电视）、电（电讯）、文（报刊）四位一体的人才市场信息网络建设，设立了《福建人才报刊·福建人才市场》专版，开通了中国海峡人才市场信息网。中国海峡人才市场在全国率先举办计算机人才网上招聘会，在计算机行业引起极大反响。

截至1999年底，全省各类人才中介机构已达147家，工作人员712人。其中省级行业人才中介机构达30多家。通过人才市场中介活动，13万多名专业技术与管理人员实现

流动和再次就业，近20万名非师范类大中专毕业生实现就业。我省已初步形成政府宏观调控、中介提供服务、主体双向选择、市场调节供求的人才市场格局和以中国海峡人才市场为龙头、政府人事部门所属人才中介机构为主体、大中专院校及行业人才中介机构积极参与的人才市场服务体系；逐步实现人才从单位所有、部门所有向互通有无、社会所有转变；人才流动从单向选择向双向选择转变；人才资源配置从"统包统配"模式向国家宏观调控下市场机制起基础作用模式转变，有效地促进了人才资源的合理流动、配置和使用，为我省经济发展和社会稳定作出了积极贡献。

（二）重点培育若干专业性人才市场，形成具有区域特色的人才市场体系

1. 培育毕业生就业市场，推进毕业生资源市场化配置

自80年代末以来，我省主动适应社会主义市场经济的发展，大力推进毕业生就业制度改革，逐年减少指令性计划，逐步推进毕业生资源市场化配置。1991年以来，全省共举办各类毕业生就业市场活动600多场，召开双向选择大会80多场，40多万人次毕业生参加"双向选择"，通过市场落实就业单位的毕业生比重从1991年不足30%上升到现在的近90%。

1999年，我省对毕业生就业派遣办法进行了较大改革。大中专院校学生毕业落实就业单位的，由人事部门发给《就业通知书》；尚未就业的，发给《待就业证明》；3年内毕业生只要落实接收单位，可持《待就业证明》核换《就业通知书》，由人事部门办理就业手续。同时，我省对毕业生户粮迁移也相应进行了改革。通过这些改革，促进了市场主体到位，实现了毕业生就业管理从"派遣"到"接收"的转变，从毕业生分配到毕业生资源市场化配置的转变。

2. 培育海外人才市场，拓展国际人才交流

我省1997年建立了福建省海外人才市场。国家对外经贸部正式批复同意省海外人才市场开展国际经济技术合作，向国（境）外派遣工程、生产及服务行业人员。省海外人才市场被省公安厅列为组织选送人员出国研修培训的定点单位，已派往瑞士、英国、爱尔兰、塞浦路斯、马来西亚、新加坡等十几个国家研修学习500多人次。通过联办课程和学分转移，与新加坡华夏学院等外方院校合作，建立了福建省海峡国际学校；对我省大学及以上学历的专门人才出国（境）应聘劳务和技术移民等非公务活动进行归口管理；开展了留学人才资源普查工作，初步建立了我省海外人才信息库；1998年11月创办了福建留学人员创业园，已有40家留学人员企业入园，从业人员近500人。日前科技部、人事部、教育部正式批准将福建省留学人员创业园列入全国9个示范建设点之一。

3. 培育企业经营管理人才市场，为各类企业提供优质服务

我省于1998年建立了福建省企业经营管理人才市场，先后在福州承办3期"福建省

高级人才招聘会"，95家（次）企业参会，其中属支柱产业或重点行业的企业52家（占参会企业总数的54.7%），共开放高/中级管理或专业技术职位514个，累计有1123人（次）进场应聘。1999年省委组织部、省人事厅、省企业管理人才市场联合举办了"福建省公开选聘企业经营管理者"活动。经过公开报名、笔试、面试、心理素质测评、组织考察和到企业调研等程序，从255位应聘者中确定了18位最终聘用人员。厦门市企业管理人才市场也于2000年挂牌运行。

4. 培育农村人才市场，促进农村人才资源开发

如南平市1999年4月组建了闽北农村人才市场，以此为主干，以县（区）人才市场为依托，以乡镇人才服务站与农村人才信息服务点为补充，建立健全农村人才市场网络体系，以及农村人才信息库和智力信息网络。农村人才市场注意人才交流与技术交流组合，以技术交流为主；人才交流与技能培训相结合，以技能培训为主；人才交流与乡土人才开发相结合，以乡土人才开发为主，集配置、交流、培训、开发等功能于一体。

（三）建立健全政策法规体系，加大政府监管力度，保证人才市场的健康有序运行

1. 初步形成人才市场政策法规体系的基本框架

80年代末以来，我省先后制定了《关于进一步放宽放活科技、管理人员政策的若干规定》、《流动人员人事档案管理暂行办法》、《外商投资企业中方干部管理办法》、《人才流动争议仲裁暂行规定》、《外商投资企业中方干部养老保险暂行规定》、《全民所有制企事业单位专业技术人员和管理人员辞职暂行规定》等一系列促进人才合理流动的配套政策。特别是《福建省人才市场管理暂行规定》从1997年5月1日起在全省实施，标志着我省人才市场向法制化进程迈出了重要一步。与《暂行规定》相配套，省人事厅会同有关部门制定了人才信息广告管理、人才中介机构集体户口和粮食管理、人才中介机构收费项目及标准、人才市场执法人员和人才中介机构工作人员资格培训、人才中介机构年检及全省性人才交流会审批等6个配套政策规定，对市场运作方式、人才中介机构服务活动、市场主体行为进行了规范。经过努力，《福建省人才市场管理条例》列入省政府2000年提交省人大的正式立法项目，目前《条例》（草案）起草工作基本完成，并报经省政府常务会议研究原则同意，报送省人大进入立法程序。

2. 建立健全省、市（地）两级人才市场管理机构

福建省人才市场管理办公室于1996年5月成立，各市（地）也都相继成立了相应机构，加强了对本地市人才市场的管理。通过制定政策法规，提出发展规划，进行指导、协调、监督检查等宏观调控。

3. 提升人才市场执法队伍和人才中介机构服务队伍整体素质

加强对人才市场执法人员和人才中介机构工作人员资格培训，实行人才市场执法人

员、人才中介机构工作人员持证上岗,依法管理和监督本行政区域的人才市场活动。几年来,先后共有200人通过考试,取得了省人事厅颁发的执法证或资格证。

4. 加大人才市场执法检查力度,依法加强人才市场管理

建立了人才中介机构审批制度和年审制度,对经批准成立的人才中介机构全部颁发了服务许可证,并在新闻媒体上向社会公告。对不具备人才中介服务条件或有严重违法违纪行为的中介机构予以严肃处理;加强了对举办人才交流会的管理,对举办人才交流会资格条件以及报批程序进行了规范;加强了人才信息广告管理,杜绝过时或虚假信息;实行公开办事制度,接受社会舆论监督;加强对人才中介机构的检查指导,对其业务范围、档案管理、收费项目等进行定期或不定期的检查,严禁超越规定的业务范围,从事营利性活动。

二、存在问题

我省人才市场经过10多年的培育已有了很大的发展,但总的来看还是处于初级发展阶段。市场本身存在的自发性、不规范性成为亟待解决的问题。主要有:

(一)市场机制的作用仍然有限,目前在人才资源的配置中,市场机制还没有起到基础性作用。如在大中专毕业生就业中存在留恋行政手段分配、"暗箱操作"问题。在已经就业的各类人才中,尽管存在大量的人才积压或人才短缺现象,但调剂余缺仍有许多困难,人才流动仍有许多障碍。特别是县一级人才市场,发育还不成熟。1999年人才流动统计数据表明,当年登记要求流动人员84104人,实现流动人员23610人,仅占28%。

(二)市场供求主体尚未完全到位。市场供求主体地位,从供方讲,是指人才能够真正支配自己的才能,表现自身的价值,并通过公开竞争和自主择业找到合适的岗位;从需方讲,是指用人单位真正拥有招聘、辞退和合理配置本单位人才资源的权力,成为用人和市场竞争的主体。因此,人才市场供求主体到位,是发挥市场配置人才资源作用的基础和前提。从市场运行情况看,主体没到位。主要是供方高学历层次人才不到位,企业高级经营管理人才不到位,需方国有单位进入市场的比例仍较低。

(三)人才市场的中介服务机构不够完善。当前存在的主要问题,一是政府与中介机构的关系没有理顺;二是中介机构种类单一,功能不配套,满足不了人才市场发展需要;三是大部分中介机构硬件设施差,供应信息量小,信息发布手段落后,主动上门为用人单位服务的少,推荐成功率低;四是人才市场条块分割的问题突出,信息共享程度不高,无形市场建设尚处在起步阶段,尚未形成全省统一的大市场;五是中介机构缺乏行业自律。

(四)人才市场宏观调控体系不健全。从总体上看,目前还没有完善的引导人才市场健康运行的调控方式。突出表现在:一是人才流动争议仲裁的法律法规和执行主体不健全,对人才市场运行中出现的无序、混乱、争议和纠纷等问题缺乏相应的法律法规手段的

约束和纠正，也没有建立相应的执法监督队伍；二是信息来源和统计手段落后，难以控制人才的流量和流速；三是就业结构的变化不适应产业结构调整的要求。

三、对策措施

今后，我省将着重加强对人才市场的合理规划和布局，继续完善区域性人才市场，大力发展专业性人才市场，进一步健全人才市场的社会化服务体系，推动市场主体到位，完善人才市场法规体系，加强人才市场执法队伍和人才中介机构队伍建设。经过几年的努力，要在全省建立和完善机制健全、运作规范、服务周到、指导监督有力的人才市场体系。为此，可采取以下几个方面的对策措施：

（一）突出市场统一开放。突出人才市场以政府行为推动、行政职能优势发挥、硬件建设为主攻方向转向以自我发展、发挥市场竞争优势、软件开发、政策规范、法制管理为主攻方向。进一步完善人才市场的服务功能，加强联网、联合、协作，提高整体实力，扩大辐射、示范、带头作用。省一级人才市场在搞好基础服务的同时，发挥对全省的示范作用，在建立全省信息网络、开展区域人才交流等方面多做探索，推动人才市场相互补充、协调发展。省会城市和地级市人才市场要提高市场的专业化、产业化和现代化水平，加快与国际接轨的步伐，向设施完善、网络健全、服务规范、规模经营方向发展。县（市、区）人才市场突出抓好机构和场所建设，健全服务功能，把服务的着重点放在农村乡土人才资源开发上来。部门、行业人才交流机构要突出行业特点，把服务重点放在本部门、本行业人才资源开发和利用上，特别是配合产业结构调整和事业单位人事制度改革，积极做好本部门、本行业下岗分流人员安置、转岗培训、调剂交流等工作。积极引导人才向非公有制企业、高科技企业和第三产业转移，优化人才的专业、年龄结构，促进人才在产业、地区的合理分布。

（二）强化市场服务手段。服务领域和对象要逐步涵盖整个经济建设领域，涵盖各类人才，积极稳妥地解决身份、所有制、地域对人才的限制。服务内容要在开展现有人事代理、人才测试、职业指导服务的基础上，探索新形势下新的服务形式。当前，要引进和鉴定国外先进的测评技术，研究建立指标合理、手段先进、操作性强的科学人才测评体系，提高测评的信度和效度。把人才测评与专业技术人员执业资格制度、专业技术职务聘任制度等结合起来，把人才测评结果与人才使用结合起来，使人才测评体系得到更好的推广和应用。要建立企业经营管理者测试体系，有条件的地市要成立经营管理评价推荐中心，探索建立经营管理者职业资格认证制度，逐步实现经营管理者市场准入，持证上岗。

（三）制定市场价格导向政策。定期或即时对各类人才的市场价格进行规范化的调查、搜查、整理和公布，定期或即时发布有信度、有权威的各类人才的市场价格信息，形成科学健全的人才市场配置的导向机制和以市场平均价格为导向的市场工资机制，人才的价格由市场供求关系确定，工资报酬按市场机制调节。

（四）提升市场社会化服务水平。人才中介服务要真正做到客观、真实、公正、规范，对人才中介行为负无限责任。制定全省统一的人才中介服务评价指标体系，规范人才中介服务，推动人才中介上规模、上水平。在充分研究人才中介服务项目的基础上，订立通用服务标准，规范服务流程，提高服务质量。

（五）继续推进多层次人才市场体系建设，重点发展网络人才市场。培育和发展企业经营管理人才市场、高新技术人才市场、农村人才市场，充分发挥福建的人文、区位优势，进一步培育和发展海外人才市场，按照人才市场建设的规划要求，提高层次，拓展功能，发挥其在开展国际人才交流与合作、引进海外人才方面的重要作用。在推进有形市场建设的同时，努力构建网络人才市场。加强扩大中国海峡人才市场信息网络覆盖面，争取与9个地市和各县、区人才市场实现全面联网。与此同时，推动大中型企业和省内大中专院校等人才需求，供应大户联网，通过发展网络人才市场，加快建立省外、海外人才信息库，不断扩大我省人才信息储备量，实现人才服务工作的信息化、网络化。加快网上招聘人才工作步伐，改进完善网上招聘办法，使网上招聘真正取得实效。

（六）大力推进和发展人事代理。继续在非公有制单位实行全面人事代理，完善服务手段，提高服务质量。同时，结合国有企业和事业单位人事制度改革，逐步拓展面向国有企业和事业单位的人事代理范围，创新代理业务，建立企业经营管理人才、高技术人才、大中专毕业生、回国留学人员等人才资源新代理业务，推进国有企事业单位用人机制转换。制定《福建省人事代理暂行办法》，规范人事代理行为。

（七）加大人才市场监督和管理力度。在已有政策法规基础上，重点抓好人才市场立法工作，尽快实现省人大通过并颁布实施《福建省人才市场管理条例》；加大人才市场监督力度，保障人才和用人单位合法权益，维护人才市场秩序，防止不正当竞争。健全人才市场管理机构，依法建立人才市场执法队伍。充分发挥法纪监督、政纪监督、舆论监督、人才用人单位监督的作用，为人才市场发展创造良好的法制环境。

（八）建立人才流动争议仲裁制度。建立人才流动争议仲裁机制，制定仲裁规则，设立仲裁公正厅，使我省人才流动争议仲裁工作高起点、高层次、高要求向前推进。

课题负责人：丛远东
课题组成员：吴瑞建　郑亨钰　郝　军　李　梅
执　　笔：郑亨钰　郝　军

（本文选录2000年12月29日省委政策研究室《调研文稿》第170期。该文于2001年3月获省调研咨询工作联席会议颁发的2000年省重点课题优秀调研成果三等奖。）

加快建设福建人才高地课题研究报告

省人事厅课题组

【内容提要】 加快实施人才战略、构建福建人才高地,是增强福建经济发展后劲、加快现代化建设进程的重要保证。本报告从福建人才队伍现状、存在问题和原因分析入手,提出了建设福建人才高地的目标、思路和近期对策措施。

一、福建人才队伍现状、存在的主要问题及原因分析

"九五"以来,我省人才队伍有了较大发展。从总量看,截至2000年末,全省人才资源总量153.6万人,其中:国有单位人才资源总量108.8万人,非国有单位人才资源总量44.8万人;各类专业技术人员总量99.6万人,国有事企业单位各类专业技术人员67.5万人,非国有单位32.1万人。从结构看,具有大专及以上学历的64.3万人,占总量的41.8%。我省专业技术人员队伍中,高级职务4.3万人,占总量的4.3%;中级职务24万人,占总量的24%;初级职务64.1万人,占总量的64.4%;高、中、初级结构比例为1:5.6:14.9。从分布看,闽东南地区人才总量110.1万人,占全省人才总量的71.7%;山区人才总量43.5万人,占全省人才总量的28.3%。第一产业人才拥有量9.9万人,占6.4%;第二产业人才拥有量32.7万人,占21.3%;第三产业人才拥有量111.1万人,占72.3%。

福建人才队伍的发展为我省的国民经济和社会发展提供了有力支撑。但是,与加快经济社会发展和建设人才高地的目标要求相比,仍有较大差距,主要存在总量不足、层次不高、结构分布不合理以及高新技术人才、管理人才和高层次创新人才短缺等问题。造成上述问题的主要原因是:

第一,缺少大的人才载体,对高层次人才的吸纳能力不足。由于历史的原因,我省经济和社会事业发展总体水平仍然较低,重点行业不突出,支柱产业无规模,高新技术产业优势不足,没有形成具有福建特色的优势产业群体和相关配套的产业链,缺少大企业集团和龙头产品。吸纳高层次人才的载体有限,跨国公司、世界500强企业来闽投资不多,国内外著名院校和科研机构来闽开办合作分支机构很少,人才与科技、教育、产业方面的综合配套能力不强。

第二,教育发展相对滞后。2000年,我省高等教育毛入学率仅为9.33%,低于全国平均11%水平;每万人口中拥有在校研究生数为1.55人,低于全国平均2.39人水平;教育重心偏低,本科层次人才培养不能满足需要,每万人口拥有本专科生为58.81人,低于全国平均72.25人水平;工学教育规模偏小,工科的各类在校生占高校在校生的比例仅为28.5%,低于全国38.8%的平均水平。社会力量办学发展较慢,且以大专、中专为主,层次不高。教育作为人才培养的母体先天不足,制约了人才总量的适度超前增长和层次的

提升。

第三,吸引人才创业的环境不够宽松。改革开放以来,我省先后提出"以智取胜"、"科教兴省"等一系列战略方针、政策和措施,在海内外产生了积极的影响。但许多部门和单位对人才工作的重要性、紧迫性认识不足,缺乏求贤若渴的胸襟和海纳百川的气度,缺乏危机感,对现有人才政策的贯彻执行缺乏力度,办事效率低,落实不够到位。引进人才的科研启动经费、住房优惠待遇难以落实,配偶安置、子女入学困难,出入国(境)审批手续烦琐。

第四,人才收入水平偏低。我省机关、事业、企业单位总体工资收入水平与经济发展和财政收入增长水平不相称,技术人才所作的贡献与所获得的报酬存在一定反差;收入偏低,导致力度不足,缺乏对周边乃至中西部地区人才的吸引力。

第五,改革不配套。退休、养老、医疗、失业保险等社会保障制度不健全,科技、教育、文化、卫生等社会事业管理体制改革不同步,影响人才资源的合理配置。

第六,政府对人才工作的有效投入较少。各级财政预算内专项安排人才培养、引进工作经费与经济发展和财政收入水平不相称,与先进省市相比差距较大。同时,也存在人才投入与产出不成比例,人才产出效益不高的问题,人才开发产业化、人才产业市场化、人才投资主体多元化的格局尚未形成。

二、建设福建人才高地的基本思路

(一)要以增强人才的凝聚力为核心

所谓人才高地就是优秀人才向往和聚集的地方。建设人才高地,就是要发挥体制、机制、政策、环境等综合作用,培养人才,聚集人才,留住人才,用好人才。

建设福建人才高地,就是要建立与社会主义市场经济体制相配套的人才管理体制与开发机制,营造优秀人才脱颖而出的环境,增强福建对高素质人才的吸引力和凝聚力,使福建成为海内外人才尤其是青年人才向往和聚集的地方,成为人才创业的热土,成为科技创新的基地。福建人才高地建设的总体目标是:经过5~10年的努力,形成一支规模较大、素质优良、结构合理、效益和管理水平达到全国先进行列,具有较强的创新能力和人才综合配套能力的人才队伍,形成我省人才智力的比较优势,更加适应经济社会发展的需要,为增强我省经济发展后劲,促进经济社会全面进步,建设海峡西岸繁荣带提供有力的人才智力支撑。具体的量化指标是:

1. 规模目标。全省人才总量2005年达到200万人,年平均递增5.4%;2010年达到260万人,年平均递增6%。每万人口拥有人才量2005年为570人,年平均递增4.8%;至2010年为720人,年平均递增5%,达到国内先进行列。

2. 结构目标。全省人才队伍中,高级职称人员数2005年达到7万人,年平均递增

10.2%；2010 年达到 10.9 万人，年平均递增 11%。中级职称人员数 2005 年达到 33 万人，年平均递增 6.7%；2010 年达到 45 万人，年平均递增 7%。研究生及以上学历人才数 2005 年达到 10500 人，2010 年达到 15750 人，年平均递增 10%。

3. 动态指标。年人才流入量 2005 年为 10900 人，2010 年为 16300 人，年平均递增 10%；海外人才回流率 2005 年为 12.5%，2010 年为 15.6%，年平均递增 5%。

(二) 要突出创新建设福建人才高地

要以开阔的视野识才选才，以战略的眼光求才引才，以灵活的机制重才用才，以宽松的政策留才聚才，以优良的环境育才出才。

第一，创新观念，树立与市场经济要求相适应的人才观。

树立人才资源是第一资源、人才是战略是资本、人才也是投资环境的观念。要适应知识经济时代资源开发重心由物力资源开发向人才资源开发战略转移的大趋势，改变过去单纯从行政的角度来认识和考虑人才问题，学会从经济的角度来认识和思考人才工作，树立人才价值观、人才效益观、人才作为无形资本的增值观、人才开发配置的产业观等新观念。

强化企事业用人单位的主体意识，发挥其在人才培养和引进工作中的主体作用；强化政府推动意识，把人才资源开发纳入我省国民经济和社会发展的总盘子中来考虑，把对人才的投资作为经济和社会发展的基础建设来抓，加大投入，刺激需求，降低企事业单位用人成本；强化人才引进与智力引进并重，人才培养、引进、使用并举的意识，不求所有，但求所在，力求所用。

第二，创新机制，营造人才聚集和充分发挥作用的良好环境。

创新人才引进机制，促进优秀人才聚集。要突破以落户口、转关系为特征的刚性引进的做法，建立科学、合理、灵活的人才柔性引进机制。不仅用待遇吸引人，更注重以事业、以感情、以环境、以市场法则吸引人，努力营造有利于人才成长、发展的良好环境，给人才应有的尊重和理解，用市场法则使人才得到相应的待遇。对顶尖和特殊人才，实行特殊政策。

创新人才培养机制，加快培养高素质人才。建立以提高创新能力为核心的专业技术人员培训体系，实施以"新理论、新方法、新技能、新信息、新知识"为主要内容的继续教育工程，培养人才的创新意识和创新能力。充分发挥国内外教育资源作用，逐步建立起高层次、市场化和社会化的人才教育培训机制。

创新人才配置机制，推进人才资源市场化配置。建立和完善人才市场体系，促进市场主体到位，发挥市场在人才资源配置中的基础性作用，实现人才优化配置；强化竞争机制，为用人单位和人才个人创造公平的竞争环境和条件，促进人才价值的实现；建立工资价格机制，将按劳分配与按生产要素分配结合起来，使作为人才价格的工资既同单位效益挂钩，同人才的实际贡献挂钩，又根据人才市场的供需变化适时调整，引导人才流动。

创新人才使用机制，努力实现人尽其才、才尽其用。人才使用要突出业绩化，重视学历，不唯学历，重实绩，重贡献，不拘一格选人用人，建立人尽其才，才尽其用，促进优秀人才脱颖而出的人才管理制度，调动各类人才的积极性和创造性；实现人才开发利用由"粗放式"向"集约式"的转变，充分发挥现有人才的潜力，打破人才条块分割、部门分割的"围墙"，让各方英才有用武之地。

（三）重点构建若干人才制高点

建设人才高地，不搞全省"一刀切"，一个模式。应着力构建福州、厦门两个人才制高点。发挥福州作为全省政治、经济、文化中心的优势，建成人才凝集中心；发挥厦门经济特区的优势，建成闽南金三角人才特区；发挥福州、厦门的人才辐射功能，形成闽东南沿海人才开发带，加强人才智力山海协作，使山区成为人才高地的腹地。

着力培养吸纳人才的重点载体和人才创业的基地。充分发挥高等学校、科研院所在培养、引进人才方面的骨干作用，加快"大学城"的建设；发挥福建留学人员创业园作为国家示范园区的作用，办好厦门、泉州留学人员创业园，吸引更多海外人才来闽创业；发挥高科技园区、经济技术开发区、台商投资区的引资引智优势，以项目为载体，吸引省外、海外人才；加快电子信息、石油化工、机械制造等重点行业和高新技术产业的发展，尽快形成一批大型企业集团，使其成为吸纳人才的重要载体；培育福建技术产权交易市场，发挥桥梁和纽带作用，促进人才、资金、项目有机结合，为各类人才特别是海外人才来闽创业提供中介服务。

三、建设福建人才高地的近期对策措施

（一）大力发展教育事业，加快人才培养步伐

1. 建立和完善多层次社会化办学体系，大力发展高等教育。以市场为导向，根据我省经济社会发展目标和重点，调整专业设置，优化教育结构，扩大规模，增加总量，提高质量。重点提高硕士、博士等高层次人才和工科人才的培养比例，确保我省人才队伍快速增长，结构趋于合理，素质不断提高。鼓励社会力量办学，实现办学投入多元化，办学主体多样化，加快人才培养。

2. 强化"继续教育"，建立终身教育体系。以40岁以下的高级专业技术人员和35岁以下的中级专业技术骨干作为继续教育的重点对象，根据不同层次学术和技术带头人的特点，举办以"新世纪百千万人才工程"人选和高中级技术骨干为主要对象的高级研修班，使其不断更新知识，及时了解本学科本专业及相关领域最新发展动态和趋势，掌握先进的理论、技术和方法。鼓励、扶持企事业单位依托国内高校和科研院所或外国机构，建立一

批高水平的继续教育基地,加强员工教育培训。根据我省经济社会发展对人才的需要,利用国外教育资源,有计划地选派中青年干部和应届大学毕业生到国外大学攻读硕士、博士学位;与国内外高等学校、培训机构职合组织转向培训,把长线人才转化为短线人才。进一步建立和完善继续教育的工作体系和运行机制,加大《福建省专业技术人员继续教育条例》的执法力度,健全完善继续教育的督导、表彰、统计等与《条例》相配套的相关制度。

(二)实施高层次人才培养工程,提高我省高层次人才的创新能力

1. 实施"新世纪百千万人才工程"。按照国家对建设这一工程的战略目标,对有关人选和高层次专家,要引入竞争机制,定期考核,优胜劣汰,实施动态管理,实行重点滚动式培养。争取培养5名左右能站在世界高新科技前沿的一流科学家、工程师,培养30～50名具有国内领先水平、积极参与国际科技竞争的学术技术带头人,培养800～1000名年龄在45岁以下,在各学科领域有较高学术造诣、成绩显著、起骨干作用的高层次人才。有计划地选派优秀青年人才到省外、海外著名高校、科研机构和院士身边学习工作,加快人才培养。坚持在重大学术技术活动和重要工程项目的实践中加强对优秀青年人才的培养,鼓励、支持优秀青年人才参加国内外科研项目的招标,参与合作研究、开发具有世界先进水平的新技术、新产品。要以优秀青年人才为骨干,以博士后科研流动(工作)站、国家重点(开放)实验室、工程(技术)研究中心、重点学科点为依托,加强优秀青年人才团队的培养。

2. 实施"博士后工程"。在积极支持高校、科研院所建立博士后科研流动站的同时,鼓励国有大型企业、高新技术企业、股份制企业、外商独资企业、留学人员创业园、科研生产型事业单位设立企业博士后工作站。"十五"期间,争取博士后科研流动站、企业博士后工作站达到40家左右,累计招收博士后研究人员300名左右,吸引鼓励博士来闽创业。加强博士后流动站的建设和管理,探索建立国家、单位、社会共同筹资多方参与的投入机制,在做好省财政拨款招收博士后的基础上,支持企业出资、单位筹资等方式招收博士后,不断扩大博士后招收规模。把博士后的人员招聘、课题立项和成果开发与我省经济发展实际紧密结合起来,促进"产、学、研"结合,推动博士后工作更好地为经济建设服务。

3. 实施"高新技术和经营管理人才培养工程"。制定高新技术人才培养计划,发挥高等院校、大型企业和重点继续教育基地的作用,重点培养信息技术、生物技术、新材料技术和经贸、管理和中介专业人才,鼓励和支持企业设立研究开发机构,壮大技术研发队伍。按照建立现代企业制度和加入世贸组织的要求,建立科学的企业经营管理人员聘用、培养、引进、考核、评价制度,建立、完善企业经营管理人才库。实施国际合作人才开发培养计划。在人才引进、培养深造、学术交流等方面对高新技术人才和企业经营管理人才

给予政策倾斜。

(三)用好用活现有人才,促进优秀人才脱颖而出

1.加快人才结构调整,盘活现有人才资源。坚持以市场为导向,综合运用经济和行政手段,引导专业技术人员向企业、农村和老少边岛地区流动,向重点行业、新兴产业、高新技术企业、非公有制经济组织和第三产业转移,逐步实现专业技术人才在地区、行业、产业间的合理布局。组织省内科研院所、高等院校、医疗卫生机构和沿海中心城市的高层次人才以短期工作、智力流动、项目开发等形式对口支援山区地市,弥补山区高层次人才的严重不足,增强山区经济发展后劲。鼓励企、事业单位专业技术人员兼职,充分开发各类人才的潜能和创造力,实现全省范围内的人才智力互补。

2.推进事业单位人事制度改革,增强事业单位活力。按照"脱钩、分类、放权、搞活"的思路,争取用5年左右时间,在全省事业单位初步建立起政事职责分开、单位自主用人、人员自主择业、政府依法管理、配套措施完善的管理体制和具体管理制度,全面推行聘用制,变身份管理为岗位管理,形成人员能进能出,职务能上能下,待遇能升能降,优秀人才能脱颖而出,充满生机与活力的用人机制。

3.建立科学的职称评价体系,改进和完善专业技术职务聘任制。

逐步建立起个人自主申报、社会化评价、单位自主聘任的职称评定体系,实行考试、考核、评审相结合确定专业技术职务任职资格的方法。

逐步推行执业资格制度,对一些事关国家财产和人民生命安全的特殊岗位,实行执业准入控制。结合事业单位人事制度改革,逐步实行评聘分开、竞争上岗,单位依法自主聘任专业技术人员,可高职低聘,也可低职高聘。采取特殊政策和措施,适时为引进的海内外高层次人才评定专业技术职称。

4.开发农业农村人口资源。采取措施,引导毕业生到农村基层和农业第一线工作,充实农业技术人员队伍。加快农村人才市场、乡镇企业人才市场建设,建立农村人才技术信息网络,鼓励各类人才到农村领办、创办企业,开展技术指导、技术服务和成果转化活动。通过多种形式的技术培训,壮大乡镇企业人才、农业科技推广人才、小城镇建设人才和乡土实用人才队伍。

5.提高职业技术工人的技术水平。大力开展职业技能培训和职业技术竞赛,建立和完善具有中国特色、适应省情并与国际惯例相衔接的职业技能开发体系,形成一支以高级工、技师、高级技师为骨干,中级工为主体,结构合理,具有良好职业风尚,技术过硬的职业技术工人队伍,为提升制造业水平提供人力支持。

(四)加大引进人才力度,增强我省对高层次人才的吸引力

1.落实和完善引进人才相关政策,大力引进省外、海外人才。落实省委省政府《关于

引进高层次人才和青年专业人才的若干规定》和人事部《关于鼓励海外高层次留学人才回国工作的意见》，发挥福建区位、人文优势，进一步开发省外、海外人才资源，着力引进一批能跻身国际领先或国内一流水平的学科技术带头人，着力引进一批拥有自主知识产权、掌握尖端高新技术的专门人才，着力引进一批自带资金来闽创业的经营管理人才，着力引进一批熟练掌握实用技术的技能型人才。定期派出招聘团组带着我省的高校科研单位、重点工程、重点项目、高新技术企业需求的技术项目和关键岗位，赴省外、海外招聘人才。把招商引资与招贤引智结合起来，以项目为载体，实施"板块式"引进，大力引进海外高新技术成果、资金和配套人才群体。建立留学人员信息库和成果项目库，组建留学人员专家委员会，为我省重大项目提供咨询服务。建立海外华侨华人人才信息库，采取多种形式引进华侨华人的人才智力。加强国际人才智力交流，发展科技人才智力合作。

2. 制定人才柔性引进办法，积极引进技术和智力。制定户口不迁、关系不转、双向选择、自由流动的人才柔性引进政策，不求所有，但求所在，力求所用。

实施"候鸟政策"。建立省外闽籍院士、专家联系办公室，加强与海内外著名专家的联系。邀请"两院"院士、学科带头人、博士生导师和国外著名大学、科研院所、跨国公司的知名专家学者来闽讲学、提供咨询、开展项目合作。聘请专家学者兼任单位学术技术工作，定期来闽履行职务；采取项目承包、短期或弹性时间聘用、人才租赁等各种灵活方式引进人才，或直接到人才比较集中的国内外城市创办研究所和实验室，招聘当地人才为我服务。

实施"人才工作证"和"人才绿卡"。引进的省外人才由人事部门统一办理"人才工作证"，与本地人才享受同样政策；海外留学人员，港、澳、台人才和国外人才，由人事部门统一办理"海外人才工作证"，享受"国民待遇"。

3. 建立人才开发专业目录，大力引进急需紧缺人才。根据福建社会经济发展对人才紧缺急需的程度，制定"人才开发专业目录"。通过定期制定和发布人才开发专业目录，指导人才培养和人才流动，对人才的专业、层次以及流量、流速和流向进行宏观引导，为用人单位和人才提供良好的公共服务。

开辟人才引进的快速通道。对引进高层次和急需人才实施备案制，即时办理人才引进手续。注册资金200万元以上或纳税50万元以上的企业，可直接到人事部门办理人才引进手续。同时，加强对引进人才的跟踪管理，做好人才引进后的培养和使用。对不能很好发挥作用的引进人才，帮助其在省内流动。

4. 引进海外智力，推广引智成果。按国际惯例，用高薪聘请、技术入股等形式加大聘请我省急需的高水平海外专家来闽工作的力度，着力吸引具有国际领先水平或国内一流，且符合福建产业发展方向的引智项目。

按照有偿使用、保重点、保急需、扶强扶重的原则，对重点项目重点投入，关键人才高薪聘请。通过引智项目把专家带进来，通过资金、技术入股，共同研制、合作生产，兼顾双方利益，长期合作。加强对非公有制企业、民营企业引智工作的指导和服务，拓宽引智服务范围，提高服务质量，加强引智成果推广工作。

充分利用闽台区位优势，引进台湾专家和农作物优良品种，开辟闽台农业合作基地，积极争取带项目、带资金、带优良品种、带技术的台湾专家到我省投资，促进我省高优农业的发展。

5. 加快留学人员创业园建设，按照省政府《关于加快福建留学人员创业园建设与发展实施意见》，发挥福建海外人才密集的优势和福州、厦门、泉州等沿海中心城市的区位优势，着力建设若干个留学人员创业园，特别是加快福建留学人员创业园建设，发挥创业园引进海外人才、技术，进行项目孵化和成果转化功能，促进园区上规模、上水平。设立留学人员创业风险投资基金和担保公司，举办中国留学人员创业竞赛，吸引海外留学人员来闽创办高新技术企业、转化科研成果，培育我省新的经济增长点。

（五）深化收入分配制度改革，完善奖励机制

1. 建立机关事业单位工作人员工资动态增长机制。尽快建立与我省经济发展、财政收入增长水平和企业同类人员工资水平相适应，与物价指数、居民生活费支出状况相协调的机关事业单位工资动态增长机制，逐步提高福建整体工资收入水平，增强各类人才到福建工作的吸引力。

2. 建立灵活有效的符合事业单位特点的分配机制。进一步扩大事业单位分配自主权，建立起重实绩、重贡献，向优秀人才和关键岗位倾斜、自主灵活的分配机制，以及国家、地方和单位多层次、多形式并存的多元化工资机制。实行高层次人才生活津贴制度，较大幅度地提高高层次人才工资待遇，高薪聘请优秀拔尖人才，实行一流人才、一流业绩、一流报酬。改进全额拨款事业单位工作人员国库统一支付工资办法，有条件的单位工资总额包干。单位可将财政按规定标准核拨的工资总额连同自筹经费捆绑，自主决定内部工资分配形式，实行按岗定酬、按任务定酬、按业绩定酬的分配办法，原有工资成为档案工资。

3. 探索完善生产要素参与分配的实现形式。发挥市场对企业工资分配的基础性调节作用，允许和鼓励资本、技术、管理等生产要素参与收益分配。对有贡献的专业技术人员可实行项目成果奖励，技术创新和新产品商品化的新增净利润提成，技术转让以及与技术有关的开发、技术服务、技术咨询所得净收入提成，关键技术作价入股和股份奖励、股份（股票）期权分配办法和激励形式，允许专业技术人员在完成本职工作任务的前提下，到其他单位兼职并领取报酬。定期发布有信度的各类人才的市场价格信息，对企业和部分事业单位的管理人员和部分岗位工作人员实行年薪制和协议工资制。

4. 改革奖励制度，强化激励机制。制定科技成果转化奖励办法，保证科技人员成果转化中的奖励兑现，鼓励专业技术人员通过转化科技成果，促进科技先富起来。省委、省政府每3年对为我省经济建设和社会发展做出重大贡献的3～5名专业技术人员和管理人员予以表彰和重奖，颁发"杰出人才"奖章。

（六）完善人才市场体系，提升社会化服务水平

1. 建立和完善机制健全、运行规范、服务周到、指导监督有力的人才市场体系。发挥中国海峡人才市场和设区的市级政府人事部门所属人才市场的示范作用，重点发展毕业生就业市场、企业经营管理者人才市场、高新技术人才市场、海外人才市场、网上人才市场，提高市场的专业化、产业化和现代化服务水平，实现人才市场从政府推动型向市场竞争服务型转变。

2. 建立全省统一的人才信息网络，为人才择业和单位用人提供人事代理服务。加快中国海峡人才信息网与地、市、县人才中介机构的联网步伐，实现人才信息资源共享。

建立福建流动人员人事档案社会管理中心，并设立若干个中转库，形成一定区域内人员流动档案不流动的社会化管理和服务系统。建立专业技术人员的业务才绩档案，以适应人才资源配置模式转换和人才开发的需要。

拓展公共人事代理，发挥人事代理在人事策划、咨询服务、人才招聘引进、人才培训、人才测评、人事委托管理等方面的功能性作用，为用人单位和个人提供相关的人才人事服务。

3. 加快人才市场立法和人事争议处理法规建设。尽快出台《福建省人才市场管理条例》，依法加大市场监管力度，规范市场秩序。制定《福建省人事争议处理暂行规定》，妥善处理人事争议。适应加入WTO的需要，逐步开放中外合资人才中介服务机构的市场准入。

（七）加大投入，增强福建对高层次人才的吸引力

1. 建立福建省人才引进专项资金。对单位引进的两院院士、国家重点学科带头人、省（部）级重点学科带头人分别提供200万、50万、20万元科研启动费，对获博士学位的优秀留学回国人员提供10万元的科研启动费。各级政府应建立人才引进专项资金，并纳入各级政府财政预算，重点资助国有企业和科研、教学及医疗卫生单位引进高层次人才。

2. 建立引进海外智力专项配套资金。为海外专家来闽短期参加我省建设提供一定数额的活动经费，用于支付其科技活动成果推广以及通信、接待、交通等方面所需费用；对经国家外专局等有关部门批准立项的引进海外智力项目，各级财政按国家规定的比例提供配套资金。

3. 建立福建省专业技术人员专项奖励资金。省级财政预算定期安排资金，对"杰出人

才"奖章获得者每人发给一次性资金100万元,奖金免征个人所得税。

4.保证引进人才专项经费,主要用于每年组织到省外、海外招聘引进人才,发放高层次人才生活津贴和引进人才购房补贴以及筹建院士、专家、留学人员、博士后公寓活动中心等。探索建立政府、社会、单位、个人等多元化多渠道投入、收益共享的人才投资经费来源保障机制,并将人才投资纳入依法管理的轨道。

(八)建立福建人才高地的支撑体系

1.加快产业结构调整,尽快形成优势产业。加快发展电子信息、机械和石化三大产业,大力培育和扶持生物工程、新材料、新能源、新医药、海洋开发和环保产业,着力引进科技含量高的跨国公司、世界500强企业来闽投资落户,争取海内外著名院校和科研机构来闽开办分支机构,积极扶持民营高科技企业的发展,着力于企业群、产业链建设。推进企业重组,扩大产业规模。通过培育、壮大相互配套的优势产业群体,提高和扩大福建吸纳人才的空间,提升我省科技、人才的综合竞争力。

2.深化科技体制改革,推进创新体系建设,大力开发高新技术人才和科技创新人才。从体制、机制、政策等各方面促进人才与科技、经济密切结合,产、学、研结合,科技创新与人才创业结合。加快培育、发展从事成果转化的中介组织。以更优惠和宽松的政策引导高校、科研院所和高科技企事业集团、高新技术开发区紧密联手,形成以大科研和项目开发凝聚和培养人才的机制。大力支持高校、科研院所创办高科技企业,引导科技人员投入技术创新与创业活动。

3.深化养老、医疗、失业、住房等社会保障制度改革,建立和完善多层次社会保障体系。在建立、完善本省社会保障制度的同时,抓紧制定适用于包括柔性流动人才的社会保障制度,为省内外人才的合理流动提供保障,鼓励、引导专业技术人员走向经济建设主战场。改革现行户籍制度,全面放开对高级人才、紧缺人才和企业家的户口限制,对持有"海外人才工作证"和"人才工作证"的人员予以同等权利认可。

(九)加强领导,确保"人才战略"落到实处

各级党委、政府要高度重视人才工作,"一把手"要直接抓人才工作,把实施人才战略、建设人才高地摆上重要议事日程,把人才发展计划列入国民经济和社会发展计划。政府要切实履行规划引导、制定政策、组织协调、经费支持、督促检查、配套服务的职责,致力于政策环境、经济社会环境和人文环境的建设,帮助解决用人单位和专业技术人才自身难以解决的问题。要加强督促检查,保证人才规划和人才政策的落实。要加大对人才工作的宣传,加强对人才工作的理论研究,推动人才工作上水平。组织、人事、科技、教育、计划、财政、公安等职能部门要密切配合,发挥职能优势,形成整体合力。努力在全社会营造尊重知识、尊重人才、鼓励创业、崇尚创新的良好氛围和引人、用人

的良好环境。

课题负责人：陆志华　丛远东
课题组成员：吴瑞建　林荣鑫　郑亨钰　邹国辉　康文杰　梁　熙　夏云兰　林月英　郝　军　童长峰　黄信有　郑其轩　高文辉
课题执笔：吴瑞建　郑享钰　郝　军

（本文选录2001年9月17日省委政策研究室《调研文稿》第52期。该文于2001年12月20日获国家人事部颁发的第三届全国人事科研成果三等奖。）

福建人才战略研究课题报告

省人才战略研究课题组

【内容提要】人才资源具有双向性和相互作用性，既受到区域经济和社会发展状况的影响，也反作用于区域经济和社会发展。文章从福建省的区域特点、行业和产业状况以及城镇化进程入手，分析其对人才工作的影响和挑战，勾画了全省人才强省战略的基本构架和人才队伍的发展目标，就如何实施人才强省战略提出了对策建议。

一、人才队伍建设的成效、问题与面临的挑战

（一）福建省人才队伍和人才工作取得的成效

1. 总量平稳增长、素质结构逐步改善。截至2000年末，全省人才资源总量达153.6万人，比1995年末净增33.6万人，增长28%。学历层次稳步提高，全省人才队伍中，具有大专及以上学历的64.3万人，占总量的41.9%。职称结构趋于改善，各类专业技术人员中，高中级职务人员28.2万人，所占比例由1995年的16.8%提高到2000年的28.3%；其中高级职务4.3万人，所占比例由1995年的2.4%提高到2000年的4.3%。高、中、初级结构比例为1∶5.6∶14.9，比1995年的1∶6∶18趋于改善。年龄结构不断优化，全省45岁以下专业技术人员123.8万人，占总量的80.6%。产业布局相应调整，全省第一产业人才拥有量9.8万人，占6.4%；第二产业人才拥有量32.7万人，占21.3%；第三产业人才拥有量111.1万人，占72.3%。

2. 高层次人才群体初步形成。制定全省实施国家"百千万人才工程"培养规划的细则，启动"百千万人才工程"和博士后制度，选拔推荐国家有突出贡献中青年专家和享受国务院特殊津贴专家，加速培养高层次人才。在全省工作的"两院"院士17人（含柔性引进），"百千万人才工程"一、二、三层次人选467人，国家有突出贡献专家80人，享受国务院特殊津贴专家2000人，省优秀专家338人，招收博士后201名。

3. 整体性人才资源开发格局初步形成。人才资源开发呈现多主体、多渠道、多层面、

多形式的整体开发格局。人才工作领域不断拓宽，由国有经济转向整个国民经济，由城市延伸到农村，由国有单位扩展到非国有单位，由传统的国家干部扩大到各类人才。人才工作由行政调配为主转向人才预测与规划、培养与使用、配置与管理为主的全方位人才资源开发。

4. 市场机制对人才资源配置的基础性作用逐步增强。初步形成了政府宏观调控、主体双向选择、市场调节供求、中介提供服务的人才市场格局和毕业生就业市场、海外人才市场、企业经营管理人才市场、农村人才市场等若干专业人才市场互为补充，具有福建区域特色的多层次人才市场体系，并不断向信息化、网络化方向发展。人事代理和人才测评等制度逐步建立，人才市场社会化服务功能进一步加强。

5. 适应不同人才发展需要的分类管理制度初步建立。逐步建立符合党政人才和公务员、专业技术员、企业经营管理人员不同特点的分类管理制度。大力推进考试录用单项制度改革试点，建立公务员制度配套规章，各项公务员管理制度全部入轨，运行机构逐步完善。稳步开展事业单位人事制度改革，积极探索适应现代企业制度要求的选人用人机制。

（二）人才队伍和人才工作存在的主要问题

1. 总量不足，高层次人才和技术工人缺乏。到2000年末，全省人才资源总量仅占全国人才资源总量的2.5％。按同比口径，全省每万人中拥有人才450人，低于全国470人的平均水平。据第五次全国人口普查数据显示，全省每万人中拥有专业技术人员169人，低于全国223人的平均水平。高层次专业技术人才偏少，人才的职称、学历结构低于全国平均水平。高层次技术、管理人才和实用型人才尤为缺乏。表现为：一是学术和技术带头人偏少。缺乏一批高水平、有竞争力的学术和技术带头人，尤其缺乏生物技术、环保技术、新材料等领域的高层次科学技术人才；缺少一批熟悉世贸组织规则、了解国际惯例、精于国际经贸的外向型人才，以及懂技术、会管理、善经营的现代企业管理人才和科技开发经营人才。二是企业技工匮乏。2011年末，全省各类企业技术工人数约占职工总数的31.52％，其比例远低于全国46％的平均水平。

2. 布局结构不尽合理。一是专业结构不合理。约90％的专业技术人员集中在教育、工程、卫生、经济、会计等专业，而电子信息、法律、金融保险、外经外贸等专业技术人员明显不足，新材料、新能源、生物技术、现代医药、环保等工程技术人员远不能满足需要，特别是高技术和复合型创新人才整体性短缺。二是行业、产业布局不均。农业、信息通讯、金融、保险、法律等行业的人才严重不足。三是区域分布明显失衡。沿海城市的人才拥有量明显高于山区，山区人才资源短缺问题日趋严重。截至2000年末，闽东南地区人才总量110.1万人，占全省人才总量的71.7％；山区人才总量43.5万人，仅占全省人才总量的28.3％。四是产学研脱节严重。70％的专业技术人员分布在高校和科研院所等国有事业单位，国有企业专业技术人员呈现负增长，年平均增长-5.1%。由于技术力量薄弱，企业成为人才资源开发主体的差距较大。

3. 高等教育规模、结构和质量不理想。高等教育的毛入学率低于全国水平。2000年，全省高等教育毛入学率为9.33%，低于全国11%的平均水平；每万人口中拥有在校研究生数为1.55人，低于全国2.39人的水平。教育重心偏低，硕士生、博士生和本科层次培养规模不能满足需求，每万人口拥有本专科生为58.81人，低于全国平均72.25人的水平。高等教育结构不合理。省属大专院校以师范为主，文、史、哲、经、法等传统专业占高等教育专业总数的60%以上；硕士、博士招生规模偏小，研究生仅占高校在校生总数的2.6%，平均每个博导招收博士生不到一名，造成博导资源浪费；理、工、综合性院校专业少，发展滞后，工科教育规模偏小，工科的各类在校生占高校在校生的比例仅为28.5%，低于全国38.8%的平均水平，工科教育不能适应重点行业和主导产业的发展。

4. 人才资源市场化配置程度不高。调查中，有40%以上的人认为全省人才市场体系不健全，制约了人才资源的合理、有效配置。一是市场发育不健全。市场供求主体尚未完全到位，人才市场专业化程度不高，市场配置机制的作用仍然有限；二是市场功能不健全。供求信息的沟通不够及时充分，集市市场配置形式仍占主导，网上人才市场滞后，主动高效的服务意识不强；三是市场运作机制不健全。政府部门所属人才中介机构尚未摆脱机关化、行政化运作模式，条块分割阻碍了人才、技术、信息的共享。四是市场调控体系不健全，人才信息资源的综合调控、开发利用不够。

5. 人才培养和科技的投入严重不足。一是教育投入严重不足。教育事业费中用于高、中等教育的比例呈下降趋势。二是R&D（研究与开发）的投入不足。2000年投入总额为21.19亿元，占全省GDP的0.54%，与全国平均1%的水平还有较大差距。三是人才待遇偏低。表现为：机关、事业单位工作人员总体工资水平与经济发展和财政收入不相称；收入水平明显低于周边经济发达地区，有的甚至不如西部地区，"待遇留人"的政策得不到充分体现；山区与沿海之间、部门与行业之间收入分配差距进一步扩大；一些地区拖欠农村中小学教师工资的现象时有发生，影响了人才队伍的稳定。

6. 人才政策未能得到有效落实。一是人才战略总体思路缺乏连续性。1997年，省委制定了《福建省跨世纪人才工程建设总体规则》，并建立了福建省跨世纪人才工程（简称"541人才工程"）建设工作领导小组。但是，围绕工程出台配套政策并一以贯之抓落实不够。上海市1994年提出构筑人才高地，开始也只是一个设想，但是，他们始终把高地建设作为上海的人才品牌精心经营，坚持在执行中不断加以完善，并不断延伸"高地"建设的内涵，出台相关配套措施，使高地建设日趋完善。而福建省出台的"541人才工程"，在执行过程中遇到有些不完善的地方，我们便将其束之高阁，人才工作失去先机。二是人才政策存在滞后性。人才工作中，我们习惯于用计划经济的思维方式来思考问题，制定政策，政府行为居多，市场作用发挥不够，不能适应市场经济和加入世贸组织新形势的发展。如，有些政策标准不一，同样是博士或副教授以上职称的人员，只有引进的能享受生活津贴等方面的优惠待遇，让人感觉厚了"女婿"薄了"儿子"。三是政策落实缺乏实效性。在问卷中，只有3.3%的专业技术人员对全省人才政策的落实情况感到满意，"较满意"的为39.4%，"一般"的为46.1%。引进高层次人才的科研启动费、住房补贴及配偶就业、子女上学等有关优惠政策难以落实。对于政策得不到落实的原因，35.2%的人认为是政策不配套，22.1%的人认为是"缺乏有效的监督"；21.7的人认为是"体制分割，无法形成合力"。

7. 人才管理体制改革相对滞后。人才的待遇上，以身份、资历等作为参照系，什么待遇都与身份、资历等挂钩，不够重视岗位和业绩；人才的选拔方式上，按照市场经济的特点选用企业经营管理者的机制还未建立；企业经营管理者和科技创新人员的分配机制与人才价值偏离，所做贡献与所得报酬存在较大反差；教育体制改革滞后于市场经济发展，高校的专业结构不能适应全省产业升级和结构调整的需求。人才的社会保障机制不健全。随着医疗保险制度改革的推进，多数原已享受干部医疗待遇的高层次人才无法享受相关待遇，特别是自收自支事业单位和企业的高层次人才，因单位效益不好，增加了个人的经济负担。同时，事业、企业人员基本养老保险不统一，企业专业技术人员的养老金标准远远低于事业同类人员，加剧了企业专业技术人员队伍的不稳定。

8. 现有人才作用未能得到充分发挥。由于有效的竞争激励机制和科学合理的收入分配机制不健全，工作条件不具备，人文环境不够宽松，造成人才利用率不高、人才的能力不能充分发挥等人才资源浪费的现象十分严重。一些地方和单位人才短缺与积压同在，用非所学和学非所用并存。在问卷调查中，有36.4%的被访者认为自身作用尚未完全发挥，有21.8%的人近3年来没有任何科研成果。同时，对人才资源二次开发、发挥离退休专业技术人员余热重视不够。

全省人才队伍建设存在的问题，深层次原因是思想观念、思维方式不适应新形势的需要，论资排辈、"官本位"等陈旧的思想观念在一些人的头脑中依然存在，"以人为本"的服务意识不到位，部分用人单位缺乏引进和使用人才的主体意识，引进、培养人才的观念和手段落后。

（三）人才队伍建设面临的挑战

1. 加入世贸组织的挑战。加入世贸组织对人才工作的挑战主要表现在3个方面：一是"人才本土化"和"人才国际化"的双重挑战。由于外资企业大量涌入，中国企业也走向世界，国际市场国内化，国内市场国际化，加剧了对国内现有人才和海外人才的争夺，国际国内两种人才资源相互渗透,重新组合;二是人才素质的挑战。国际竞争要求我们必须加快高素质、国际化、外向型和复合型人才培养步伐;三是人才工作的思想观念、管理方式和服务模式的挑战。经济全球化要求人才资源开发必须国际化,树立以人为本和法治管理的理念,主动建立与国际接轨的人才管理模式与政府服务模式。

2. 区域竞争的挑战。全省在实现第一次现代化的排名中,已经名列全国第十。但是,前九位中的上海、江苏、浙江、广东都是福建省的周边省份,这些省市经济发达,人才待遇等条件都明显优于福建省。厦门市是全省最吸引人才的地方,2000年以来,共引进了200多名高层次人才。但是,从上海、江苏、浙江和广东引进的不到引进数的3%,来自上海的只有1人,绝大多数是从中西部和东北引进的。全省海外留学人才的回流率仍不到10%,与全国出国留学人员34%的回流率和年均13%的递增速度差距较大。近几年到省外学习的大学生,也存在"出大于入"的状况。全省实际上处于一个人才输出省的位置。

3. 城镇化进程的挑战。未来几年,全省城镇化进程进一步加快。到2005年,全省达到设市标准的城镇数量为28个,小城镇(含县城)数量控制在600个左右。特大城市及大城市达到3个,中等城市达到6~8个,大中城市人口占全省城镇总人口比重在30%以上。全省面临着城镇化进程中的双重挑战:一方面是能否借城镇化的东风掀起人才引进之浪,提升城市人口素质;另一方面是如何处理好人才的引进与稳定的关系,防止出现山区人才大规模向大城市流动,加剧业已存在的人才布局失衡。

4. 行业、产业局限性的挑战。全省经济和社会发展总体水平较低,重点行业不突出,支柱产业无规模,高新技术产业优势不足,没有形成具有福建特色的优势产业群体和相关配套的产业链,缺乏大的企业集团和龙头产品。全省的100大企业,福州有52家,厦门有21家,泉州有9家,与世界500强、全国500大差距显著。全省100大企业2001年完成营业收入仅是2001年世界500强排名第一的沃尔玛公司的12.3%、全国最大企业的55.8%。从平均规模看,全省100大企业平均营业收入仅相当于2000年全国500大企业集团平均营业收入的25.9%。行业集中度不高,意味着企业承载人才的能力不强,吸纳人才的能力有限。

二、人才战略的基本构架

根据全省实际,人才强省战略的基本构架是:按照构建"三条战略通道"和"三个层面同时推进"的战略部署,积极开发利用国际国内两个人才市场、两种人才资源,形成"两个高地、一线联结、山海互动、整体推进"的人才资源开发格局,做到构建人才高地与整体开发人才资源相结合,扩充总量、优化结构与提高素质相结合,使福建成为政策激励、机制灵活、环境优良、人才荟萃的省份。

"两个高地",即福州、厦门发挥省会城市和经济特区的优势,以高等学校、科研院所、高新技术产业开发区、经济技术开发区、台商投资区、留学人员创业园、博士后站点为依托，以扩大城市规模为契机，把福州、厦门建设成为人才聚集中心，充分发挥对外吸引、对内辐射的作用，形成两个人才高地。

"一线联结"，即发挥闽东南沿海地区经济相对发达的优势，构建沿海人才开发带，以产业带推动人才开发带的形成，以人才开发带推动产业带的发展。

"山海互动"，即山区必须围绕发展区域特色经济和优势产业，盘活现有人才，构筑人才支撑点，形成以区域特色经济和优势产业发展带动人才资源开发，以人才资源开发推动区域特色经济和优势产业发展的良性循环。沿海发达地区必须树立全局意识，把人才和智力作为支援山区建设的重要方面，推进人才智力山海协作，引导人才有序竞争，整体推进人才资源开发。

"整体推进"，即把福建作为一个人才开发整体，立足于提高人才培养的能力，扩大人才培养规模，与此同时，努力拓展海外人才智力引进通道、省外人才引进通道、省内人才交流通道，整体增强人才体制改革的集聚能力，整体推进人才资源开发。

依据人才强省战略的基本构架，2002—2010年福建省人才队伍的发展目标是：通过深化干部人事制度改革，建立起与社会主义市场经济体制相配套、与经济增长方式转变相适应、政府宏观调控与市场机制相结合的人才资源开发体系。建立符合国际规则的人才自由流动机制；引资、引智与引才结合的人才引进机制；目标明确、激励创新的人才培养机制；公平竞争、优胜劣汰的人才使用机制；绩效优先、体现价值的人才激励分配机制；以市场为导向、产学研结合的成果转化机制；功能齐全、技术先进的人才市场服务机制，加强人才队伍政治建设、思想建设、作风建设、职业道德建设，力争使全省人才总量高于全国平均水平，造就一支素质优良、结构合理、具有较强创新能力的人才队伍，形成全省人才智力的比较优势。

总量目标：2005年，全省人才资源总量达到200万人，年均增长5.4%。各类专业技术人员总量达到130万人，年均增长5.4%。高层次人才占专业技术人员的比重从目前的4.3%提高到6%以上。每万人口拥有人才资源量570人，年均增长4.8%。每万名从业人员拥有人才资源量1200人，年均增长5.5%。人才资源总量和素质基本满足"十五"期间国民经济和社会发展的需求。

2006—2010年，通过继续推进市场取向的改革，进一步转变经济增长方式，调整优化产业结构，使国民经济保持较快发展速度，综合实力显著增强，人才需求量相应增加。到2010年，全省人才资源总量达到260万人，年均增长5.4%。各类专业技术人员总量达到16.9万人，年均增长5.4%。高层次人才占专业技术人员的比重提高到7%以上。每万人口拥有人才资源量720人，年均增长4.8%。每万名从业人员拥有人才资源量1570人，年均增长 5.5%。

人才区域布局目标：尽快改变沿海与山区人才资源分布不合理局面，使人才资源分布与区域经济发展相协调。到 2005 年，福州、厦门"两个高地"人才年平均增长应高于全省平均水平。闽东南地区人才总量达到 140 万人，山区人才总量在 60 万人，构成比例为 7∶3。到 2010 年，闽东南地区、山区人才资源分别为 182 万人和 78 万人，构成比例为 7∶3。人才资源分布基本上满足区域经济发展的需求。

人才产业分布目标：以福建省国民经济和社会发展第十个五年计划和 2010 年远景目标为依据，综合平衡人才产业分布。按照强化农业基础地位、优化工业结构和加速发展第三产业的要求出发，使人才资源开发目标与产业发展目标相协调。到 2005 年，全省第一产业人才资源总量达到 13 万人，第二产业人才资源总量达到 44 万人，第三产业人才资源总量达到 143 万人，三次产业的人才构成比例为 13∶44∶143。到 2010 年，全省第一、二、三产业人才资源总量分别达到 16.9 万人、57.2 万人、185.9 万人，其构成比例为 13∶44∶143，三次产业的人才资源分布基本满足产业经济结构调整后各次产业发展的需求。

实现福建人才发展的战略目标，必须坚持创新原则，适度超前原则，结构优化原则，市场化配置原则以及培养、吸引、用好三管齐下、重在使用原则，努力做到"六个结合"。

一是世界眼光与福建特色相结合。从经济全球化、人才国际化的大背景来思考福建人才战略问题，大胆借鉴和吸纳人才资源开发新理念，主动与国际惯例接轨。同时，又要立足本省，切实研究解决全省人才工作中存在的突出问题，体现福建的区域特色，提高全省人才参与国内、国际竞争的能力和水平。

二是人力资本投资与物力资本投资相结合。随着知识经济时代的到来，部分发展中国家和地区以及我国的上海等发达省市，已经从重视物力资本投资转向重视人力资本投资。全省必须主动把握这一趋势，对人力资本投资随经济的发展而同步增长，逐步加大人力资本投资的比重，由重物力投资转向人力资本投资与物力资本投资并重，进而实行人力资本优先投资，加速人力资源向人力资本转化。

三是人才工作与做大做强企业相结合。企业是承载人才的载体，人才是推动企业发展的动力，必须把两者紧密地结合起来，把人才工作融入到全省的经济结构调整、发展特色产业和主导产业中去；在发展经济中也要强化人才资源是第一资源，人力资本是第一资本的意识，把发展经济的突破点作为人才培养和结构调整的着力点，着力推进企业群、产业链建设，培育具有竞争优势和带动能力的龙头企业，壮大相互配套的优势产业群体，不断提升企业吸纳人才的水平和能力。

四是整体推进与重点突破相结合。抓好人才的培养、引进、使用、配置、激励和保障机制的建立与完善，做到人才开发整体推进。同时抓住关键环节，从存在的突出问题入手，大胆突破几个重点：①政策的突破。调整和完善人才引进、激励与保障方面的政策措施；②高层次人才的突破。在抓好"三支队伍"的基础上，在培养和引进高级企业经营管理者、高层次科技人才和产业发展急需的人才方面实现新的突破；③实用型人才的培养。努力培养更多全省产业发展急需的实用型人才。

五是盘活现有人才与引进人才相结合。培养是基础，引进是补充，使用是目的。要把立足点放在自主培养和自我发展上，牢固树立"人才就在身边"的观念，在使用中培养，在培养中使用，充分发挥现有人才的作用。在用好现有人才的同时，把引进人才作为有效补充，以高层次人才和急需紧缺人才为重点，不求所有，但求所在，力求所用，在针对性地做好人才引进工作。

六是市场机制与宏观调控相结合。通过市场的导向作用，强化企业对人才开发的主体意识，使企业成为人才开发的决策主体、执行主体和利益主体。加大人才资源开发投入，增强企业对人才的吸引力，引导资金、科研力量、人才向企业转移，促进有市场潜力、发展前景、效益好的产业发展。在充分发挥市场机制在人才资源配置中基础性作用的同时，加强宏观调控的力度，实现人才资源的有序流动和有效配置。

三、夯实人才培养的基础

根据全国教育事业发展规划，到2005年，高等教育毛入学率将达到15％；到2010年，将达到20％。据测算，到2005年和2010年，全省18～22周岁接受高等教育的适龄人口为326.8万人和325.3万人。按照达到全国高等教育毛入学率的要求，两个阶段高等教育规模必须达到49万人和65万人，年递增量分别达13％和5.8％。因此，扩大高等教育规模、改善高等教育结构与质量应作为今后一段时期全省人才培养的主要任务。

（一）大力发展教育，提高办学质量

1. 推进教育创新。改革教学的内容、方法和手段，完善人才培养模式，充分吸纳当代自然科学和人文社会科学研究的最新成果，建立符合受教育者全面发展规律、激发受教育者创造性的新型教育教学模式，提高教育质量。

2. 大力发展义务教育和高中阶段教育。巩固普及九年义务教育成果，在沿海经济发达地区普及高中阶段教育，全面提高新增劳动力平均受教育的年限，促进现代农业和中小企业劳动力文化素质的提高。基础教育投资主要由政府承担，全省统一平衡使用。在确保经济欠发达县有足够的经费开支的同时，发挥社会和个人投资的积极性。高中和农村中等职业技术教育经费以财政投资为主，社会力量办学为辅。

3. 扩大高等教育规模。充分利用现有教育资源，以改容扩容为主，集中力量建设几个高校新园区，扩大办学规模，拓展高等教育发展空间。调动地方发展高等教育的积极性，本科院校向有条件的设区市延伸。争取在2005年前，在闽南地区创办一所工科大学。大力发展民办高等教育。充分发挥全省侨乡优势和民间捐资办学传统，鼓励、支持和引导社会力量办学，开展股份制办学和国有民办、公办民助、民办公助试点，充分利用现代信息技术和教育技术，发展现代远程高等教育。在提升现有高校办学质量的同时，吸引国内外著名院校来闽开办分支机构，为全省培养急需的专业人才。

4. 调整高等教育结构。调整高等教育学科结构。构建以基础学科为支撑，高新技术学科为核心，应用学科为骨干的学科新体系。大力加强与高新技术产业发展相关的人才以及高层次经营管理人才的培养，重点扶植发展电子信息、工程机械、石油化工、新型材料等领域的学科专业；加快培养加入世界贸易组织急需的、具有较强竞争力的法律、金融、贸易、工商管理、公共管理等方面的高层次人才。调整高等教育层次结构。提升高等教育办学层次。加快发展本科教育，加强有行业发展需求的高职高专教育。争取增列一批一级学科博士点和硕士点，扩大硕士专业学位种类和规模，形成具有较强综合实力的高层次人才培养体系。

5. 加强教师队伍建设。以全面推行教师资格制度为重点，严把教师入口关，多渠道培养和聘任教师，改善和优化教师队伍的学历结构、学科结构和年龄结构，建设高水平、专业化的教师队伍；加大多渠道资助力度，鼓励在职中小学教师提高学历或攻读教育硕士学位，加强中小学师资能力建设；选派高校管理人员到国内著名高校进修，提高高等教育管理水平；实施"长江学者计划"和"闽江学者计划"，采取超常规的举措，大力加强中青年骨干教师队伍建设和学术梯队建设，加快引进、培养、造就一批具有较高知识与技术创新能力的学科带头人。

（二）强化能力建设，构建终身教育体系

1. 加强县处级以上党政领导干部特别是"一把手"培训。重点提高他们的思想政治素质和宏观决策、综合协调、驾驭全局的能力。抓好年轻干部特别是后备干部的教育培训，突出党性教育，提高理论素养，不断培养其世界眼光和战略思维能力。

2. 强化以提高素质为核心的公务员培训教育。公务员培训教育要着眼于提高公务员宏观决策能力、公共服务能力、行政协调能力、依法行政能力。加强和改进公务员出国培训工作，努力培养世界眼光和应对国际竞争能力。进一步规范公务员初任培训，加强任职培训和业务培训，开展以依法行政、现代行政管理和公共管理知识为主要内容的更新知识培训，积极开展公务员学历教育和MPA、MBA、EMBA教育。到2005年，各级党群机关和行政机关45岁以下公务员均达到大专以上学历，省级机关公务员大专以上文化达到95%，市级达80%，县乡达到60%以上。整合培训资源，规范干部任职资格考试和培训考试。省级组织人事部门制定不同层次的培训大纲，公务员自主选择具备相应资格的培训机构，坚持以自学为主，自主运用国家规定的培训时间，参加统一组织的考试，其成绩作为干部任用的条件之一。结合事业单位机构改革，对现有干部培训机构进行整合，有条件的可以推向市场。

3. 强化专业技术人员的继续教育。创新人才培训方式，从一般性知识补缺和应试教育转到开发创造能力、提高创新素质上来；从传统单一的培训方式转到现代教育培训方法上来，建立以技术创新为核心的专业技术人员继续教育体系。鼓励专业技术人员参加各类学术活动，在经费和时间上给予支持。加强人才开发培养的国际、国内合作，通过选派青年专业技术骨干人员到国际、国内著名大学、科研机构进修访问等方式培养一批学科带头人和工程技术人才。充分发挥高等院校、党校、行政学院和各类培训机构的作用，优化整合各种教育培训资源。鼓励、扶持企事业单位依靠国内高校、科研院所或国外教育机构，建立一批高水平的继续教育基地。逐步建立"政府调控、行业指导、单位自主、个人自愿"的继续教育管理体制，推进继续教育的市场化、社会化进程。完善继续教育考核制度，把继续教育与受教育者个人晋升、流动、聘任、待遇结合起来。"十五"期间，每年专业技术人员接受继续教育面不少于80%；到2005年，全省专业技术人员接受继续教育面达到90%以上。

4. 加强企业技术工人和农村实用型人才的培养。造就一支以高级工、技师、高级技师为骨干，中级工为主体，结构合理、技术过硬、具有良好职业风尚的职业技术工人队伍。到2005年，全省工业系统技术工人要达到175万人；到2010年，全省技术工人占职工总数要达到50%以上，其中高级工以上要占技工总数的20%以上，中初级工占总数的50%，基本适应全省产业发展的要求。有计划地分批培养农村适用技术人才，重点培养农业信息技术、科技成果转化、市场营销等实用技术人才。

四、突出抓好"三支队伍"建设

（一）党政领导人才和公务员队伍建设

1. 提高现有领导干部队伍素质。坚定不移地把加强思想政治建设放在领导干部队伍建设的首位。扎实推进各级领导干部的理论培训，坚持和完善各级党委（党组）中心组学习制度，建立和落实自学制度。抓好业务学习，组织领导干部学习市场经济知识、法律知识、现代管理知识、现代科技等知识，不断提高领导干部战略决策能力、驾驭全局能力、开拓创新能力。

2. 认真实施领导班子建设规划。结合实施国民经济和社会发展五年规划，同步实施全省领导班子和领导干部建设五年规划。认真组织实施《福建省2002—2005年市、厅、县级党政领导班子建设规划纲要》。按照党政领导班子建设主要目标、指导方针和基本要求，采取有力措施，保证规划提出的各项任务的落实。

3. 深化党政领导干部选拔任用制度改革。进一步扩大干部工作的公开度和透明度，完善民主推荐、民主测验、民主评议制度和党政领导干部考核和任前公示制。改进党政领导干部公开选拔、竞争上岗和干部任用制度，探索和完善干部任用无记名投票表决制。建立党政领导干部能上能下制度，实行党政领导干部任期制和试用期制。对技术性、操作性、辅助性的领导职位实行聘用制。

4. 强化领导干部后备队伍建设。县以上各级党政后备干部按正职1∶2、副职1∶1的数量确定，其中近期比较成熟的至少应占1/3左右。设区市、县（市、区）党政领导班子后备干部队伍中的女干部，应分别不少于15％和20％，并有一定数量的专业型、科技型和非中共党员后备干部。采取轮岗、上挂、下派等方式对后备干部进行有计划、有步骤的培养，并形成制度。每年选派一批有发展潜力的后备干部赴国外、港澳地区培训。要把公开选拔与竞争上岗和选拔后备干部工作结合起来，将优秀人才选入后备干部队伍中进行培养，促进培养后的人才在参与竞争中脱颖而出。设区市以上党政机关，未经基层锻炼的党群机关工作人员和国家公务员必须到基层锻炼1年以上。

5. 提高专业化公务员队伍整体素质。探索建立政府雇员制度，根据政府工作需要，雇用专门人才服务于政府某项工作或部门，政府雇员实行合同制管理。全面推进竞争上岗，强化竞争机制，使其成为岗位轮换、职务晋升的规范化、制度化的选人用人方式。进一步改进公务员录用与管理办法，建立健全分级分类考试制度，坚持"凡进必考"原则，提高录用考试的科学化、法制化程度。建立和完善公务员队伍绩效考评体系，推行公务员辞职、辞退制度，畅通公务员"出口"通道。继续做好选派优秀大学毕业生到基层锻炼的工作。今后5年内，省里每年选派250名优秀毕业生到乡镇和基层法院机关、检察机关和公安机关工作。切实研究解决乡镇干部素质偏低、待遇偏低和因超编补充公务员难的问题。

（二）专业技术人才队伍建设

到2005年，专业技术人员中大专以上学历的要从现在的45.8％提高到60％；改善年龄结构，45岁以下高级专业技术人员由现在的45.6％提高到60％；提高高级专业技术人员的比重，使高、中、初级结构比例由目前的1∶5.6∶14.9向1∶3∶6的合理比例靠近。到2010年，专业技术人才队伍结构更趋改善。

1. 继续实施"新世纪百千万人才工程"和博士后制度。以培养高层次创造性人才和优秀青年人才为重点，加大对优秀中青年学术、技术带头人的选拔和培养力度，对后备人选实行动态管理、重点资助，激励高层次人才不断创新。推进博士后制度，建立政府、单位、社会共同筹资，多方参与的机制。逐步增加企业、高校、科研单位的博士后站点，努力扩大博士后招收规模。鼓励有条件的博士后流动站、工作站扩大自费招收博士后，充分发挥规模效益。"十五"期末，全省博士后科研流动站、企业博士后科研工作站总数达到

44个以上,累计招收博士后留学人员300名。

2. 加快事业单位人事制度改革步伐。按照"脱钩、分类、放权、搞活"的思路,在事业单位逐步建立政事职责分开,单位自主用人,人员自主择业,政府依法管理,配套措施完善的管理体制;建立适合科、教、文、卫等各类事业单位特色,符合专业技术人员、管理人员和工勤人员各自岗位要求的分类管理制度;全面推行聘用制,变国家用人为单位用人,变身份管理为岗位管理,实现人事管理的法制化、科学化、规范化。根据事业单位的不同功能进行分类改革,主要履行行政职能的事业单位,尽可能改为行政机构或参照行政机构的管理办法实施管理;已经具备市场化条件的营利性事业单位改为企业或中介组织,实行自主经营、自负盈亏、依法纳税;其余的事业单位分为社会公益类、开发经营类和其他类等不同类别,实施不同的机构编制、财政和人事管理等办法。

3. 深化以职称制度为主要内容的人才评价制度改革。坚持个人申报、社会评价、单位聘任、政府调控的人才评价与使用的改革方向,以科学设岗为基础,以加强单位自主聘任为核心,建立"按需设岗、按岗聘用、竞争择优、优胜劣汰"的用人制度。推行评聘分开,探索考评结合、以考代评、直接聘任等多种评价方式,实现以学历、资历取向为主向以能力、业绩取向为主的转变。探索建立社会化、市场化、科学化的人才评价制度。制定有利于解决基层专业技术人员职称问题的倾斜政策,加强对生产一线的高等技工人才和农村实用人才的职称评定。完善专业技术职务评聘公示制度。推进职业资格制度,对责任重大、社会通用性强并关系到公共利益的专业技术岗位实行准入控制。

4. 实施科研计划课题制。对以财政拨款为主的各类科研计划实行课题负责人负责制。课题制以课题为中心,突破了单位、专业的制约,可以对科技资源实行最大限度的集成,有利于实现重点突破,促进人才流动机制的建立;课题制以人才为中心,把过去只见项目不见人变成以人为本。课题制负责人可以跨单位、跨部门、甚至跨国界,不拘一格择优聘用课题组成员。同时,课题负责人在批准的计划任务和预算范围内享有充分的自主权。科研计划实施课题制将更有利于人、财、物等科技资源的优化配置。

(三)企业经营管理人才队伍建设

1. 建设一支高素质的国有企业产权代表和企业党务工作者队伍。按照建立现代企业制度和深化企业人事制度改革的要求,培养一批政治强、懂经营、善管理,熟悉金融、财务、法律和市场经济等专业知识,能够忠实代表国家利益,实现国有资产保值、增值的国有企业产权代表。有计划、有重点地选派他们到国内外进修培训,或到国外大公司学习锻炼,提高他们按照市场经济和国际通行规则办事的能力。

建立一支能够维护国家、企业和职工合法权益,善于围绕企业生产经营活动和改革发展开展思想政治工作、发挥先锋模范作用的党务工作者队伍。

2. 建立科学的国有企业产权代表和经营人才管理体制。改进对国有企业产权代表和经营人才的管理方式，建立管人与管资产、管事相结合的管理体制。实行产权代表委任制。改进国有企业经营人才的配置方式，把组织考核推荐和引入市场机制、公开向社会招聘结合起来，建立企业经营管理者人才库，完善企业后备人才制度，允许企业董事会或领导班子在人才库内自主选择经营管理者。

改进国有企业产权代表和经营者考核评价机制，建立适应现代企业制度的经营管理人才考核评价体系。强化国有企业产权代表和经营者的激励约束，积极探索按劳分配和按技术、管理等生产要素分配相结合的新的分配形式，推进职工持股制、经营者年薪制和期权制。

实行经营管理者任期制和任期目标责任制，全面推行经营管理者离任审计制度，建立重大经营决策失误追究制度。进一步建立和完善经营管理者股权约束、职业风险约束和法律约束机制。

3. 建设一支市场化、专业化的职业经理人才队伍。职业经理人队伍的建设，重点是要加快培育和构筑与社会主义市场经济体制相适应的职业经理人市场，推进经营管理人才的市场化配置。通过严格的执业资格认证体系、科学的评价分类体系、灵活高效的市场配置体系、公平竞争的选拔聘用体系、完善的聘后管理体系、诚信的档案信息体系和适应市场需求的教育培训体系的配套体系建设，充分发挥市场机制的功能作用，逐步形成一支适应不同产权制度企业、面向市场需求的职业经理人队伍。

4. 加强对非公有制企业经营管理人才的培养。必须毫不动摇地鼓励、支持和引导非公有制经济发展，要积极鼓励非公企业者的创业精神，切实保护他们的合法权益。要鼓励和促进非公企业的经营管理者利用各种渠道、方式，接受国内外各种先进经营管理知识的培训和教育。要进一步发挥和加大非公企业吸纳人才、培养人才和使用人才的力度，使各类企业真正成为聚集人才、造就人才和使用人才的主体。

五、拓展人才资源开发通道

（一）拓展海外人才智力引进通道

全省侨、港、澳、台胞众多，海外闽籍华侨华人达1033万人，占海外华人总数的1/4强，其中改革开放以来移民海外的新华侨、华人50多万人，约占全国总数的1/3，分布于90多个国家和地区，其中有相当一部分是学有所长的专家学者。海外留学人才资源也很丰富，目前全国在世界各国的留学生达38万余人，其中福建省留学生总数达到3万余人，约占全国总数的1/10，遍布全球五大洲的36个国家和地区。这些留学人员所学的专业多达260多个，大多是全省紧缺急需的，是目前各省所关注和倾力挖掘的资源。我们必须重视构建海外人才引进通道，用好海外人才资源：

1. 加大吸引高层次留学人才和海外人才力度。坚持"支持留学、鼓励回国、来去自由"的方针，采取有效措施，吸引更多海外人才回国工作或以多种形式为国服务。继续贯彻"采取留学、鼓励回国、来去自由"的方针，认真落实和完善有关留学人员回国任职、工资待遇、科研经费及住房、保险、探亲、家属就业、子女入学等各项政策规定，对特殊人才的引进实行特事特办，个案处理；鼓励留学人员回国工作或以多种形式来闽服务。建立留学人员创业服务中心、风险投资基金和担保公司，完善投融资机制，改善投资环境。加快留学人员创业园建设，吸引留学人员来闽创办高新技术企业，转化专利技术和科研成果，培育全省新的经济增长点。加快建立留学人才和海外人才信息库和成果项目库，开展留学人员创业竞赛活动，完善海外留学博士回国访问考察制度，吸引包括华侨华人在内的各类人才来闽创业。研究制定聘用海外高级人才和紧缺人才的具体办法，重点引进一批国际一流的能够带来巨大社会经济效益的顶尖人才。

2. 加强与港澳台人才智力交流与合作。充分发挥全省与港澳台之间的人缘、地缘优势，在建立更加密切经贸关系中，把引进资金、技术、项目与引进人才、智力、管理结合起来，深化科技、人才合作，不断提高合作的层次和水平。

（二）拓展省外人才引进通道

目前全国共有闽籍院士90余人，在省外工作的闽籍知名专家数以千计，这是全省不可多得的智力财富，要充分利用他们的聪明才智，为家乡经济建设服务。

1. 大力引进省外优秀人才。重点引进一批能跻身国际领先或国内一流水平的学科技术带头人；引进一批拥有自主知识产权，掌握尖端高新技术的专门人才；引进一批熟悉和精通经济管理、外经知识和世贸组织规则的外向型、复合型经营管理人才；引进一批熟练掌握实用技术的高级技工人才。

2. 充分开发闽籍院士、专家智力资源。建立与闽籍院士、专家之间长期稳定的联系沟通渠道，随时听取他们对福建省经济建设和社会发展的意见建议，充分利用他们的智力和成果。改进和完善"院士八闽行"的活动，增进院士专家对全省经济社会发展情况的了解，有针对性地开展科研成果转让、技术攻关项目洽谈等活动，提高活动的实效。选送一批全省紧缺、急需专业的青年高层次人才到闽籍院士、专家身边学习、进修。继续开展与中国科学院等国内著名科研机构和高等院校在人才、技术等方面的交流与合作，把引进省外人才、智力、成果与培养本省人才结合起来。

（三）拓展人才智力山海协作通道

1. 以市场为导向，促进沿海地区人才向山区流动。综合运用行政和经济的手段，鼓励省直机关、事业单位和沿海地区的专业技术人才以及大中专毕业生到山区工作。对山区引进的急需的高层次人才,由省、市人才开发专项资金分别提供生活津贴,使其收入不低于沿海平均水平。鼓励山区与省内外高校建立合作交流与联系,延揽、招聘更多急需的人才和高校毕业生,鼓励和引导山区大中专毕业生返回家乡工作。到山区工作的大学毕业生,可以提前定级,并享受适当的优惠待遇。

2. 大力开发山区本地人才资源。发挥山区自然资源丰富,生态环境优美的优势,着力营造投资和创业环境,稳定、留住和盘活现有人才。实施"县乡村实用人才工程",多渠道挖掘现有人才潜力,大力开发农村人才资源。通过多种形式的技术培训,逐步建立一支懂技术、会管理、能带头普及推广实用科学技术,引导农民致富奔小康的乡土人才队伍。总结推广南平向农村下派"科技特派员"制度和宁德建立"农村社会服务联动网"的经验,整合山区人才资源。要像国家支持西部大开发那样支持山区人才资源开发,在资金、项目、政策等多方面给予倾斜。支持有条件的山区地方政府创办本科院校,加快培养本地经济发展急需的人才。抓紧研究制定山区人才开发配套政策,并由专门机构负责落实。

3. 加强山区沿海区域人才协作。推进山区和沿海之间在科技、教育、文化、卫生等多方面的交流与协作,开展多种形式的智力扶贫。鼓励沿海地区企业以招工的方式帮助培养山区实用型技工人才,使人才培养与扶贫工作紧密结合。沿海地区要从支持山区发展出发,不主动从山区引进人才,特别是不要从山区引进中学骨干教师,确保山区人才的稳定和山区教育的健康发展。实行山区人才转让制度,对于企事业单位调出的技术和管理人才,按照原所在单位5年实际支付的培训费用,加上一定系数,向接收单位或其本人收取补偿费。

4. 加大选派干部到山区挂职的力度。制定优惠政策,采取对口支援、按需选派、定期轮换的办法,选派更多优秀干部到山区挂职。从省直机关选派处级干部到山区党政领导班子任职;从高校和科研院所选派科技人才到山区县任科技副县长和科技副乡镇长;选派一批懂经济、会管理的正科级干部到山区经济比较发达乡镇任副职。省直机关新录用的公务员未经基层锻炼的先到山区锻炼1~2年。

六、人才资源开发机制

(一)创新人才资源配置机制

1. 健全人才市场机制。突破行业、地域、身份的限制,促进人才市场主体到位;政府对人才资源的管理模式,由直接管理向宏观、间接和信息管理方向转变;在用人单位和人才个体之间建立起双向选择、合同约束、契约管理的平等法律主体关系;完善人才供求、价格和竞争机制,增强人才资源配置的市场化程度。

2. 完善人才市场体系。改善人才市场布局,办好基础性人才市场,健全专业性人才市场,完善区域性人才市场,发展农村市场,培育毕业生就业市场,扶持企业经营管理人才市场，建立和完善制度健全、运行规范、服务周到、指导监督有力的人才市场体系。结合"数字福建"建设，发展网上人才市场，推动人才市场向信息网络型发展，提高信息化水平，尽快完成全省、全国人才市场联网，实现信息共享。

3. 拓展人才市场服务功能。逐步扩大民营和中外合资人才中介机构市场准入，构建平等竞争的市场服务平台，全面提高人才中介服务业的整体实力和社会化服务水平。鼓励国内外著名人才中介机构与全省人才中介机构合作，组建民营和中外合资合作的中介机构，培育"猎头"公司，不断拓宽服务领域，完善服务手段，提高中介服务质量。推进和发展包括人才交流、人事代理、人才测评、人才培训、人才评价、人才租赁、信息咨询服务以及公开发布人才供求信息等内容在内的中介服务体系。加强与周边省（市）及国外的人才机构联系与合作。

4. 推进人才市场企业化动作。进一步理顺政府人事部门与所属人才中介机构的关系，逐步把原属于政府人事部门职能延伸的"人事代理"业务纳入公共服务体系，成立人事档案社会管理服务中心；"人才配置"等业务则完全面向市场，实行企业化运营。政府人事部门及行业、部门所属人才中介机构与政府主管部门脱钩，按照建立现代企业制度的要求，改制为独立市场主体，实行法人治理、自负盈亏。鼓励人才中介机构成立控股公司，实行联合、重组、兼并，逐步形成一批主业突出、综合能力强的人才市场产业集团，走"专业化、规范化、品牌化"的经营发展道路。

5. 规范人才市场行为。加强人才市场执法队伍和人才中介机构从业人员队伍建设。加大市场监管力度，创造公平竞争的人才市场环境。组建人才中介服务行业协会，把政府中的部分人事行业管理职能转入行业协会。充分发挥行业协会自我监督、自我管理的职能和联系政府的桥梁纽带作用。

（二）创新人才引进机制

1. 创新人才引进方式。建立和完善"户口不迁、关系不转、双向选择、合同约束、自由流动"的柔性引进机制，鼓励海内外人才通过开展项目合作、科研攻关、短期兼职、教授讲学、考察休假、顾问咨询及经贸交流等多种方式为全省服务。采取"捆绑式"的引进方式，通过项目引进把学科技术带头人、业务骨干及其成果一并引进。选择一些重大科技开发和工程建设项目作为人才引进基地项目，有针对性地加大对海内外人才特别是高层次人才团队的引进力度。

2. 优化人才引进服务环境。对具有正高职称和博士以上学位的引进人员，其子女在义务教育阶段可以转入当地的重点学校。加快知识产权认证、技术商品化等社会化服务体系建设。简化留学人员创办企业手续，在工商登记、税收、银行贷款、经费资助、职称评定及家属随调随迁等方面提供优质服务。按照建立现代企业制度的要求，对短期来闽服务的海内外人才发放"人才工作证",实行绿卡制度。

3. 实施"走出去"的人才开发战略。鼓励省内人才参与国际、国内人才竞争与合作,鼓励他们到国外、省外进行学术交流、技术合作和转让科研成果等活动,提高全省人才的竞争能力。进一步简化专业技术人才参与国际学术活动的审批手续,尽可能为他们提供出入境方便。

(三)创新人才收入分配激励机制

1. 改革完善机关职级工资制度。建立机关工作人员工资与全省经济发展、财政收入、生活水平相适应、与企业相当人员的工资水平相平衡的动态增长机制,逐步提高机关工作人员工资水平。加大对山区财政转移支付力度,确保山区干部工资足额发放。在坚持国库统一发放工资的同时,进一步清理各部门自行发放的各种福利津贴,逐步实现部门、单位之间个人收入的基本平衡。建立符合机关工作性质和特点、与个人责任和业绩相联系的奖金制度。

2. 建立体现不同事业单位特点的工资制度。进一步扩大事业单位的内部分配自主权,搞活事业单位内部分配。建立起重实绩、重贡献、向优秀人才和关键岗位倾斜、自主灵活的分配激励机制。探索知识、技术、信息、管理等生产要素参与分配的具体办法,实现知识向资本的转化。事业单位可根据自身特点,实行工资总额与单位效益和贡献挂钩、以岗定薪、按任务和业绩定酬、法定代表人个人收入与工作目标和业绩挂钩等多种分配方式,部分关键岗位人员试行年薪制或协议工资制。实行兼薪兼职的分配制度,鼓励事业单位专业技术人员在不影响本职工作和不侵害国家和单位技术经济利益的前提下,通过兼职获取相应报酬。调整和完善高层次人才生活津贴制度,鼓励高薪聘用优秀拔尖人才。

3. 建立与现代企业制度相适应的企业技术创新人员和经营管理人员薪酬制度。建立人力资本分配制度,完善技术、专利等知识产权入股制度和技术创新人员持股制度,实行职务技术成果按收益比例奖励的分配制度,形成与国际惯例接轨、符合高科技产业特点的以保护知识产权为核心的鼓励机制、竞争机制和技术创新机制。构建以经营业绩为核心的多元分配体系,推行企业高层管理人员和科技骨干年薪制、股权制和期权制。

4. 建立市场工资机制。行政不再干预市场用人主体的工资分配方式,人才的价值由市场机制确定,逐步实行市场协调、集体协商的企业工资分配机制;政府建立并完善工资指导线制度,调控整个社会的收入分配;建立国内外各产业、行业领域顶尖人才的市场价格参照指数,特别是在高新技术领域,关键岗位工资要努力达到国际同类岗位的市场水平。

5. 建立人才奖励制度。设立"杰出人才奖",对做出突出贡献的专业技术人员和管理人员给予重奖。在研究开发和成果转化中做出主要贡献的人员所得奖励份额应不低于奖励总额的50％。鼓励境内外社会组织和个人设立专门奖励项目。倡导企业自主选择高校设立以企业冠名的奖学金，奖励品学兼优的大学生，并适当向贫困学生倾斜。

（四）创新人才投入机制

1. 逐步提高财政支出中用于人才资源开发的比例。优先安排增加教育经费，保证教育经费投入的稳定增长。到2005年，全省财政性教育经费支出应占GDP的3％；2010年，全省财政性教育经费支出占GDP的比例力争达到5％。党政机关和企事业单位要把人才培养经费列入年度预算。同时，要积极探索建立以政府投资为主，社会、单位、个人等主体共同参与的投资办学机制和继续教育投入机制。加大科学研究尤其是人文社会科学研究的经费投入，使科研投资增长与国民经济同步增长。到2005年，全省财政性R&D（研究与发展）投入占GDP的比重应达到1.5％。建立政府奖学金，省财政每年拨出一定资金，用于资助高校中经济困难、品学兼优的本省生源。

2. 大力吸纳民间资本。要特别注意吸纳民间资金，鼓励和支持企业、民间及海外友人出资设立各类人才资金，设立发展高新技术产业风险投资基金、人才培训基金，推动人才培养主体多元化和市场化。研究鼓励民间基金捐赠用于人才资源开发的办法，对捐赠者给予鼓励。

3. 调动各类企业培养人才的积极性，把人才培养经费列入成本预算，做到舍得投资、舍得开发、舍得培养，加大对技术创新和人才教育培训的投入，真正把人力资源转化为人力资本，进而转化为科技和产业优势。建立以市场为导向的人才投资回报机制，促进人才投资与回报的良性循环。

4. 建立省人才引进开发的专项资金

一是设立省山区人才开发资金。支持山区和贫困地区发展教育事业，实行九年制义务教育所需经费全省范围内统一平衡使用，确保山区县的教育经费。支持山区人才继续教育；对山区重点引进人才、优秀专业人才和高校毕业生给予生活补贴，使他们的收入达到或者超过全省平均水平，吸引更多人才到山区工作，确保山区人才队伍相对稳定。

二是设立省人才引进专项资金。对引进的两院院士、国家重点学科带头人、省（部）级重点学科带头人分别提供200万元、50万元、20万元科研启动费，对获博士学位的优秀留学回国人员提供10万元的科研启动费。建立人才引进所需的专项资金，按照现行经费管理渠道列支，其中属于各级政府承担的部分，实行部门预算和综合财政预算，重点资助企业和科研、教学及医疗卫生单位引进高层次人才。

三是设立省引进海外智力专项配套资金。为海外专家来闽短期服务提供一定数额的活动经费，用于支付其科技活动成果推广以及通信、接待、交通等方面所需费用。对经国家外专局等有关部门批准立项的海外智力引进项目，由各级财政按国家规定的比例提供配套资金。

四是设立省专业技术人员专项奖励资金。省级财政预算定期安排资金，对"杰出专业技术人才"奖章获得者每人发给一次性奖金50万元，并免征个人所得税。

五是确保人才开发专项经费。主要用于每年组织到省外、海外招聘引进人才，发放高层次人才生活津贴和引进高层次人才购房补贴以及筹建院士、专家、留学人员、博士后公寓和活动中心。保证实施"新世纪百千万人才工程"、"541人才工程"专业技术人员继续教育和公务员培训教育活动经费。

（五）创新人才保障机制

1. 健全多层次的社会保障体系。加快建立柔性流动人才社会保障制度、待业人才最低生活保障制度、企业经营管理人才风险保障制度以及优秀人才补充商业保险、养老保险、医疗保险制度，为各类人才的合理流动提供保障。探索解决在自收自支事业单位和企业工作的高层次人才医疗保障待遇和退休费标准偏低问题，努力解除他们的后顾之忧，逐步建立全省统一的社会保障体系。

2. 建立和完善人才权益保障制度。依据国家《商标法》、《专利法》、《著作权法》和《软件保护条例》等相应法律法规，加强对科技人才知识产权和合法权益保护，在全社会形成公平竞争、保护创新的良好社会环境。建立人事争议仲裁制度，完善有关法律法规，切实保障和维护各类人才与用人单位的合法权益。

3. 营造公平、公正使用各类人才的环境。按照世界贸易组织透明度、公平性和非歧视原则，进一步调整和完善相关的人才政策法规，处理好不同所有制之间、不同部门和行业之间、山区与沿海之间、引进人才与本土人才之间、刚性流动人才与柔性流动人才之间关系，努力创造公平竞争的法制环境、政策环境、行政环境和市场环境，使各类人才在政治、经济、文化等方面享有同等权益，真正成为平等竞争的主体。

七、强化人才工作的组织领导

1. 坚持"一把手"亲自抓"第一资源"开发。各级党政领导要像抓经济工作一样抓人才工作，把人才工作列入议事日程，摆上突出位置，纳入领导班子和领导干部业绩考核重要内容。建立领导干部联系专家制度，直接听取他们对全省经济建设、社会发展的意见建议，帮助解决他们在工作、学习和生活中遇到的困难，切实为专家办实事。

2. 加强人才工作的宏观调控。建立人才结构调整与经济结构调整相协调的动态机制，加强人才资源开发的预测研究，制定和发布年度人才开发专业目录，引导人才合理流动，优化人才的区域、产业布局，推进人才工作的法制化建设，建立和完善以人才培养、引进、使用、考核、评价、选拔、配置、激励、保障等为主要内容的政策法规体系框架。

3. 建立健全人才工作联席会议制度。联席会议定期研究全省人才工作中的重大问题，下设人才工作办公室，作为常设机构，在人才工作中发挥规划、协调、指导和推动等作用。省人才工作联席会议成员单位要各司其职，密切配合，形成合力。组织、人事部门要在党委、政府的领导下，发挥牵头抓总作用。省委组织部、省人事厅每年定期向省委、省政府报告人才工作的情况。

4. 加大人才工作的理论研究和舆论宣传力度。建立人才工作咨询会议制度，加强人才工作的理论研究，对重大人才决策和人才政策进行咨询论证。加强人才工作的理论研究，推动人才工作的理论创新、政策创新、机制创新、体制创新。把人才作为党委宣传工作的重要内容。深入宣传党和国家人才工作的方针，宣传全省的人才政策，宣传优秀人才典型和人才在经济社会发展中的重大作用，弘扬先进的科学文化和人文精神。建立福建人才活动周制度，确定每年9月的第二周为全省"人才活动周"，每年确定一个主题，营造"尊重特点、鼓励创新、鼓励探索、信任理解"的社会氛围。

5. 加强人才政策法规执行情况的监督检查。各级党委和政府要把实施人才强省战略纳入经济社会发展的总体规划，结合实际制定实施细则，认真贯彻执行，切实强化责任。对已经出台的有关人才政策要进行认真的梳理，不适用的大胆废除，不完善的要进行修改，操作性不强的要制定具体的政策便于操作，不落实的要采取有力措施保证落实，坚决防止和纠正人才工作上的"花架子"、只言不行的现象发生。建立责任追究制度，对人才工作中暴露出的问题要认真处理。人大、政协要认真履行监督职能，促使各项人才政策法规落实到实处。

课题指导：卢展工　李　宏
课题负责：陆志华　李福生　丛远东
执　　笔：陈元邦　章慧宜　林安泰　郑亨钰　陈　霖　张善斌　王银细　林瑞云
　　　　　张　渤　余　瑶

（本文选录2002年10月30日省委政策研究室《调研文稿》第79期。该文为2002年度省重点研究课题。）

编 后 记

本志从2006年开始编纂。是年,成立编纂委员会和总编室,确定正副主编和编写人员,拟订出篇目,开始征集资料,并着手试写。在此基础上,邀请省方志委专家进行辅导,请其对部分试写稿进行评议,用以会代训的形式,对修志新手进行业务培训。2008—2010年,各处室全面开展相关章节的编纂工作。由于资料缺项多、编写人员变动大、各处室业务工作繁忙等原因,修志进展缓慢。至2010年底,完成总字数为15万字的编写工作量,约占总任务的一半。2011年,为加快修志步伐,经省公务员局领导同意,修志办增加编写人员,特邀请富有修志经验的何明才、李升宝等同志参与编写和总纂。在各处室的共同努力下,2011年11月完成30多万字的一审稿编写任务。是年底,开展志稿评议。根据评议会和有关领导、老同志及处室的意见,编纂人员对志稿又进行精心修改。2012年2月,一审会后修改稿完成。在送老同志和各相关单位及保密部门征求意见后,于4月形成送二审稿。6月,通过二审会审议。会后,根据会议意见,修志办组织人员进行再修改工作,并将二审会后修改稿再度分送老同志及相关处室征求意见,根据反馈意见再作加工,于11月完成送验收稿送交省方志委审查验收。

本志在编纂过程中得到全省人事系统和社会各界的大力支持与帮助,特别得到省公务员局在位领导和离退休老同志的重视与关心。他们千方百计地挤出时间,审阅志稿,补充资料,提出意见,使志稿质量大有提高。同时,本志编纂还得到省方志委领导、专家的具体指导。在此,谨向他们表示诚挚的谢意!

总编室

2012年12月